Terres escrites els camins d'una llengua

* Written lands the ways of a language

* Tierras escritas los caminos de una lengua

Agraïments / Acknowledgments to / Agradecimientos
Museu d'Història de Barcelona (muhba)
Museu Nacional d'Art de Catalunya (mnac)
Abadia de Montserrat
Museu d'Arqueologia de Catalunya-Empúries
Museu Capitular de la Catedral de Girona
Consorci de la Colònia Güell
Museu Pau Casals
Casa Navas: Sr. Joaquim Blasco Font de Rubinat
Capítol de la Catedral de Mallorca
Fundació Pilar i Joan Miró
Ajuntament de València
Palau Ducal dels Borja, Gandia

Coordinació / Coordination / Coordinación **Paz Marrodán**
Disseny gràfic / Graphic design / Diseño **Joan Barjau**
Maquetació / Layout / Maquetación **Oleguer Farriol**
Translation / Traducción **Steve Cedar / Genís Puig · Sonia Tapia**
Impressió / Printed by / Impresión **Grup 3**

dlb B-4645-2009
isbn 978-84-8478-379-4

Triangle Postals, sl
Carrer Pere Tudurí, 8 • 07710 Sant Lluís, Menorca
tel. +34 971 150 451 • fax +34 971 151 836
www.triangle.cat

Institut d'Estudis Baleàrics
Carrer dels Paraires, 24, 5è 1a
07001 Palma de mallorca
tel: + 34 971 213 068 • fax: +34 971 721 624
www.iebalearics.org

Terres escrites
els camins d'una llengua

Written lands
the ways
of a language

Tierras escritas
los caminos
de una lengua

Edició a cura de
Publishing curator
Edición a cargo de

Carles Marquès

Fotografies
Photographs
Fotografías

Jordi Puig
Ricard Pla
Pere Vivas
Lluís Casals
Neil Austen
Francesc Muntada
Biel Puig
Oleguer Farriol
Jordi Todó
Laia Moreno

TRIANGLE POSTALS

Institut
d'Estudis Baleàrics

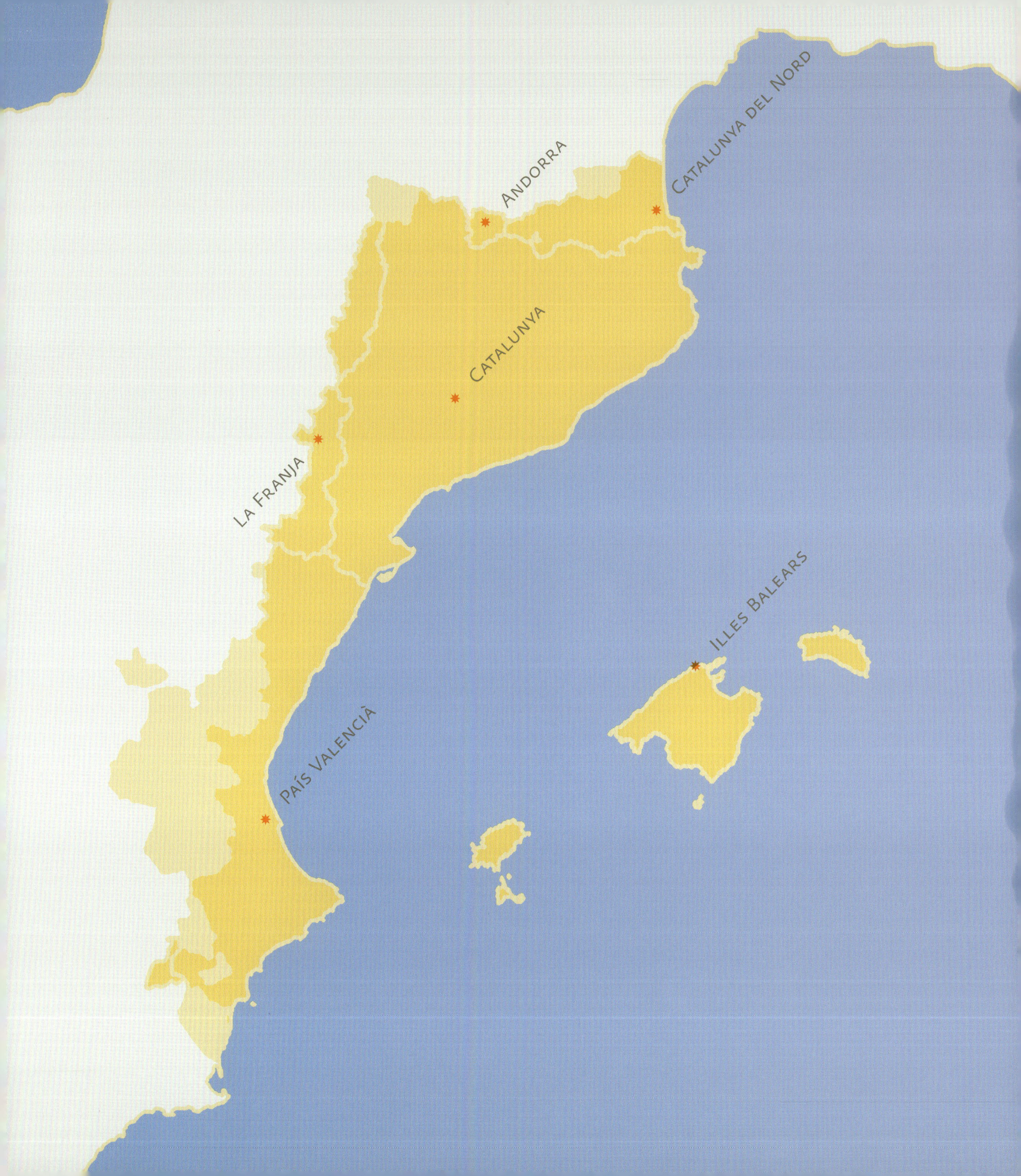
Andorra
Catalunya del Nord
Catalunya
La Franja
Illes Balears
País Valencià

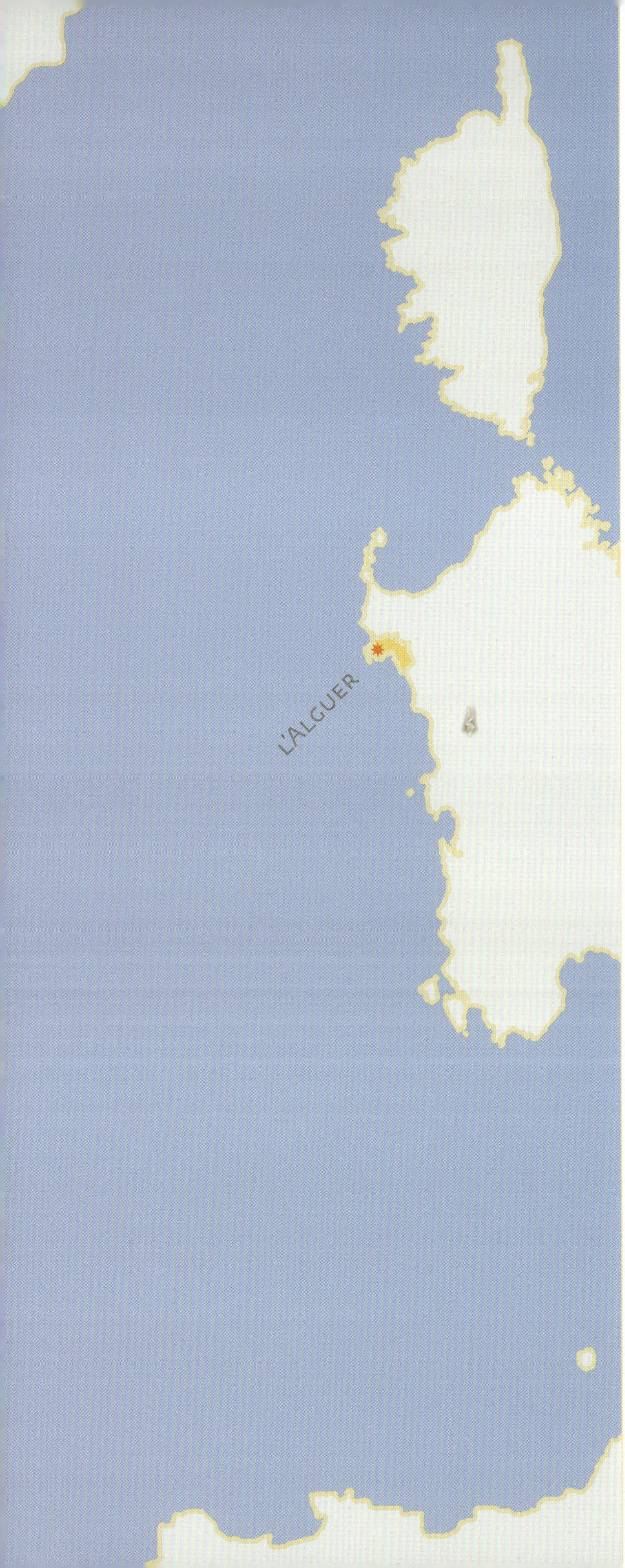

En *Teoria de Catalunya*, un dels llibres que permeten conèixer més bé la realitat, fins i tot oculta, del Principat de Catalunya, el fantàstic escriptor Joan Perucho diu: *«també cal remarcar els parcs naturals i alguns llocs fascinants, com el Montseny, Montserrat, Camprodon, on nasqué Isaac Albéniz, el Pedraforca, els volcans d'Olot i els aiguamolls de Castelló d'Empúries. Gairebé tots aquests llocs, i altres que no he esmentat, poden vincular-se a un poeta o un literat català, car, en realitat, la literatura exalta el país.»* Els llocs que apareixeran a continuació, i d'altres que no podrem esmentar, es poden vincular a un literat o més d'un que els exalta i els «crea» o recrea. Perquè, tot i que les terres de la Catalunya del Nord, les Illes Balears, Andorra, la Franja, el País Valencià, el Principat de Catalunya i l'Alguer és prou obvi que existeixen, no les podem acabar de fixar en imatges, de comprendre, sense la mirada dels escriptors que, podem dir-ho així, les han «escrites».

In *Teoria de Catalunya (Theory of Catalonia)*, one of the books that enables us to know better the reality, even the hidden reality, of the Principality of Catalonia, the fantastic writer Joan Perucho said: *"it is also necessary to emphasise the natural parks and some fascinating places, such as Montseny, Montserrat, Camprodon, where Isaac Albéniz was born, Pedraforca, the volcanoes of Olot and the marshlands of Castelló d'Empúries. Nearly all these places, as well as others I have not mentioned, can be linked to a poet or a Catalan man or woman of letters, since, in reality, literature exalts the country."* The places that appear below, and others that we are unable to mention, can be linked to a man or woman of letters or more than one who exalts them and "creates" or recreates them. Because, although it is sufficiently obvious that the lands of Catalunya del Nord (in the north), the Balearic Islands, Andorra, the Franja (the border, in Aragon), the País Valencià, the Principality of Catalonia and L'Alguer (Alghero in Sardinia) clearly exist, we cannot imagine them, understand them, without the look of the writers who, to put it this way, have "written" them.

En *Teoria de Catalunya*, uno de los libros que permiten conocer mejor la realidad, incluso oculta, del Principado de Cataluña, el fantástico escritor Joan Perucho dice: *«también es necesario remarcar los parques naturales y algunos lugares fascinantes, como el Montseny, Montserrat, Camprodon, donde nació Isaac Albéniz, el Pedraforca, los volcanes de Olot y las marismas de Castelló d'Empúries. Casi todos estos lugares, y otros que no he citado, pueden vincularse a un poeta o un literato catalán, ya que, en realidad, la literatura exalta el país.»* Los lugares que aparecerán a continuación, y otros que no podremos citar, se pueden vincular a un literato, o a más de uno, que los exalta y los «crea» o recrea. Porque, aunque las tierras de la Cataluña del Norte, las Islas Baleares, Andorra, la Franja, el País Valenciano, el Principado de Cataluña y L'Alguer es suficientemente obvio que existen, no las podemos acabar de fijar en imágenes, de comprender, sin la mirada de los escritores que, por decirlo así, las han «escrito».

Conquesta de Mallorca.
Pintures murals del Saló del Tinell (MUHBA)

Conquest of Mallorca.
Mural paintings in the Tinell Hall (MUHBA)

Conquista de Mallorca.
Pinturas murales del Salón del Tinell (MUHBA)

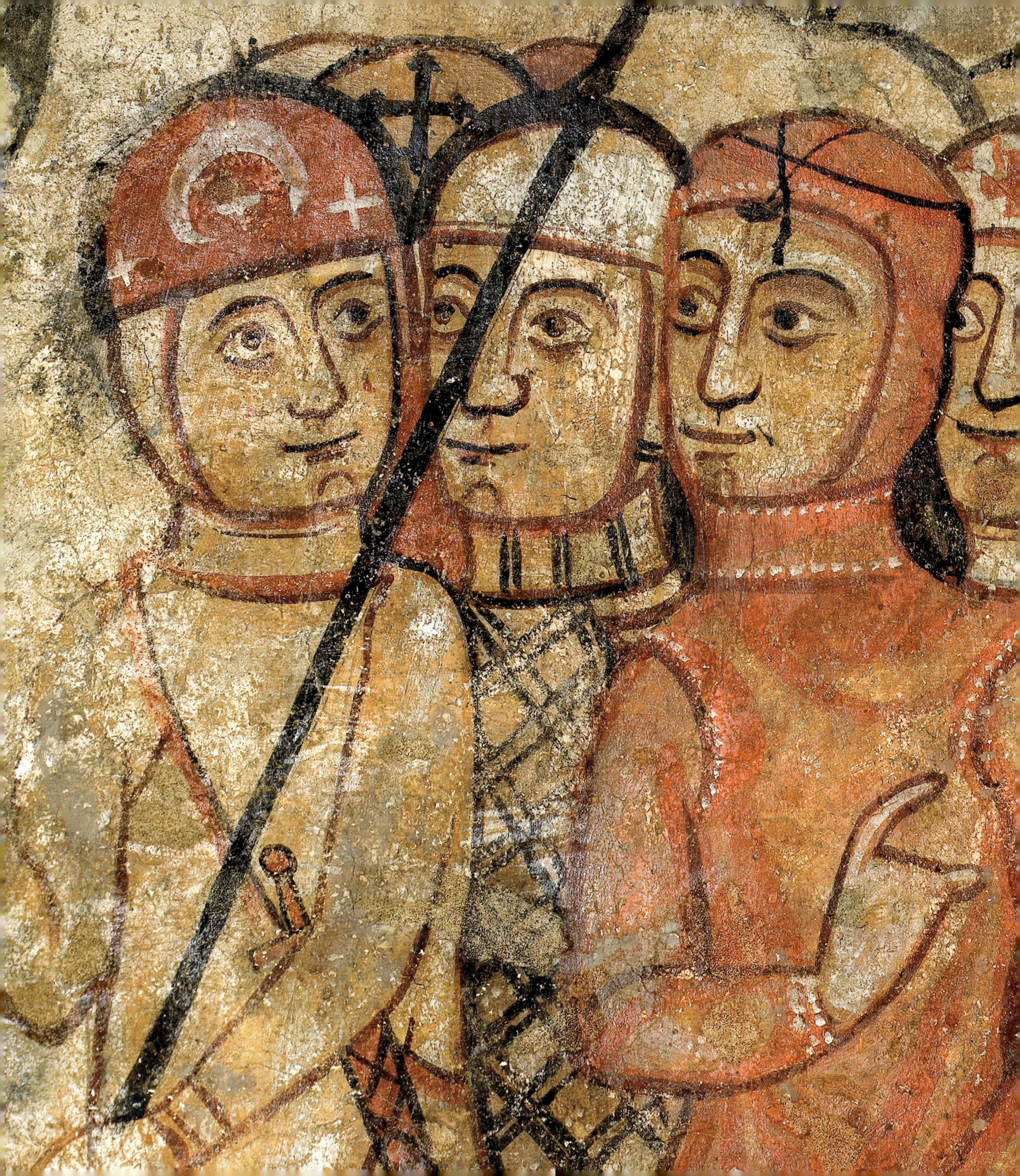

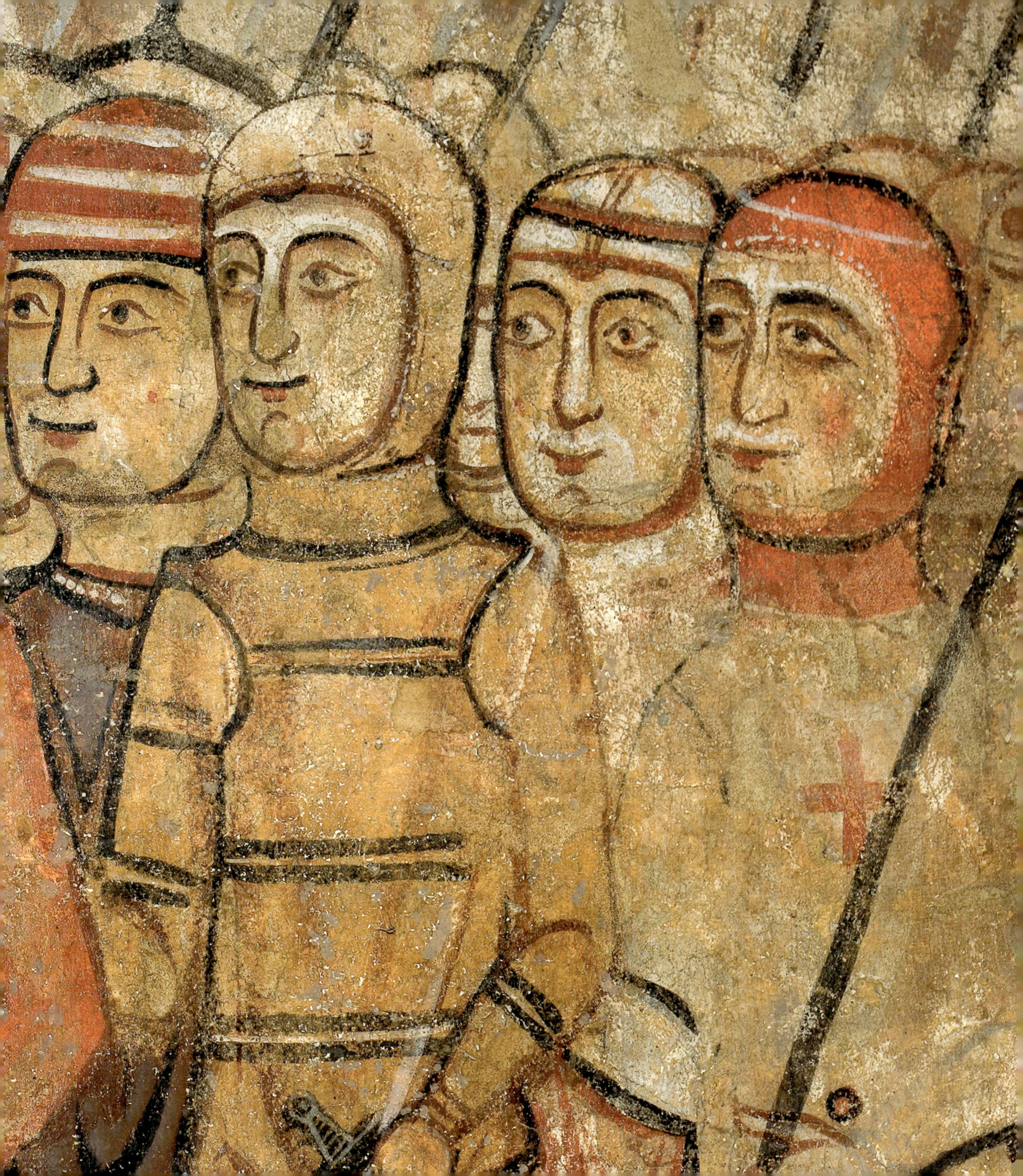

Amb son germà, lo comte de Cerdanya,
com àliga que a l'àliga acompanya
davalla Tallaferro de Canigó un matí;
ve amb son fill de caçar en la boscúria,
quan al sentir-hi mística cantúria
se n'entra a l'ermitatge devot de Sant Martí.

JACINT VERDAGUER, *Canigó*

Beside his brother the Count of Cerdanya, / As eagle takes an eagle for companion, / Down off Canigó comes Tallaferro one morning; / Out from the woods with his son from a hunt, / When, hearing close by the mystical chant, / He enters the holy hermitage raised to Saint Martin.

Canigó,
Jacint Verdaguer

Con su hermano, el conde de Cerdaña, / como águila que al águila acompaña / bajaba Tallaferro el Canigó; / con su hijo ha estado de caza en el soto, / y oyendo místico cantar, devoto / en la cueva de San Martín entró.

Canigó,
Jacint Verdaguer

CATALUNYA DEL NORD

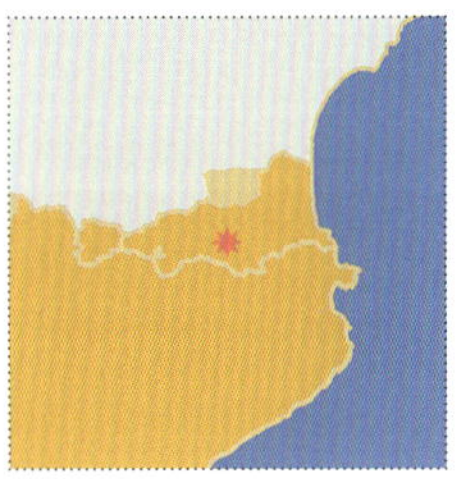

CANIGÓ
MONESTIR DE SANT MARTÍ

El Canigó, amb la seva impactant silueta, retallada sobre la plana, és un símbol nacional per a Catalunya. Aquest massís, coronat per la pica del Canigó, de més de 2.700 metres, uneix, més que no separa, les comarques del Conflent, el Rosselló i el Vallespir, a la Catalunya del Nord, i una comarca del Principat, l'Alt Empordà. El Canigó ha inspirat des del cançoner popular català fins a un poema èpic de Jacint Verdaguer. Al massís s'hi troben dues abadies igualment emblemàtiques de la nació catalana, la de Sant Martí del Canigó, a la imatge, i la de Sant Miquel de Cuixà. El monestir benedictí de Sant Martí, que va inspirar al compositor Pau Casals la sardana del mateix nom, es troba a més de mil metres d'alçada, en un indret escarpat i rocallós, sobre el poble de Castell, al Conflent. L'abadia de Sant Miquel de Cuixà és al peu del massís, a Codalet, a la mateixa comarca. Part del claustre de l'abadia, venut a principis del segle xx, es pot veure al museu The Cloisters de Nova York.

CANIGÓ
MONASTERY OF SANT MARTÍ

Canigó, with its stunning silhouette, cut out over the plain, is a national symbol for Catalonia. This massif, crowned by the Canigó peak, over 2,700 metres high, joins rather than separates the counties of Conflent, Roussillon and Vallespir, in North Catalonia, to a county in the Principality, Alt Empordà. Canigó has been an inspiration for both popular Catalan folk songs and an epic poem by Jacint Verdaguer. The massif possesses abbeys that are equally symbolic of the Catalan nation, those of Sant Martí del Canigó and Sant Miquel de Cuixà. The Benedictine monastery of Sant Martí, which suggested to the composer Pau Casals the sardana dance of the same name, is at over one thousand metres altitude, in a rough and rocky spot, above the town of Castell, in the Conflent. The abbey of Sant Miquel de Cuixà is at the foot of the massif, in Codalet, in the same county. Part of the cloister, dating from the early 20th century, can be seen in The Cloisters museum in New York.

CANIGÓ
MONASTERIO DE SANT MARTÍ

El Canigó, con su impactante silueta, recortada sobre la llanura, es un símbolo nacional para Cataluña. Este macizo, coronado por la Pica del Canigó, de más de 2.700 metros, une, más que separa, las comarcas del Conflent, Rosselló y Vallespir, en la Cataluña del Norte, con una comarca del Principado, el Alt Empordà. El Canigó ha inspirado desde el cancionero popular catalán hasta un poema épico de Jacint Verdaguer. En el macizo se encuentran dos abadías igualmente emblemáticas de la nación catalana, la de Sant Martí del Canigó, en la imagen, y la de Sant Miquel de Cuixà. El monasterio benedictino de Sant Martí, que inspiró al compositor Pau Casals la sardana del mismo nombre, se encuentra a más de mil metros de altura, en un paraje escarpado y rocoso, encima del pueblo de Castell, en el Conflent. La abadía de Sant Miquel de Cuixà está al pie del macizo, en Codalet, en la misma comarca. Parte del claustro de la abadía, vendido a principios del siglo xx, se puede ver en el museo The Cloisters de Nueva York.

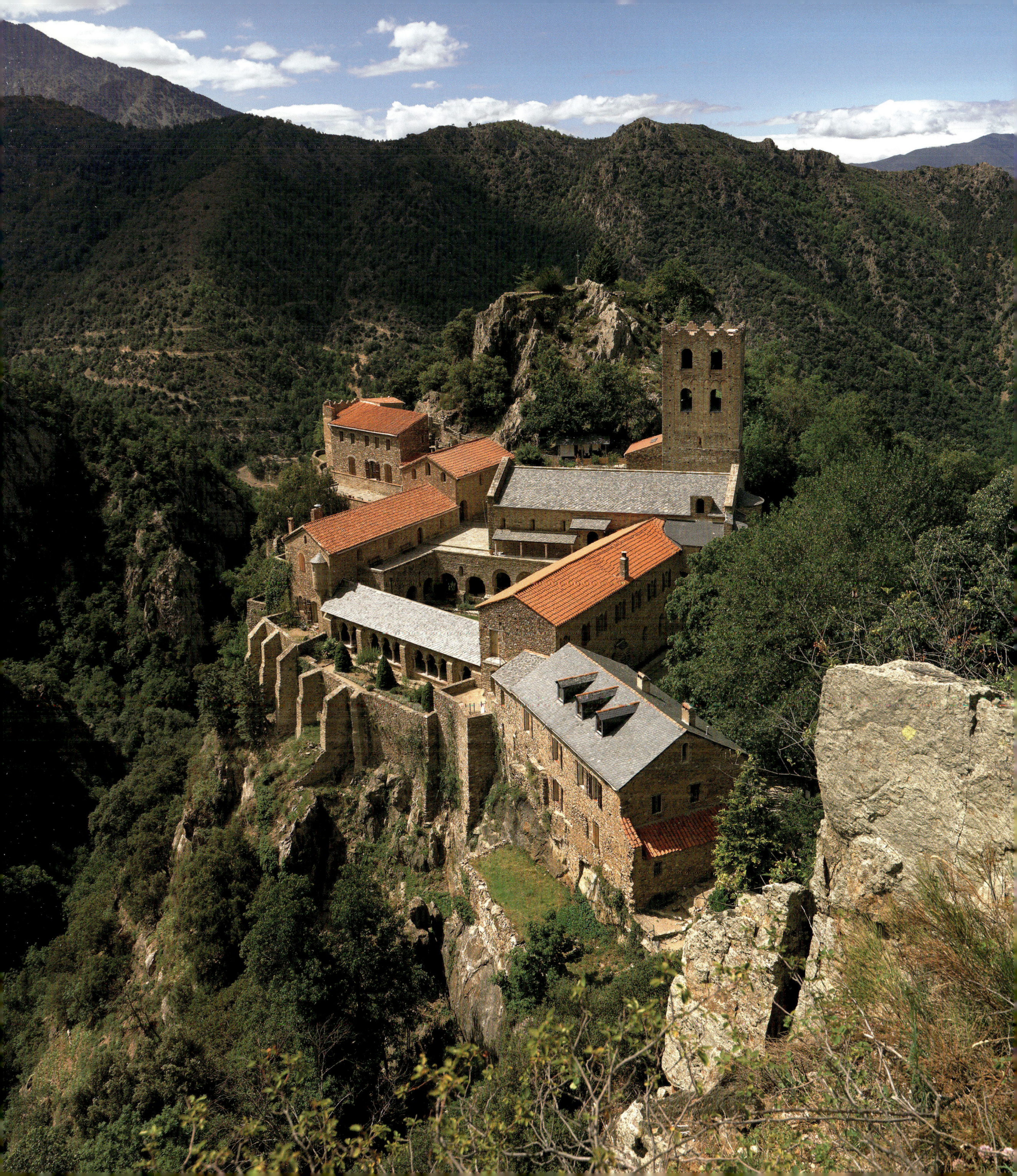

La tramuntana té un palau, anomenat Perpinyà; les places li fan de menjadors, els carrers de passadissos i la pell dels humans que s'arrisquen a sàller de casa quan bufa li serveixen de llençols.

JOAN-LLUÍS LLUÍS, text escrit expressament per a aquest llibre

The *tramuntana* wind has a palace, called Perpignan; it turns the squares into dining rooms, the streets into corridors and the skin of the humans that dare leave their homes when it blows, into sheets.

Joan-Lluís Lluís,
text written exclusively
for this book

La tramontana tiene un palacio, llamado Perpiñán; las plazas le hacen de comedores, las calles de pasillos y la piel de los humanos que se arriesgan a salir de casa cuando sopla, le sirven de sábanas.

Joan-Lluís Lluís,
texto escrito expresamente
para este libro

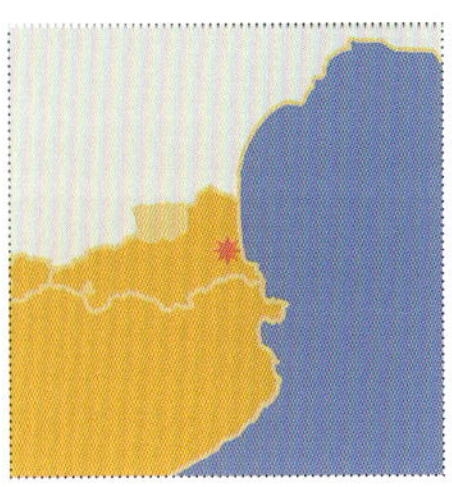

PERPINYÀ

La Catalunya del Nord és la terra d'història i cultura catalanes que pel Tractat dels Pirineus, de 1659, va passar a integrar-se a l'estat francès. Les comarques catalanes del Rosselló, el Conflent, el Vallespir, l'Alta Cerdanya i el Capcir formen avui el departament francès dels Pirineus Orientals, amb capital a Perpinyà. La ciutat, abans capital del comtat del Rosselló i del Regne de Mallorca, va ser fundada probablement en la que havia estat una explotació agrària romana, i es va desenvolupar a partir de l'edat mitjana. Un dels seus moments culminants va arribar entre els segles XIII i XIV, quan va convertir-se en seu de la corona mallorquina, estatut que va perdre el 1344, quan aquest regne es va reincorporar a la corona catalanoaragonesa. Capital de la Cultura Catalana durant l'any 2008, Perpinyà, travessada pel riu Tet, es troba al centre de la plana rossellonesa, envoltada per les muntanyes de les Corberes, al nord i a l'oest, la Mediterrània, a l'est, i la serra de l'Albera, al sud.

PERPIGNAN

Catalunya del Nord is the land of Catalan history and culture that due to the Treaty of the Pyrenees, in 1659, came to form part of the French state. The Catalan counties of Roussillon, Conflent, Vallespir, Alta Cerdanya and Capcir today form the French Department of Pyrénées Orientales, with Perpignan as capital. The city, previously the capital of the county of Roussillon and kingdom of Mallorca, was probably founded on what had been a Roman agricultural area, and grew as a city from the Middle Ages. One of its crowning moments occurred between the 13th and 14th centuries, when it became the seat of the Mallorcan crown, a status it lost in 1344, when this kingdom once again became part of the Catalan-Aragonese crown. Capital of Catalan Culture in 2008, Perpignan, crossed by the River Tet, is in the centre of the Roussillon plain, surrounded by the Corberes mountains, in the north and west, the Mediterranean, to the east, and the Albera range, to the south.

PERPIÑÁN

La Cataluña del Norte es la tierra de historia y cultura catalanas que por el Tratado de los Pirineos, de 1659, pasó a integrarse en el estado francés. Las comarcas catalanas del Rosselló, El Conflent, El Vallespir, La Alta Cerdanya y El Capcir constituyen hoy el departamento francés de los Pyrénées Orientales, con capital en Perpiñán. La ciudad, antes capital del condado del Rosselló y del reino de Mallorca, fue fundada probablemente en lo que había sido una explotación agraria romana, y se desarrolló a partir de la Edad Media. Uno de sus momentos culminantes llegó entre los siglos XIII y XIV, cuando se convirtió en sede de la corona mallorquina, estatus que perdió en 1344, cuando este reino se reincorporó a la corona catalano-aragonesa. Capital de la Cultura Catalana durante el año 2008, Perpiñán, atravesado por el río Tet, se encuentra en el centro de la llanura rosellonesa, rodeada por las montañas de las Corberes, al norte y al oeste, el Mediterráneo, en el este, y la sierra de la Albera, en el sur.

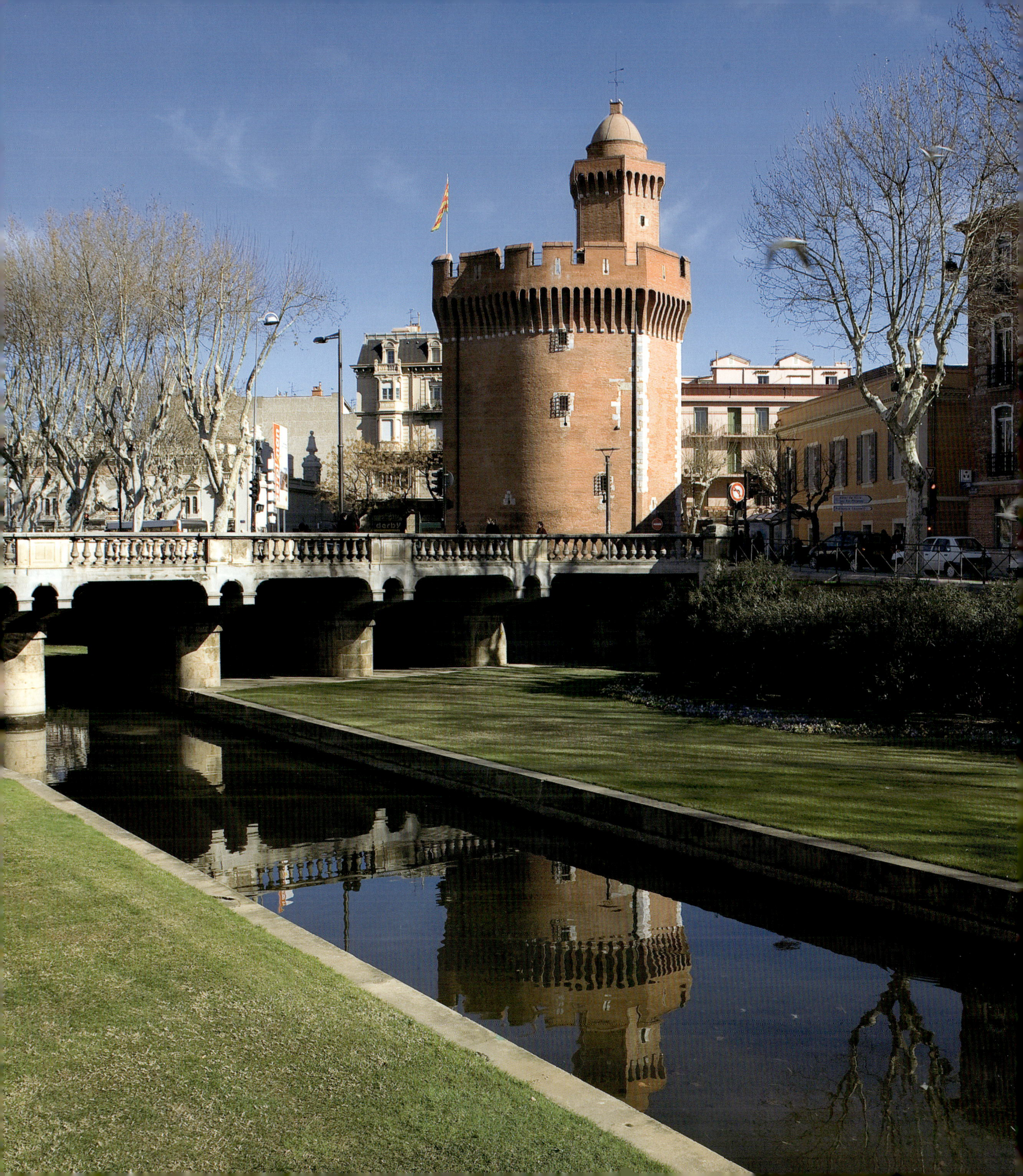

Melangiós oracle de Castella,
obstinat solitari de Cotlliure,
(¡oh, soledad, mi sola compañía!),
encara en somnis terra meva.
Antonio, si tornessis gustaries
la amargura del tiempo envenenado.

Pere Quart, *Confidències a Antonio Machado*

Melancholy oracle from Castile,
Stubborn hermit of Cotlliure,
(Oh, solitude, my only company!),
My land still in a dream.
Antonio, if you were to return you would like
the bitterness of poisoned time.

Confidències a Antonio Machado,
Pere Quart

Melancólico oráculo de Castilla,
Obstinado solitario de Cotlliure,
(¡oh, soledad, mi sola compañía!),
Todavía en sueños tierra mía.
Antonio, si volvieras gustarías
la amargura del tiempo envenenado.

Confidències a Antonio Machado,
Pere Quart

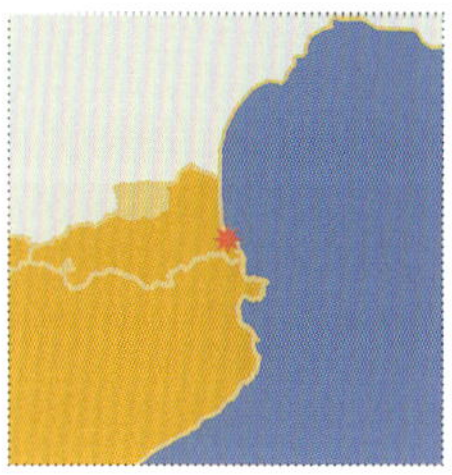

Cotlliure

Cotlliure i altres poblacions de la Catalunya del Nord, com Prada o Ceret, tenen una densíssima tradició cultural de músics, artistes i pintors. Situat a la comarca del Rosselló i dins la denominació turística de Costa Vermella, Cotlliure és un bellíssim poble pescador, cèlebre per les anxoves, i vinícola. El seu nucli antic, amb l'església de la Mare de Déu dels Àngels, amb campanar envoltat de mar, ha inspirat i acollit pintors de fama internacional, com Picasso, Georges Braque, Juan Gris, Henri Matisse, que, amb André Derain, hi creà el fauvisme, o com Raoul Dufy, Albert Marquet i Léonard Foujita. L'escriptor espanyol Antonio Machado, exiliat per la guerra civil, hi va viure els seus últims dies i és enterrat en el cementiri. Assetjat durant la guerra dels Segadors, el 1642, Cotlliure va ser ocupat per les tropes del rei Lluís XIII de França. Després del Tractat dels Pirineus i l'annexió francesa, l'arquitecte Vauban va decidir de fortificar-ne la part alta, amb el Castell Reial.

Collioure

Collioure (Cotlliure) and other towns in Catalunya del Nord, such as Prades (Prada) or Ceret, have a very rich cultural tradition of musicians, artists and painters. Situated in the county of Roussillon and within the tourist region of the Côte Vermeille (Costa Vermella), Collioure is a beautiful fishing village, famous for anchovies and wine-making. Its old centre, with the church of Notre-Dame-des-Anges, with a bell tower surrounded by the sea, has inspired and welcomed painters of world fame such as Picasso, Georges Braque, Juan Gris, Henri Matisse, who, with André Derain, created Fauvism, or Raoul Dufy, Albert Marquet and Léonard Foujita. The Spanish writer Antonio Machado, exiled due to the Civil War, lived his final days here and is buried in the cemetery. Under siege during the Reapers' War, in 1642, Collioure was occupied by the troops of King Louis XIII of France. After the Treaty of the Pyrenees, and French annexation, the architect Vauban decided to fortify the upper part, with the Royal Castle (Castell Reial).

Collioure

Collioure (Cotlliure) y otras poblaciones de la Cataluña del Norte, como Prades (Prada) o Ceret, tienen una densísima tradición cultural de músicos, artistas y pintores. Situado en la comarca del Rosselló y dentro de la denominación turística de Côte Vermeille, Collioure es un bellísimo pueblo pescador, célebre por las anchoas, y vinícola. Su casco antiguo, con la iglesia de Notre-Dame-des-Anges, con campanario rodeado de mar, ha inspirado y acogido pintores de fama internacional, como Picasso, Georges Braque, Juan Gris, Henri Matisse, que, junto a André Derain, crearon el fauvismo, o como Raoul Dufy, Albert Marquet y Léonard Foujita. El escritor español Antonio Machado, exiliado a causa de la Guerra Civil, vivió aquí sus últimos días y fue enterrado en su cementerio. Asediado durante la Guerra dels Segadors, en 1642, Collioure fue ocupado por las tropas del rey Luís XIII de Francia. Tras el Tratado de los Pirineos, y la anexión francesa, el arquitecto Vauban decidió fortificar la parte alta, con el Castillo Real.

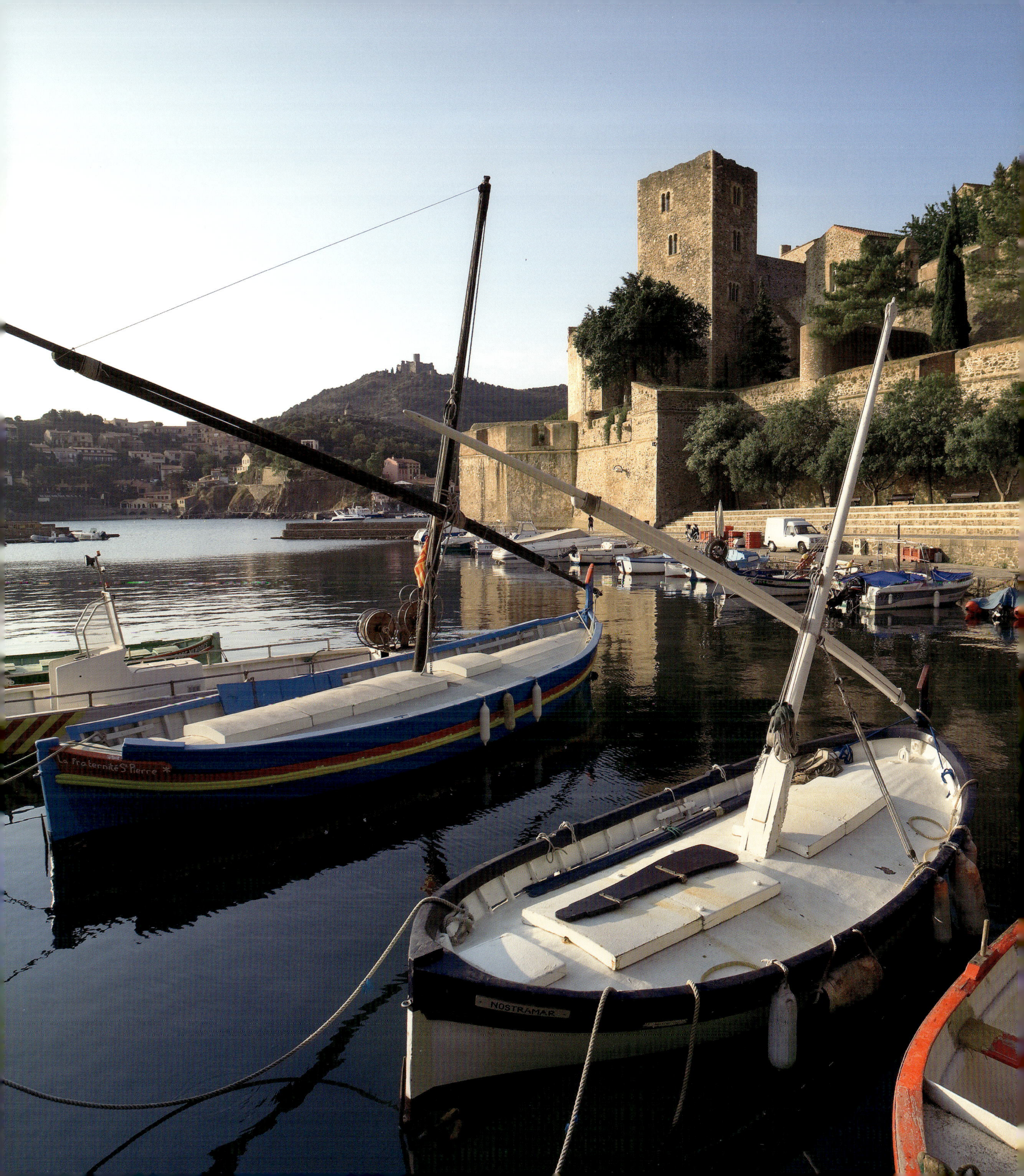
La Fraternité St Pierre
NOSTRAMAR

Pels rocs de la marenda i de la mar,
vola manta gavina d'ala esquiva.
L'ona va seguint l'ona fins al tard.
L'ona amb sos braços blancs puja i s'abriva.

Josep Sebastià Pons, *Pels rocs de la marenda*

By the rocks of the marshland and the sea, / Flew many gulls of fleeting wing. / Wave followed wave until the evening. / The wave with its white arms rising with fury.

Pels rocs de la marenda,
Josep Sebastià Pons

Por rocas de marisma y de la mar, / vuelan muchas gaviotas de ala esquiva. / La ola sigue a la ola al caer el día. / Ola que se alza con su brazo albar.

Pels rocs de la marenda,
Josep Sebastià Pons

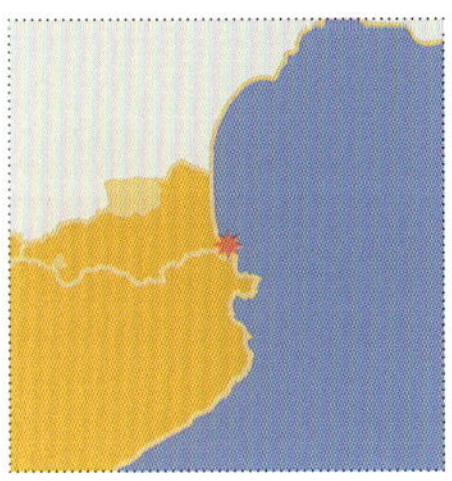

Banyuls

Banyuls Banyuls de la Marenda, per distingir-lo de Banyuls dels Aspres, a la mateixa comarca nord-catalana del Rosselló, dins de l'Estat francès– és un poble de mar i de vi. El seu nom distingeix un notable vi moscat, i la seva costa, abans pescadora –i contrabandista, diuen–, ha esdevingut un important reclam per al turisme. Acull un observatori oceanològic, amb un aquari amb més de 200 espècies autòctones de vegetals, invertebrats i peixos, situat prop de la reserva marina de Banyuls-Cervera. El seu terme municipal té un desnivell pronunciat, i s'eleva fins gairebé 1.000 metres a la serra de l'Albera. El nom de Banyuls, esmentat ja a les acaballes del segle x, es deu probablement a un estany, el de la Bassa, dessecat a finals del xix. És fill de la vila Aristides Maillol, un dels escultors catalans, i de nacionalitat francesa, més grans del segle xx. Maillol, també pintor i gravador, hi té un museu dedicat, a la casa on va viure a partir de 1910 fins a la seva mort, l'any 1944.

Banyuls

Banyuls Banyuls sur Mer (Banyuls de la Marenda), to distinguish it from Banyuls-dels-Aspres, in the same county of Roussillon in Catalunya del Nord, within the French State– is a village of sea and wine. Its name distinguishes an excellent sweet wine, and its coastline, previously for fishing –and smuggling, it is said–, has become an important tourist attraction. It houses an oceanological observatory, with an aquarium containing more than 200 autochthonous species of plants, invertebrates and fish, situated close to the marine reserve of Cerbère-Banyuls. The municipal district is very steep indeed, and rises up to almost 1,000 metres on the Albera range. The name of Banyuls, mentioned as far back as the late 10th century, probably originates from a lake, that of Bassa, dried out in the late-19th century. Hailing from the town was Aristides Maillol, one of the greatest Catalan sculptors, and of French nationality, of the 20th century. Maillol, also a painter and engraver, has a museum dedicated to him, in the house where he lived from 1910 until his death in 1944.

Banyuls

Banyuls (Banyuls de la Marenda, para distinguirlo de Banyuls dels Aspres, en la misma comarca del Rosselló, en Cataluña del Norte, dentro del Estado francés) es un pueblo de mar y de vino. Su nombre distingue un notable vino dulce, y su costa, antes pescadora –y contrabandista, dicen–, se ha convertido en un importante reclamo para el turismo. Acoge un observatorio oceanológico, con un acuario con más de 200 especies autóctonas de vegetales, invertebrados y peces, situado cerca de la reserva marina de Cerbère-Banyuls. Su término municipal tiene un desnivel pronunciado, y se eleva hasta casi los 1.000 metros en la sierra de la Albera. El nombre de Banyuls, mencionado ya en las postrimerías del siglo x, se debe probablemente a un estanque, el de la Bassa, desecado a finales del xix. Es hijo de la villa, Aristides Maillol, uno de los escultores catalanes, de nacionalidad francesa, más importantes del siglo xx. Maillol, también pintor y grabador, tiene un museo dedicado, en la casa donde vivió a partir de 1910 hasta su muerte, en 1944.

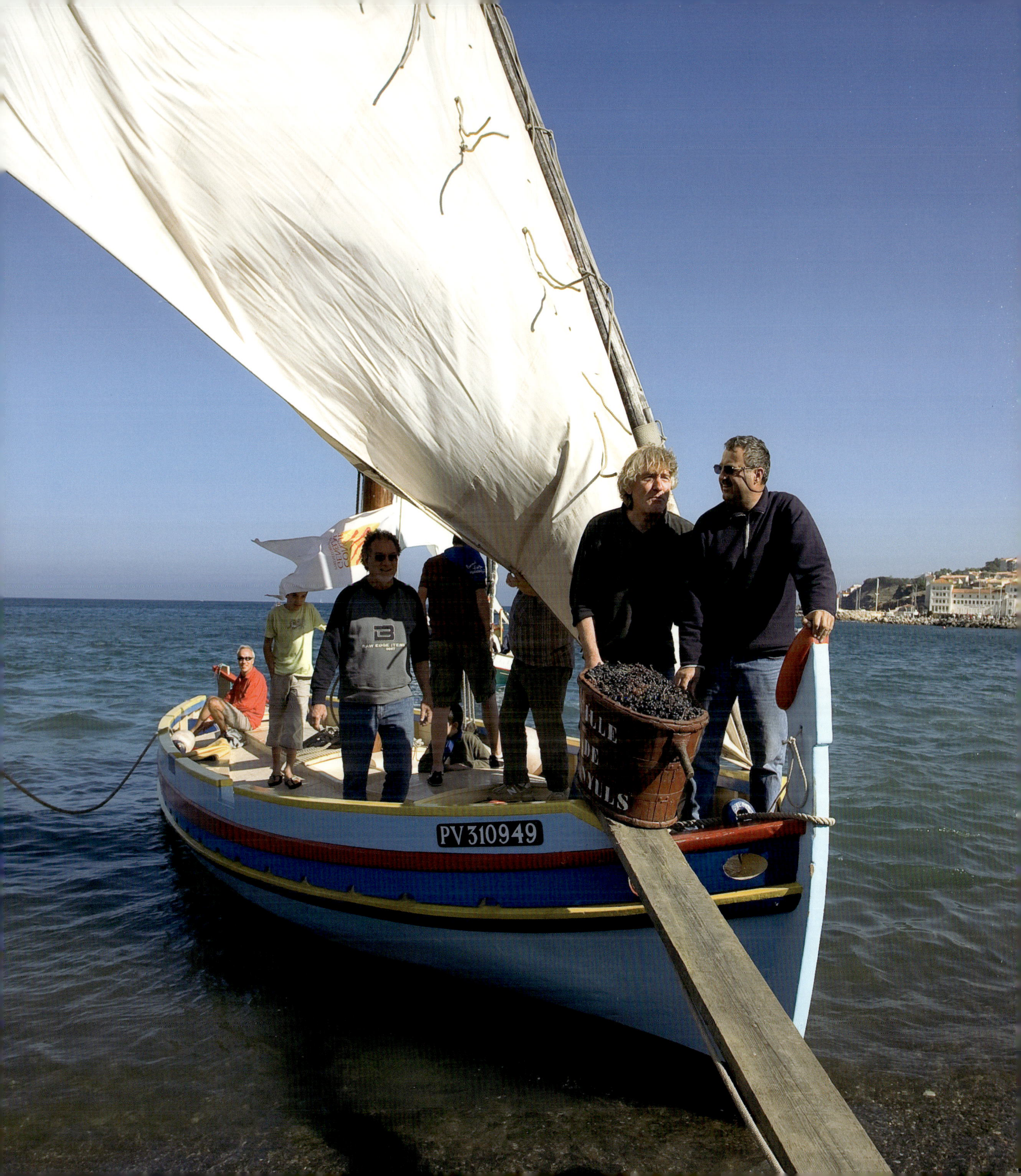
PV310949

De generació en generació, els Puig de Saint-Dizier havien arrodonit llur patrimoni. L'arribada del ferrocarril a Ceret va donar una embranzida al comerç del vi.

JOAN DANIEL BESZONOFF, *Les amnèsies de Déu*

From generation to generation, the Puig of Saint-Dizier had added to their wealth. The arrival of the railway in Céret gave a boost to the wine trade.

Les amnèsies de Déu, Joan Daniel Beszonoff

De generación en generación, los Puig de Saint-Dizier habían redondeado su patrimonio. La llegada del ferrocarril a Céret dio un impulso al comercio del vino.

Les amnèsies de Déu, Joan Daniel Beszonoff

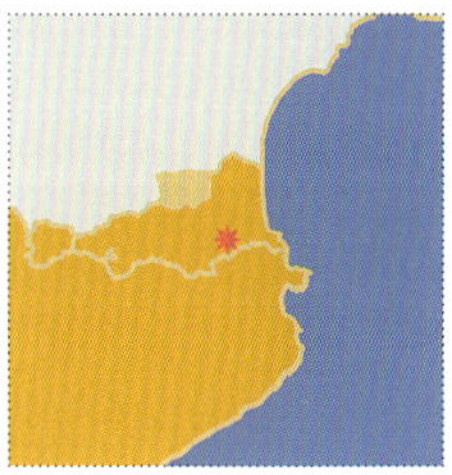

CERET

Ceret té un nom que evoca el de la tribu ibèrica dels ceretans, que van donar nom a la Cerdanya, dividida entre els estats espanyol i francès. Va ser fundada al segle IX per aprisiadors –serien com els actuals *okupes*: entraven en terres sense propietari i les explotaven agrícolament– procedents del sud dels Pirineus. El nom de Ceret també recorda el de cirera, i no és casual, perquè és coneguda com a capital de la cirera, o de la cirera *primeur*, per la qualitat del seu principal conreu, i per la festa que se li dedica cada any a principis de juny. Poc abans de la fira taurina que, al juliol, ha popularitzat la plaça de toros ceretana, construïda el 1922. Una altra tradició local important és la sardana, amb un festival internacional, també a l'estiu. Ceret, finalment, és terra de pintors, la meca del cubisme, des del primer terç del segle XX, que va atraure noms d'artistes com Picasso, Braque, Manolo Hugué i molts altres, i que des de 1950 compta amb un important Museu d'Art Modern.

CÉRET

Céret has a name that recalls the Iberian tribe of the Ceretans, who gave the name to La Cerdanya, divided between the Spanish and French states. It was founded in the 9th century by *aprisiadors* –who were like modern-day squatters: they took over untitled land and farmed it– from the south of the Pyrenees. The name of Céret also sounds like the cirera, the cherry, and this is no coincidence, since it is known as the capital of the cherry, or of the *primeur* cherry, for the quality of its cultivation, and for the festival dedicated to it every year in early June. This is shortly before the bullfighting fair which, in July, has made the Céret bullfighting ring, built in 1922, highly popular. Another important local tradition is the *sardana* dance, with an international festival, also in summer. Céret, finally, is a land of painters, the Mecca of cubism, from the first third of the 20th century, which attracted artists such as Picasso, Braque, Manolo Hugué and many others, and which since 1950 has had an important Modern Art Museum.

CÉRET

Céret tiene un nombre que evoca al de la tribu ibérica de los ceretanos, que dieron nombre a La Cerdanya, dividida entre los estados español y francés. Fue fundada en el siglo IX por «aprisiadors» –serían como los actuales «okupas»: entraban en tierras sin propietario y las explotaban agrícolamente– procedentes del sur de los Pirineos. El nombre de Céret también recuerda al de cereza, y no es casual, porque es conocida como capital de la cereza, o de la cereza *primeur*, por la calidad de su principal cultivo, y por la fiesta que se le dedica cada año a principios de junio. Poco antes de la feria taurina que, en julio, ha popularizado la plaza de toros ceretana, construida en 1922. Otra tradición local importante es la sardana, con un festival internacional, también en verano. Céret, finalmente, es tierra de pintores, la meca del cubismo, desde el primer tercio del siglo XX, que atrajo nombres de artistas como Picasso, Braque, Manolo Hugué y otros muchos, y que desde 1950 cuenta con un importante Museo de Arte Moderno.

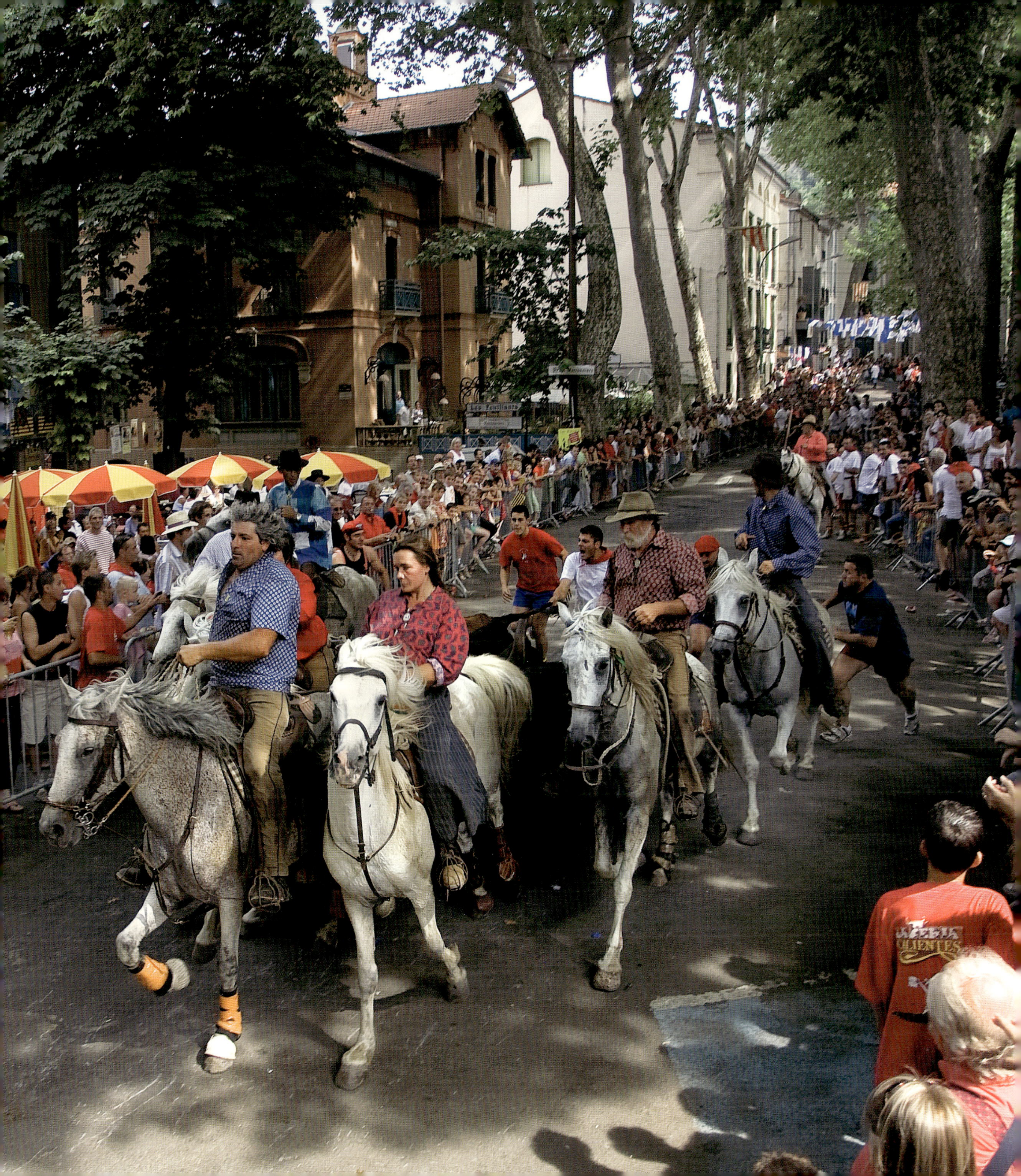
Les Feuillants

Tindria un territori petit, certament, però era un bocí de terra lliure i els països del costat no hi podien posar mà.

Antoni Morell, *Borís I, rei d'Andorra*

He would have had a small territory, it is true, but it was a small piece of free land and the neighbouring countries were unable to interfere.

Borís I, rei d'Andorra, Antoni Morell

Tendría un territorio pequeño ciertamente, pero era una parcela de tierra libre a la que los países vecinos no podían echar mano.

Borís I, rei d'Andorra, Antoni Morell

Andorra

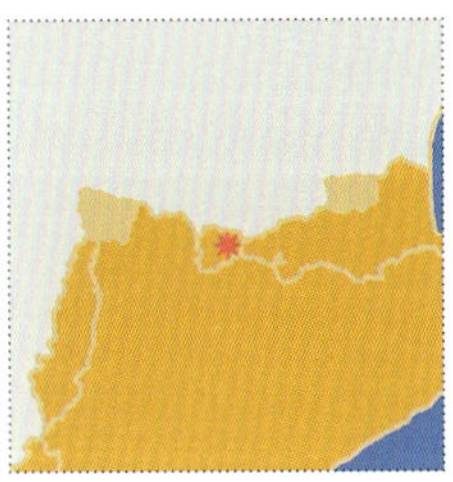

Casa de la Vall

El d'Andorra és un estat modern i alhora llegendari. El 1993, el poble andorrà aprovava en referèndum la constitució que convertia el Principat en una democràcia parlamentària i un coprincipat constitucional, en què el bisbe d'Urgell, a Catalunya i el president de la República Francesa són conjuntament, i de forma inseparable, caps d'estat. El mateix any, Andorra era admesa a l'ONU. El sistema constitucional, amb un parlament o Consell General i un Govern, que ostenta el poder executiu i la representació internacional del país, substitueix la forma de govern semifeudal, provinent de l'edat mitjana, en què aquesta representació era en mans dels coprínceps. L'origen del nom del país ens és desconegut, però sembla remetre al del poble ibèric dels andosins, que segons Polibi es van enfrontar a Aníbal. La llegenda, a la qual es refereix l'himne andorrà, diu que Carlemany va fundar Andorra l'any 788 en alliberar-la dels àrabs i com a reconeixement a la contribució dels andorrans al combat.

Casa de la Vall

Andorra is both a modern and, at the same time, legendary, state. In 1993, the Andorran people passed the constitution by referendum, which turned the Principality into a parliamentary democracy and a constitutional co-principality, in which the Bishop of Urgell, in Catalonia, and the President of the French Republic are jointly, and inseparably, heads of state. That same year, Andorra was admitted into the UN. The constitutional system, with a parliament and a General Council and a Government, which holds executive power and international representation of the country, replaced the semi-feudal form of government, dating from the Middle Ages, in which this representation was in the hands of the co-princes. The origin of the name of the country is unknown to us, but it may well refer to the Iberian people of the Andosins, who according to Polivius confronted Hannibal. The legend, which the Andorran national anthem refers to, states that Charlemagne founded Andorra in 788 on liberating it from the Arabs, and in recognition of the contribution that the Andorrans made in combat.

Casa de la Vall

El de Andorra es un estado moderno y a la vez legendario. En 1993, el pueblo andorrano aprobaba en referéndum la constitución que convertía el Principado en una democracia parlamentaria y un coprincipado constitucional, donde el obispo de Urgell, en Cataluña, y el presidente de la República Francesa son conjuntamente, y de forma inseparable, jefes de estado. El mismo año, Andorra era admitida en la ONU. El sistema constitucional, con un parlamento o Consejo General y un Gobierno, que ostenta el poder ejecutivo y la representación internacional del país, sustituye la forma de gobierno semifeudal, proveniente de la Edad Media, en la que esta representación estaba en manos de los coprínceps. El origen del nombre del país nos es desconocido, pero parece remitir al del pueblo ibérico de los andosinos, que según Polibio se enfrentaron a Aníbal. La leyenda, a la que se refiere el himno andorrano, dice que Carlomagno fundó Andorra en el año 788 al liberarla de los árabes, y como reconocimiento a la contribución de los andorranos al combate.

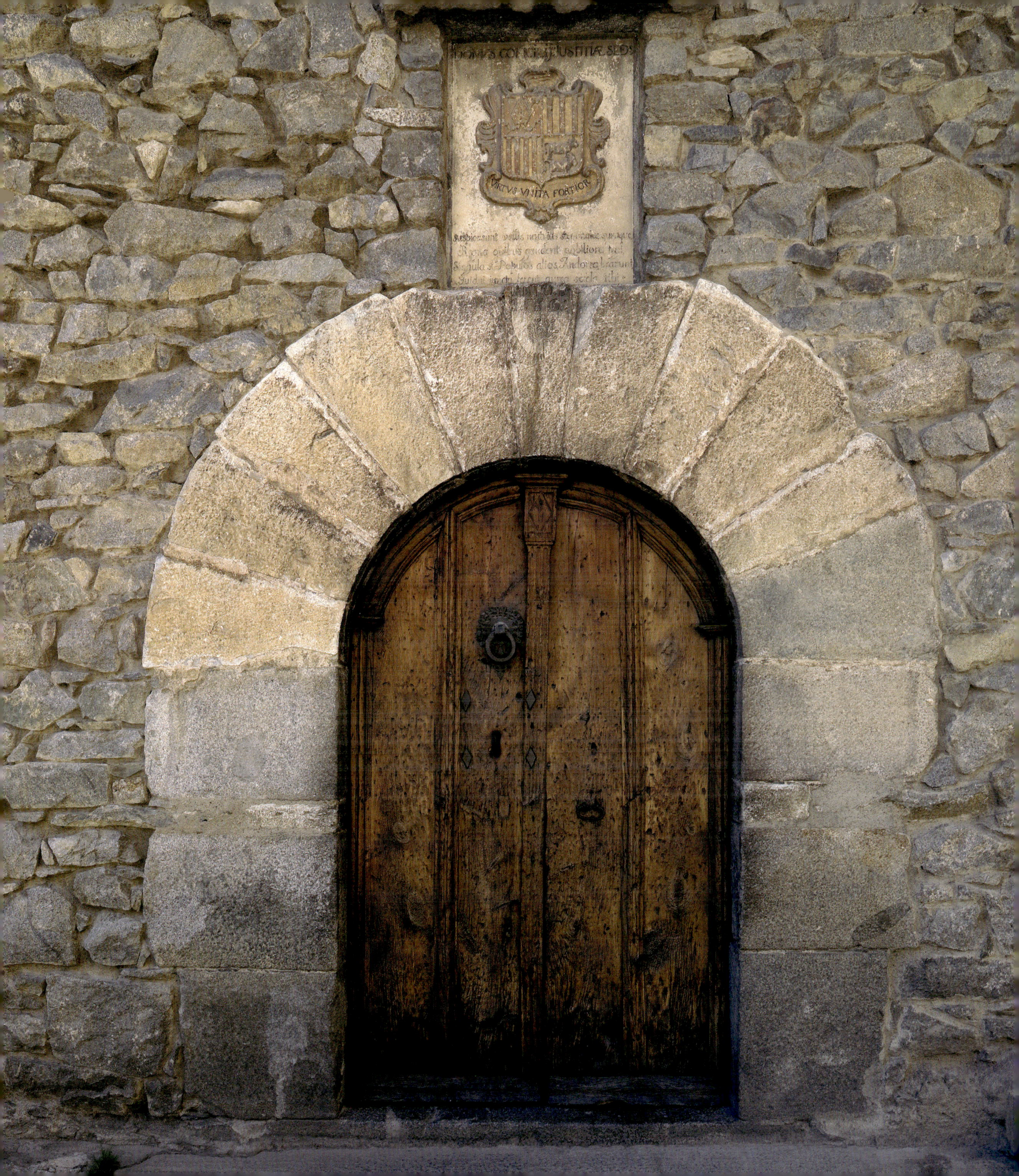
VIRTUS UNITA FORTIOR

L'altra cara d'Andorra, la que serva,
viva i gairebé intacta, la bellesa
majestuosa, d'uns indrets que encara
la mà de l'home no ha pogut malmetre
i el tornen, pròdigs, als seus purs orígens.

MIQUEL MARTÍ I POL, *Andorra: postals i altres poemes*

*

The other side of Andorra, which keeps / alive and almost intact, the majestic / beauty of some spots that even today / the hand of man has been unable to spoil, / returns it, lavishly, to its purest origins.

Andorra: postals i altres poemes,
Miquel Martí i Pol

*

La otra cara de Andorra, la que contempla, / viva y casi intacta, la belleza / majestuosa de un paisaje que todavía / la mano del hombre no ha podido ajar, / y lo devuelve, pródigo, a sus orígenes puros.

Andorra: postals i altres poemes,
Miquel Martí i Pol

ANDORRA

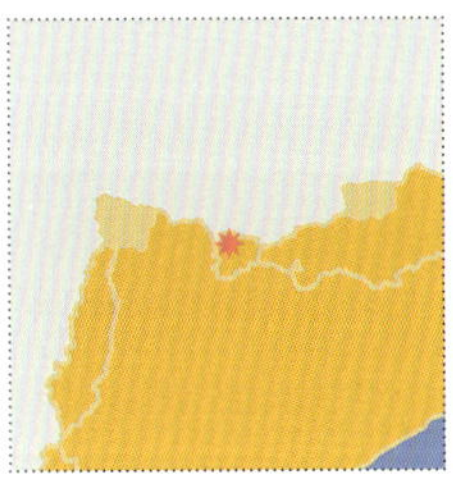

PAS DE LA CASA PAISATGE

Andorra és un estat independent, amb el nom oficial de Principat d'Andorra i amb capital a Andorra la Vella, l'únic del món actualment on la llengua oficial és el català. Situat als Pirineus, entre la Catalunya del Nord, el Principat i el departament francès, de cultura occitana, de l'Arieja, és un dels estats més petits i també més antics. Conegut també com Les Valls, té una orografia d'altes muntanyes –el cim més elevat és l'Alt de Comapedrosa, amb prop de 3.000 metres d'altitud, i n'hi ha una seixantena més que sobrepassen els 2.500 –, nombrosos corrents d'aigua i un riu principal, la Valira. En realitat, el país forma una sola conca, la d'aquest riu, amb dues branques, la Valira d'Orient i la del Nord, que conflueixen en la Gran Valira.
El conjunt forma un paradís natural, un petit diamant blanc, reconegut internacionalment. Des de 2004, gairebé un 10% del territori, el paisatge de la vall dels rius Madriu, Perafita i Claror, al sud del país, és Patrimoni de la Humanitat.

PAS DE LA CASA LANDSCAPE

Andorra is an independent state, with the official name of Principality of Andorra and with the capital of Andorra la Vella, the only state in the world where currently the official language is Catalan. Situated in the Pyrenees, between Catalunya del Nord, the Principality and the French department, of Occitan culture, of Ariege, it is one of the smallest and oldest states. Also known as Les Valls (valleys), it possesses an orography of high mountains –the highest peak is the Alt de Comapedrosa, at close-on 3,000 metres altitude, and there are some sixty more that are higher than 2,500 metres–, many water currents and a main river, the Valira. In reality, the country forms a single basin, of this river, with two tributaries, the Valira d'Orient and that of the Nord (east and north), which meet in the Gran Valira. The whole area forms a natural paradise, a small white diamond, recognised internationally. Since 2004, almost 10% of the territory, the landscape of the valley of the Madriu, Perafita and Claror rivers, in the south of the country, has been a World Heritage Site.

PAS DE LA CASA PAISAJE

Andorra es un estado independiente, con el nombre oficial de Principado de Andorra y con capital en Andorra la Vella, el único del mundo actualmente dónde la lengua oficial es el catalán. Situado en los Pirineos, entre la Cataluña del Norte, el Principado y el departamento francés, de cultura occitana, de la Ariege, es uno de los estados más pequeños y también más antiguos. Conocido también como Les Valls, tiene una orografía de altas montañas –la cumbre más elevada es el Comapedrosa, con cerca de 3.000 metros de altura, y hay sesenta más que sobrepasan los 2.500 –, numerosas corrientes de agua y un río principal, el Valira. En realidad, el país forma una sola cuenca, la de este río, con dos ramas, el Valira de oriente y el del norte, que confluyen en el Gran Valira. El conjunto forma un paraíso natural, un pequeño diamante blanco, reconocido internacionalmente. Desde 2004, casi un 10% del territorio, el paisaje del valle de los ríos Madriu, Perafita y Claror, en el sur del país, es Patrimonio de la Humanidad.

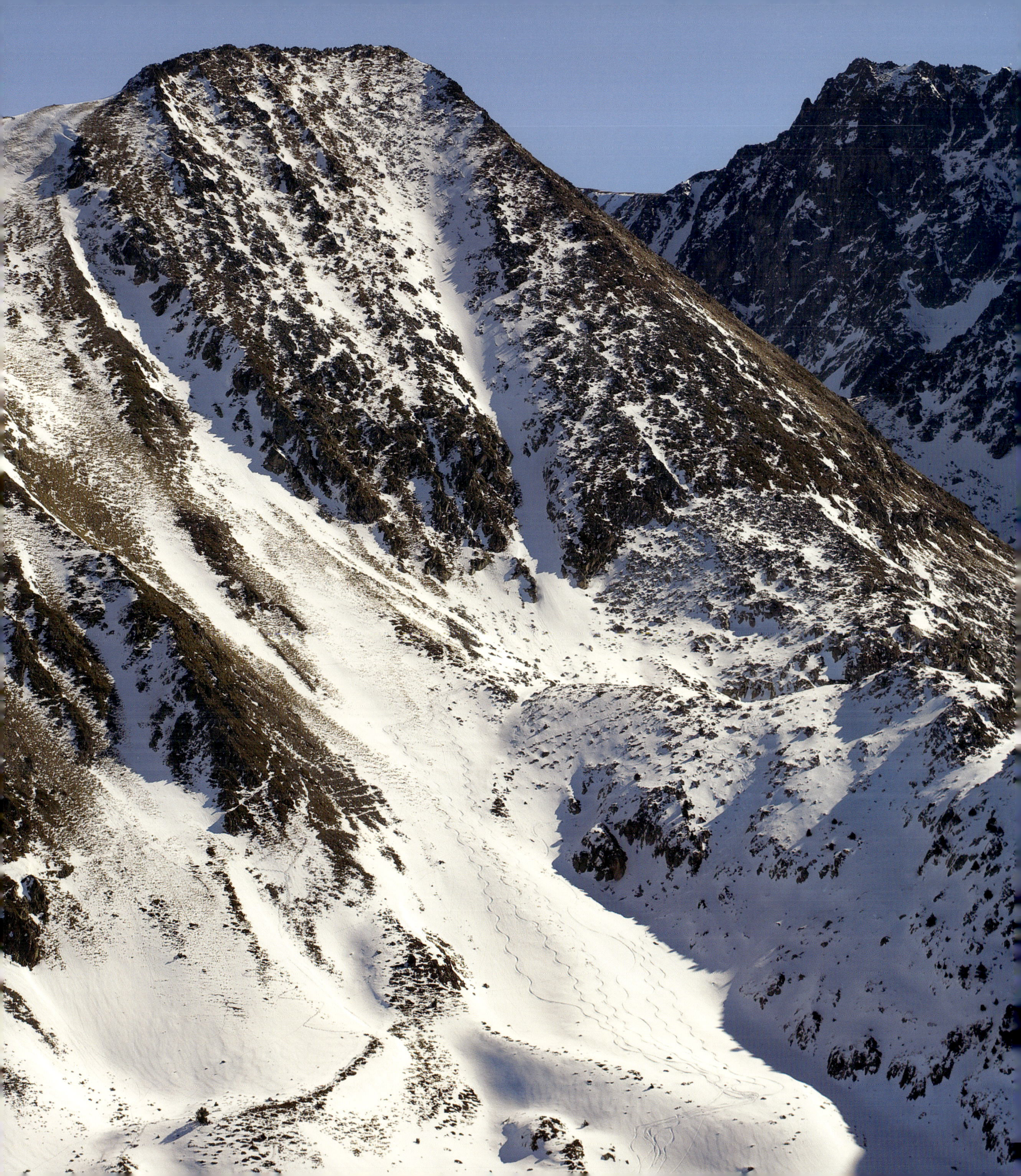

Tota la vall, de Les Escaldes a Santa Coloma, està al domini de la vostra vista per embriagar-vos amb una gamma de llums i colors que clapeja i matisa un paisatge de somni.

FRANCESC VIADIU, *Entre el torb i la Gestapo*

The entire valley, from Les Escaldes to Santa Coloma, spreads before you to delight you with a range of lights and colours that splash and vary a dream-like landscape.

Entre el torb i la Gestapo,
Francesc Viadiu

Todo el valle, de Les Escaldes a Santa Coloma, está ante vuestra vista para embriagaros con una gama de luces y colores que salpica y matiza un paisaje de ensueño.

Entre el torb i la Gestapo,
Francesc Viadiu

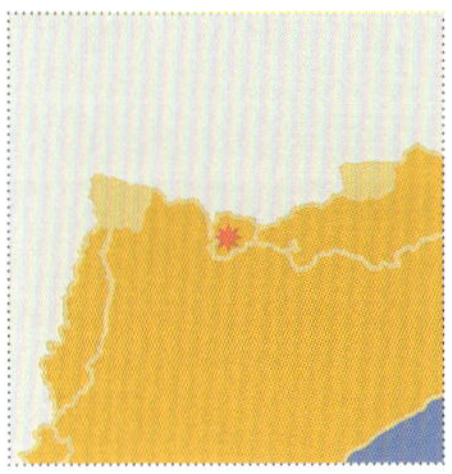

ESGLÉSIA DE SANTA COLOMA

L'església de Santa Coloma, a la parròquia d'Andorra la Vella, és un dels edificis més interessants dels més de 50 romànics catalogats a l'estat andorrà. Es tracta d'un temple dels segles IX-X, situat a la riba dreta del riu Valira. De planta rectangular i campanar circular, amb decoració llombarda, és una de les esglésies andorranes més antigues. Se cita ja a principis del segle XI en l'acta de consagració de la Seu d'Urgell. El romànic, civil i religiós, es pot considerar l'estil artístic més destacable d'Andorra, on es va estendre del segle VIII al XIII. És un dels llocs d'Europa on aquest estil va tenir una vida més prolongada. Això i la història pacífica del Principat han preservat un llegat ampli i gairebé intacte. L'arquitectura –també cal assenyalar la pintura i l'escultura, com la del Crist de Sant Joan de Caselles– romànica andorrana es caracteritza per l'ús de pissarra, i a més de les esglésies cal destacar les cases, com la Casa de la Vall, seu del Consell General.

CHURCH OF SANTA COLOMA

The church of Santa Coloma, in the parish district of Andorra la Vella, is one of the most interesting buildings from among more than 50 Romanesque buildings catalogued in Andorra. It is a temple dating from the 9-10th centuries, situated on the right bank of the River Valira. With a rectangular ground plan and circular bell tower, with Lombardist decoration, it is one of the oldest churches in Andorra. It is mentioned as early as the 11th century in the act of consecration of Seu d'Urgell. Civic and religious Romanesque architecture can be considered the most outstanding artistic style in Andorra, where it lasted from the 8th to the 13th century. It is one of the parts of Europe where this style lasted the longest. This, along with the peaceful history of the Principality have conserved an extensive an almost intact legacy. Andorran Romanesque architecture –the painting and sculpture should also be mentioned, such as that of the Christ of Sant Joan de Caselles– is characterised by the use of slate, and as well as the churches some houses should be highlighted, such as the Casa de la Vall, headquarters of the Consell General.

IGLESIA DE SANTA COLOMA

La iglesia de Santa Coloma, en la parroquia de Andorra la Vella, es uno de los edificios románicos más interesantes de los más de 50 catalogados en el estado andorrano. Se trata de un templo de los siglos IX-X, situado en la orilla derecha del río Valira. De planta rectangular y campanario circular, con decoración lombarda, es una de las iglesias andorranas más antiguas. Se cita ya a principios del siglo XI en el acta de consagración de la Seu d'Urgell. El románico, civil y religioso, se puede considerar el estilo artístico más destacable de Andorra, donde se extendió desde el siglo VIII hasta el XIII. Es uno de los lugares de Europa donde este estilo tuvo una vida más prolongada. Esto y la historia pacífica del Principado han preservado un legado amplio y casi intacto. La arquitectura –también cabe señalar la pintura y la escultura, como la del Cristo de Sant Joan de Caselles– románica andorrana se caracteriza por el uso de pizarra, y además de las iglesias hay que destacar las casas, como la Casa de la Vall, sede del Consell General.

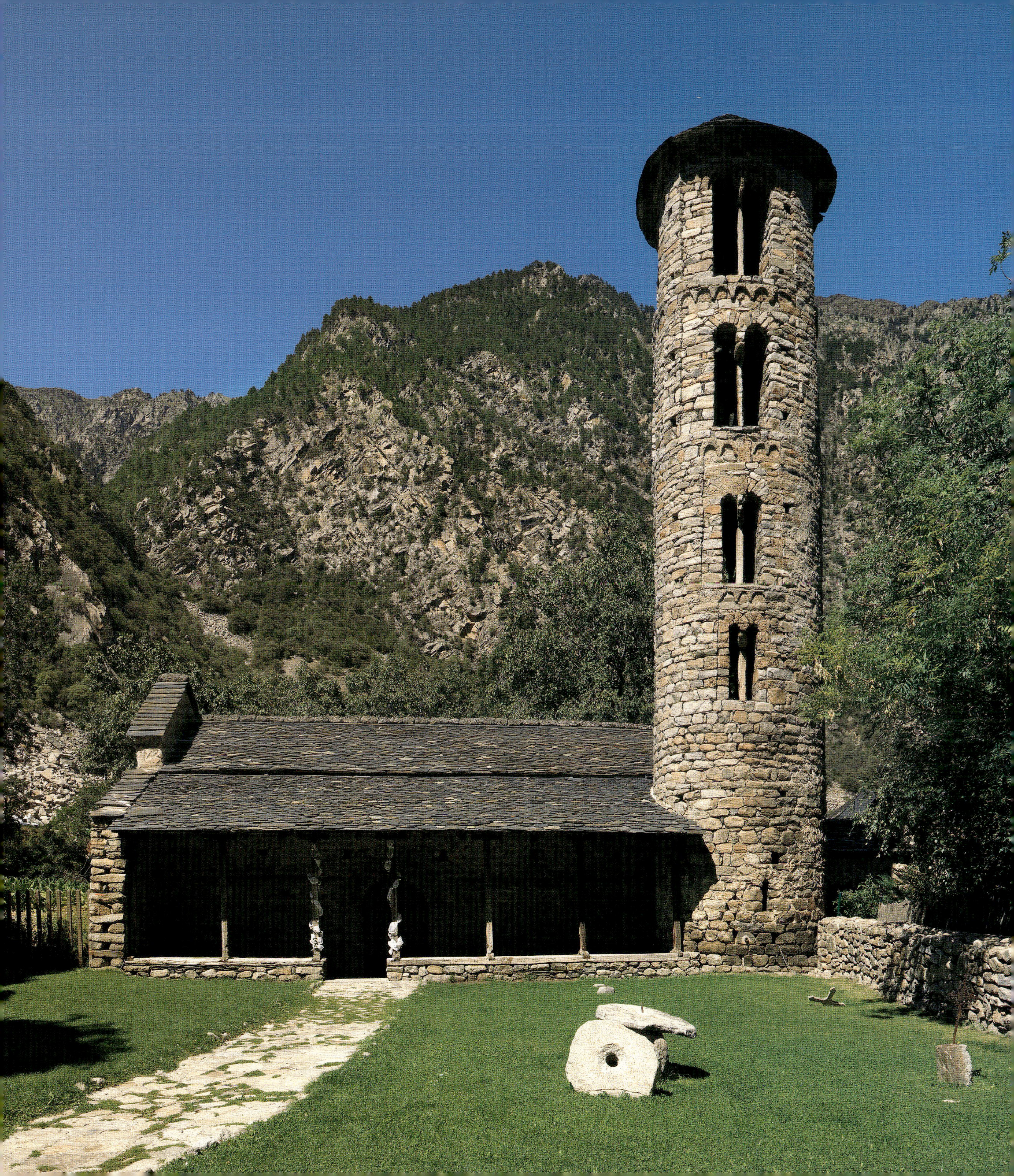

[...] les pintures són molt antigues, tant com l'església, que és més vella que els camins, per això estan cobertes per altres capes a sobre [...]

PEP COLL, *Per les valls on els pon el sol*

[...] the paintings are very old, as old as the church, which is older than the paths, and that is why they are covered by other layers [...]

Per les valls on els pon el sol,
Pep Coll

[...] las pinturas son muy antiguas, tanto como la iglesia, más vieja que los caminos, por eso están cubiertas de otras capas [...]

Per les valls on els pon el sol,
Pep Coll

PRINCIPAT

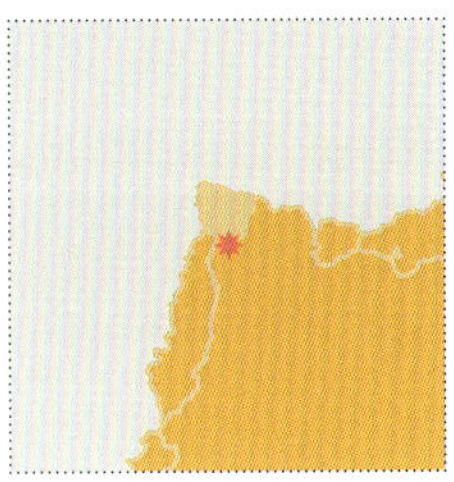

ESGLÉSIA DE SANT CLIMENT DE TAÜLL PANTOCRÀTOR

El Pantocràtor de l'església de Sant Climent de Taüll, avui al Museu Nacional d'Art de Catalunya, a Barcelona, presidia l'absis central d'aquesta església del Pirineu. Sant Climent, amb Santa Maria de Taüll i d'altres, com Sant Joan de Boí, s'inclouen en les nou esglésies romàniques de la Vall de Boí que el 2000 la UNESCO va declarar Patrimoni de la Humanitat. Aquests edificis sobris i elegants constitueixen uns dels valors arquitectònics catalans més preuats internacionalment. Es van començar a construir a partir del segle XI seguint l'estil provinent de la Llombardia. L'església de Sant Climent es va consagrar l'any 1123. Construïda amb planta de basílica de tres naus i sostre de fusta, a partir del 1919 la Junta de Museus de Barcelona va traslladar-ne les pintures per conservar-les, mentre a l'església s'hi reproduïen les pintures de l'absis central. Destaca la imponent figura de Crist en majestat, el Pantocràtor, obra del Mestre de Taüll, un artista anònim de gran categoria artística.

CHURCH OF SANT CLIMENT DE TAÜLL PANTOCRATOR

The Pantocrator of the church of Sant Climent de Taüll, today in the National Museum of Art of Catalonia, in Barcelona, overlooked the central apse of this church in the Pyrenees. Sant Climent, with Santa Maria de Taüll and others such as Sant Joan de Boí, are among the nine Romanesque churches in the Vall de Boí that were declared a World Heritage Site by UNESCO in 2000. These sober and elegant buildings make up one of the most internationally regarded Catalan architectural assets. Building work began in the 11th century following the style that came from Lombardy. The church of Sant Climent was consecrated in 1123. Built with a basilica ground plan with three naves and a wooden roof, after 1919 the Museum Board of Barcelona moved the paintings to conserve them, while in the church the paintings of the central apse were reproduced. Standing out is the imposing figure of Christ in majesty, the Pantocrator, work of the Master of Taüll, an anonymous figure with great artistic skills.

IGLESIA DE SANT CLIMENT DE TAÜLL PANTOCRÁTOR

El Pantocrátor de la iglesia de Sant Climent de Taüll, hoy en el Museu Nacional d'Art de Catalunya, en Barcelona, presidía el ábside central de esta iglesia de los Pirineos. Sant Climent, con Santa Maria de Taüll y otras como Sant Joan de Boí, se incluyen en las nueve iglesias románicas del valle de Boí que en el 2000 la UNESCO declaró Patrimonio de la Humanidad. Estos edificios sobrios y elegantes constituyen uno de los valores arquitectónicos catalanes más apreciados internacionalmente. Se empezaron a construir a partir del siglo XI siguiendo el estilo proveniente de Lombardía. La iglesia de Sant Climent se consagró en el año 1123. Construida con planta de basílica de tres naves y techo de madera, a partir de 1919 la Junta de Museos de Barcelona trasladó las pinturas para conservarlas, mientras en la iglesia se reproducían las pinturas del ábside central. Destaca la imponente figura del Cristo en majestad, el Pantocrátor, obra del Maestro de Taüll, un artista anónimo de gran categoría artística.

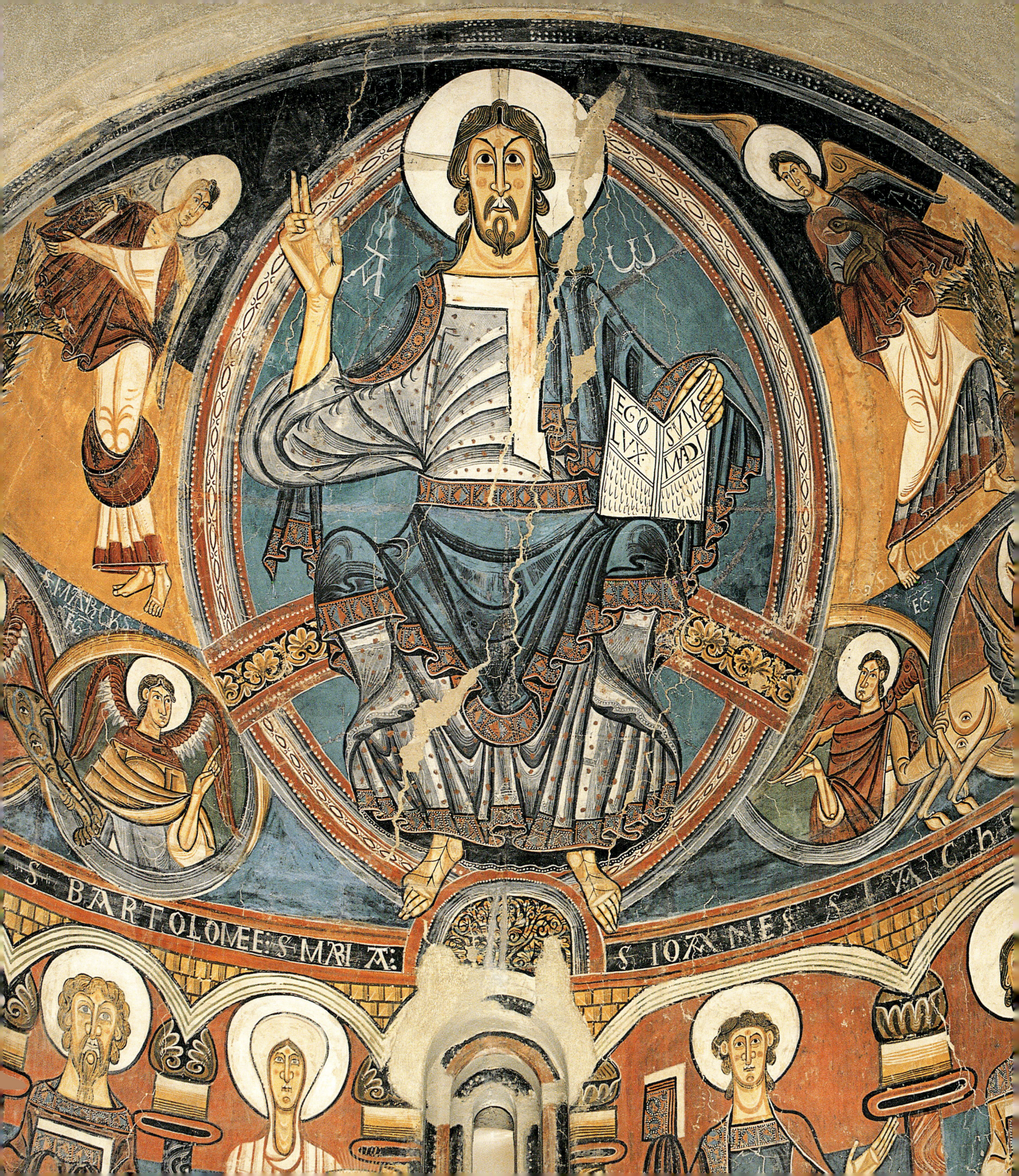
EGO SVM
LVX
S BARTOLOMEE S MARIA
S IOANNES

Dues vegades volia dir cap patrulla de Sort al port de la Bonaigua. Tres, que hi havia moviment militar de Sort a València d'Àneu. Cinc volia dir no baixeu a la vall, seguiu els carenats i que Déu (és un dir) us ajudi si vol.

JAUME CABRÉ, *Les veus del Pamano*

Twice meant no patrol from Sort to Port de la Bonaigua. Three, there was military movement from Sort to València d'Àneu. Five meant do not come down to the valley, follow the crests and may God (just a saying) help you if he wishes.

Les veus del Pamano, Jaume Cabré

Dos veces quería decir que no había patrullas desde Sort al puerto de la Bonaigua. Tres, que había movimiento militar de Sort a València d'Àneu. Cinco quería decir no bajéis al valle, seguid los estriberones y que Dios (es un decir) os ayude si quiere.

Les veus del Pamano, Jaume Cabré

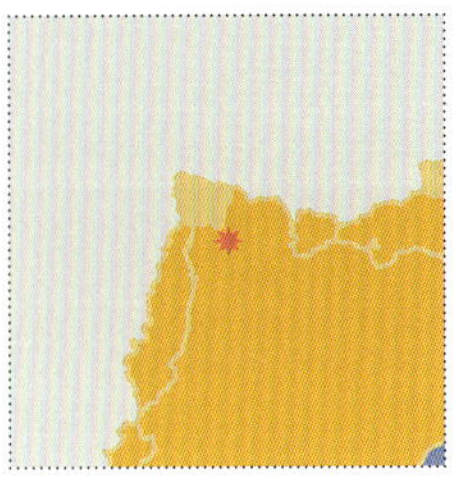

PARC D'AIGÜESTORTES I ESTANY DE SANT MAURICI

Els sinuosos meandres del riu Sant Nicolau donen nom al pla d'Aigüestortes, que, amb l'estany de Sant Maurici, formen un dels més bells espais muntanyencs de Catalunya, l'únic que l'Estat espanyol ha protegit a la comunitat catalana amb el màxim grau de protecció, el de *parque nacional*. Es troba a la part central dels Pirineus i és de gran valor biològic. L'espai protegit té una extensió de més de 40.000 hectàrees, tot i que el Parc pròpiament dit és la part central, d'unes 15.000 hectàrees, als municipis de la Vall de Boí i Espot. La zona perifèrica inclou municipis com Sort, Alt Àneu –que inclou el poble de València d'Àneu, i on es troba el Port de la Bonaigua–, Vilaller o Vielha e Mijaran. Situat a més de 1.000 metres sobre el nivell del mar, amb muntanyes de més de 3.000, té uns 80 llacs i ecosistemes molt diferents a causa dels grans desnivells. A mesura que anem pujant, trobem boscos de fulla caduca; més amunt, de fulla perenne, i finalment, prats i roques d'alta muntanya.

PARK OF AIGÜESTORTES AND LAKE OF SANT MAURICI

The sinuous meanders of the River Sant Nicolau give the name to the Aigüestortes (twisting waters) plain which, with the lake of Sant Maurici, form one of the most beautiful mountain spaces in Catalonia, the only one that the Spanish State has protected in the Catalan autonomous region with the highest degree of protection, that of "national park". It is located in the central part of the Pyrenees and is of great biological value. The protected space has an extension of more than 40 thousand hectares, even though the actual Park is the central part, of some 15 thousand hectares, in the municipal districts of Vall de Boí and Espot. The peripheral zone includes municipalities such as Sort, Alt Àneu –which includes the village of València d'Àneu, and where the Port de la Bonaigua is located–,Vilaller or Vielha and Mijaran. At over one thousand metres above sea level, with peaks of more than 3,000 metres, it possesses some 80 lakes and very different ecosystems, due to the big differences in altitude. As we climb up, we come across deciduous trees, higher up are evergreens and finally high mountain fields and rocks.

PARQUE DE AIGÜESTORTES Y LAGO DE SANT MAURICI

Los sinuosos meandros del río Sant Nicolau dan nombre al llano de Aigüestortes que, con el lago de Sant Maurici, forman uno de los más bellos espacios de montaña de Cataluña, el único que el estado español ha protegido en la comunidad catalana con el máximo grado de protección, el de parque nacional. Se encuentra en la parte central de los Pirineos y es de gran valor biológico. El espacio protegido tiene una extensión de más de 40.000 hectáreas, aunque el Parque propiamente dicho es la parte central, de unas 15.000 hectáreas, en los municipios de La Vall de Boí y Espot. La zona periférica incluye municipios como Sort, Alt Àneu –que incluye el pueblo de València d'Àneu, y donde se encuentra el puerto de la Bonaigua–, Vilaller o Vielha y Mijaran. Situado a más de 1.000 metros sobre el nivel del mar, con montañas de más de 3.000, cuenta con unos 80 lagos y con ecosistemas muy diferentes a causa de los grandes desniveles. A medida que vamos subiendo, encontramos bosques de hoja caduca; más arriba, de hoja perenne, y finalmente, prados y rocas de alta montaña.

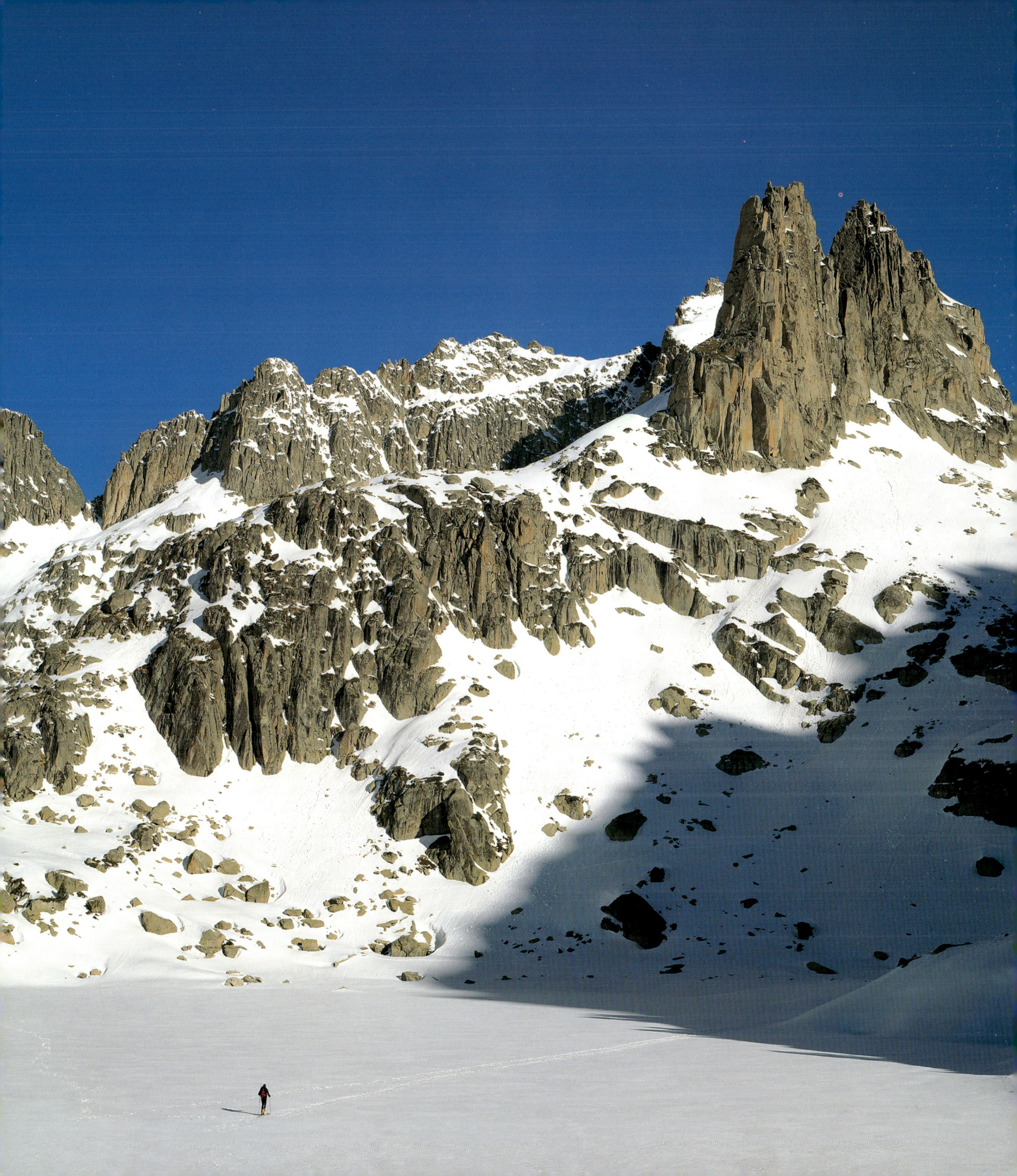

Els avellaners silvestres i les nogueres verdejaven vora el riu com els xops. La muntanya era un formiguer de treballadors entre groc i verd, de carros pels camins terrossos i de xiulets d'eines [...]

MARIA BARBAL, *Pedra de tartera*

The wild hazelnut and walnut trees show green alongside the river, as do the poplars. The mountain was an anthill of workers between yellow and green, of carriages along the earthy paths and the whistle of tools [...]

Pedra de tartera,
Maria Barbal

Los avellanos silvestres y los nogales verdeaban junto al río como los chopos. La montaña era un hormiguero de trabajadores entre amarillo y verde, de carros por los caminos terrosos y del silbido de las herramientas [...]

Pedra de tartera,
Maria Barbal

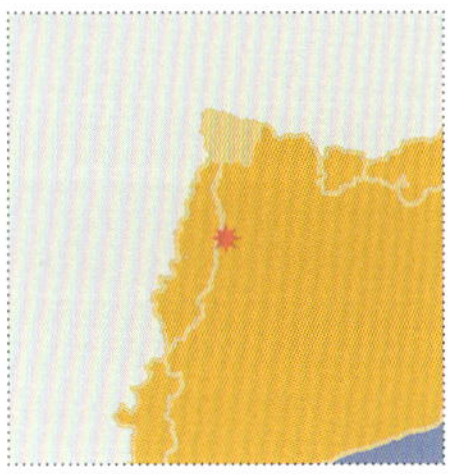

CONGOST DE MONT-REBEI

El congost de Mont-rebei, paratge espectacular de gran valor ecològic, estableix una de les partions entre les comarques aragoneses de parla i cultura catalanes, és a dir l'anomenada la Franja, representada aquí per la Baixa Ribagorça, i les comarques del Principat, en aquest cas el Pallars Jussà. Aquest caprici geològic és un pas estret per on el riu Noguera Ribagorçana travessa el Montsec; justament el congost s'inclou en l'espai natural que porta el nom de la serra. A la banda d'Aragó, que correspon al municipi de Viacamp i Lliterà, s'hi troben les esglésies romàniques de la Mare de Déu del Congost i la Mare de Déu del Congost Vella, i el castell de Girbeta. Per les característiques geològiques, Mont-rebei posseeix una gran varietat d'ocells rapinyaires, tant d'ambients rocosos (el trencalòs, l'àguila reial o el voltor lleonat), com de bosc, com ara la rara àguila calçada o l'esparver. Actualment s'estudia la possibilitat de demanar que sigui considerat Patrimoni Mundial.

GORGE OF MONT-REBEI

The gorge of Mont-rebei, a spectacular spot of great ecological value, establishes one of the boundaries between the Aragonese Catalan-speaking and cultural counties, what is called the Franja, represented here by Baixa Ribagorça, and counties of the Principality, in this case Pallars Jussà. This geological caprice is a narrow pass by which the River Noguera Ribagorçana crosses Montsec; the gorge is just inside the natural area that takes the name of the range. On the Aragon side, which corresponds to the municipal district of Viacamp i Lliterà, there are the Romanesque churches of Mare de Déu del Congost and Mare de Déu del Congost Vella, and the castle of Girbeta. For its geological characteristics, Mont-rebei possesses a great variety of birds of prey, both in the rocky parts, such as the bearded vulture, the golden eagle and the Griffon vulture, and in the woods, such as the rare booted eagle or the sparrow hawk. There is a study underway investigating whether the area can be considered a World Heritage Site.

EL DESFILADERO DE MONT-REBEI

El desfiladero de Mont-rebei, paraje espectacular de gran valor ecológico, establece una de las particiones entre las comarcas aragonesas de habla y cultura catalanas, es decir la llamada La Franja, representada aquí por la Ribagorza, y las comarcas del Principado, en este caso el Pallars Jussà. Este capricho geológico es un paso estrecho por donde el río Noguera Ribagorzana atraviesa el Montsec; precisamente el desfiladero se incluye en el espacio natural que lleva el nombre de la sierra. En la parte de Aragón, que corresponde al municipio de Viacamp y Litera, se encuentran las iglesias románicas de Nuestra Señora del Congost y Nuestra Señora del Congost Vieja, y el castillo de Girbeta. Por las características geológicas, Mont-rebei posee una gran variedad de aves rapaces, tanto de ambientes rocosos (el quebrantahuesos, el águila real o el buitre leonado) como de bosque, como la rara águila calzada o el gavilán. Actualmente se estudia la posibilidad de pedir que sea considerado Patrimonio Mundial.

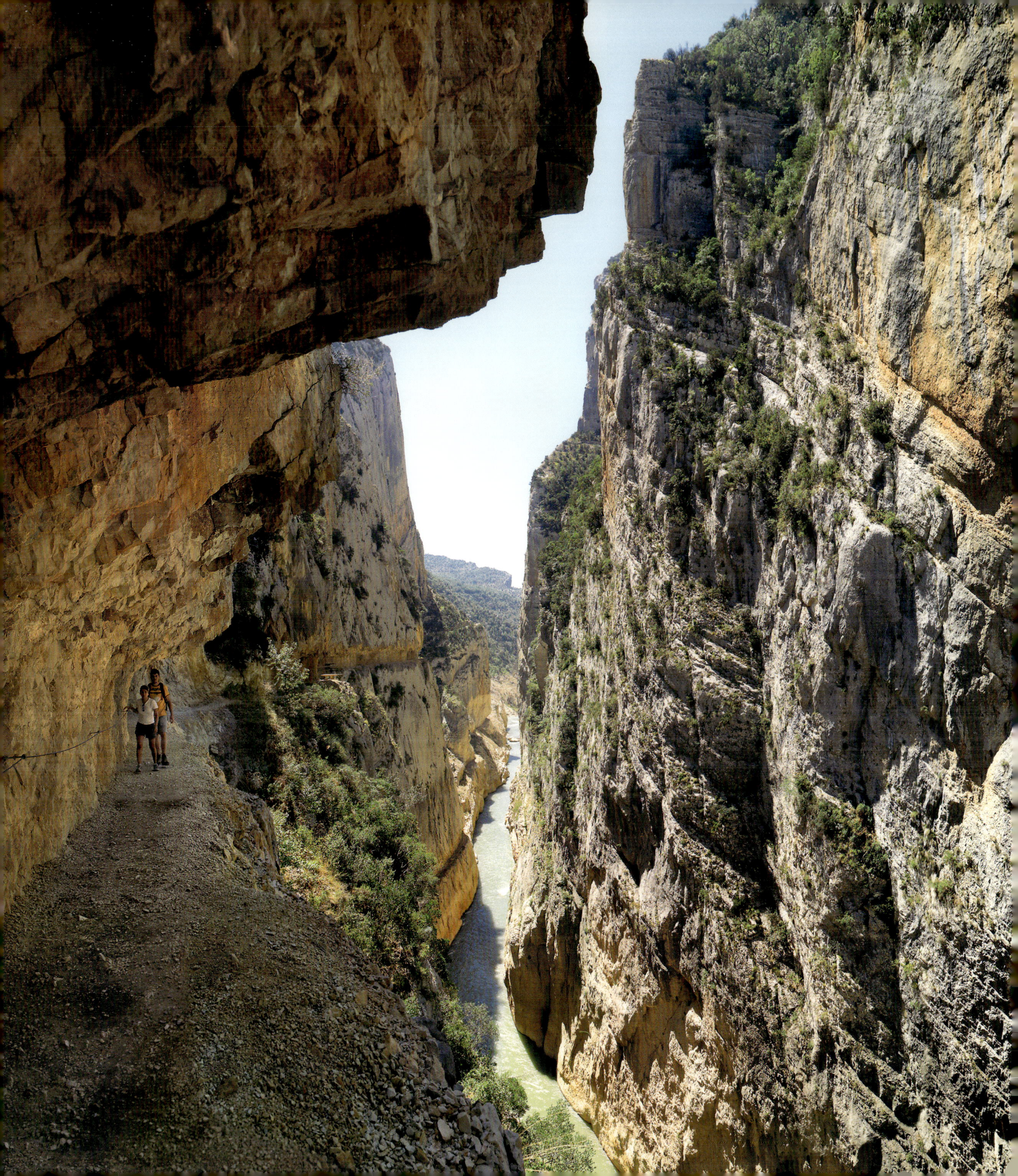

Organyà té, a més, la veneració general per haver-s'hi conservat a la sagristia la joia literària de les Homilies, considerada durant molts anys el text més antic en català.

Josep Pla, *Guia de Catalunya*

Organyà is, moreover, generally venerated for having preserved in the sacristy the literary jewel of the Homilies, considered for many years the oldest text in Catalan.

Guia de Catalunya, Josep Pla

Organyà cuenta además con la veneración general por haberse conservado en la sacristía la joya literaria de las Homilías, considerada durante muchos años el texto más antiguo en catalán.

Guia de Catalunya, Josep Pla

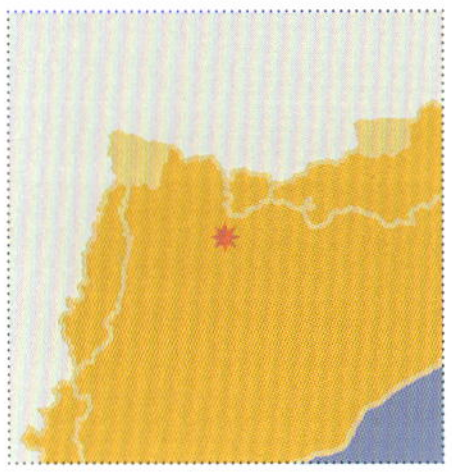

Organyà

A cavall dels segles XII i XIII, a Organyà, poble de la comarca pirinenca de l'Alt Urgell, al Principat de Catalunya, es produïa un fet cabdal per a la llengua catalana i, al capdavall, per a les terres, els textos i els autors esmentats en aquest llibre. Un capellà, a imatge del que es feia a Provença, acostava els sermons a la parla de la gent del poble, i anotava la prèdica que faria en llengua vulgar, i ja no en llatí, en tres fulls de pergamí doblegats, de prop d'un pam d'alçada. Naixien les *Homilies d'Organyà*, en aquesta població a la vora dels rius Segre i Cabó i de la muntanya de Santa Fe, on segons l'escriptor Pep Coll hi ha llegendes de serps fabuloses. Aquestes proses són un dels documents literaris més antics escrits en català i el sermonari més antic en qualsevol de les llengües de la península ibèrica. Les va descobrir en la rectoria d'Organyà l'historiador Joaquim Miret i Sans el 1904. El 2004, coincidint amb el centenari, es van celebrar els 800 anys de les Homilies.

Organyà

At the turn of the 12th and 13th centuries, in Organyà, a town in the Pyrenean county of Alt Urgell, in the Principality of Catalonia, an essential event took place for the Catalan language and, when all is said and done, for the lands, texts and authors featuring in this book. A priest, copying what was done in Provence, brought the sermons closer to what the people of the town were taking about, and he wrote down what he was going to preach in common language, no longer in Latin, on three sheets of folded parchment, seen close up almost a palm high. Thus was produced the *Homilies of Organyà*, in this town on the banks of the rivers Segre and Cabó and beside the mountain of Santa Fe, where, according to the writer Pep Coll, there are legends of fabulous serpents. This prose is one of the oldest literary documents written in Catalan and the oldest book of sermons in any of the languages of the Iberian Peninsula. It was discovered in the rectory of Organyà by the historian Joaquim Miret i Sans in 1904. In 2004, coinciding with the centenary of the find, the 800 years of the Homilies were celebrated.

Organyà

A caballo entre los siglos XII y XIII, en Organyà, pueblo de la comarca pirenaica del Alt Urgell, en el Principado de Cataluña, se producía un hecho primordial para la lengua catalana y, al fin y al cabo, para las tierras, los textos y los autores mencionados en este libro. Un cura, a imagen de lo que se hacía en Provenza, acercaba los sermones a lo que hablaba la gente del pueblo, y anotaba la prédica que iba a hacer en lengua vulgar, y ya no en latín, en tres hojas de pergamino dobladas, aproximadamente de un palmo de alto. Nacían las *Homilies d'Organyà*, en esta población cercana a los ríos Segre y Cabó y a la montaña de Santa Fe, donde según el escritor Pep Coll hay leyendas de serpientes fabulosas. Estas prosas son uno de los documentos literarios más antiguos escritos en catalán y el sermonario más antiguo en cualquiera de las lenguas de la Península Ibérica. Las descubrió en la vicaría de Organyà el historiador Joaquim Miret i Sans en 1904. En 2004, coincidiendo con el centenario, se celebraron los 800 años de las Homilías.

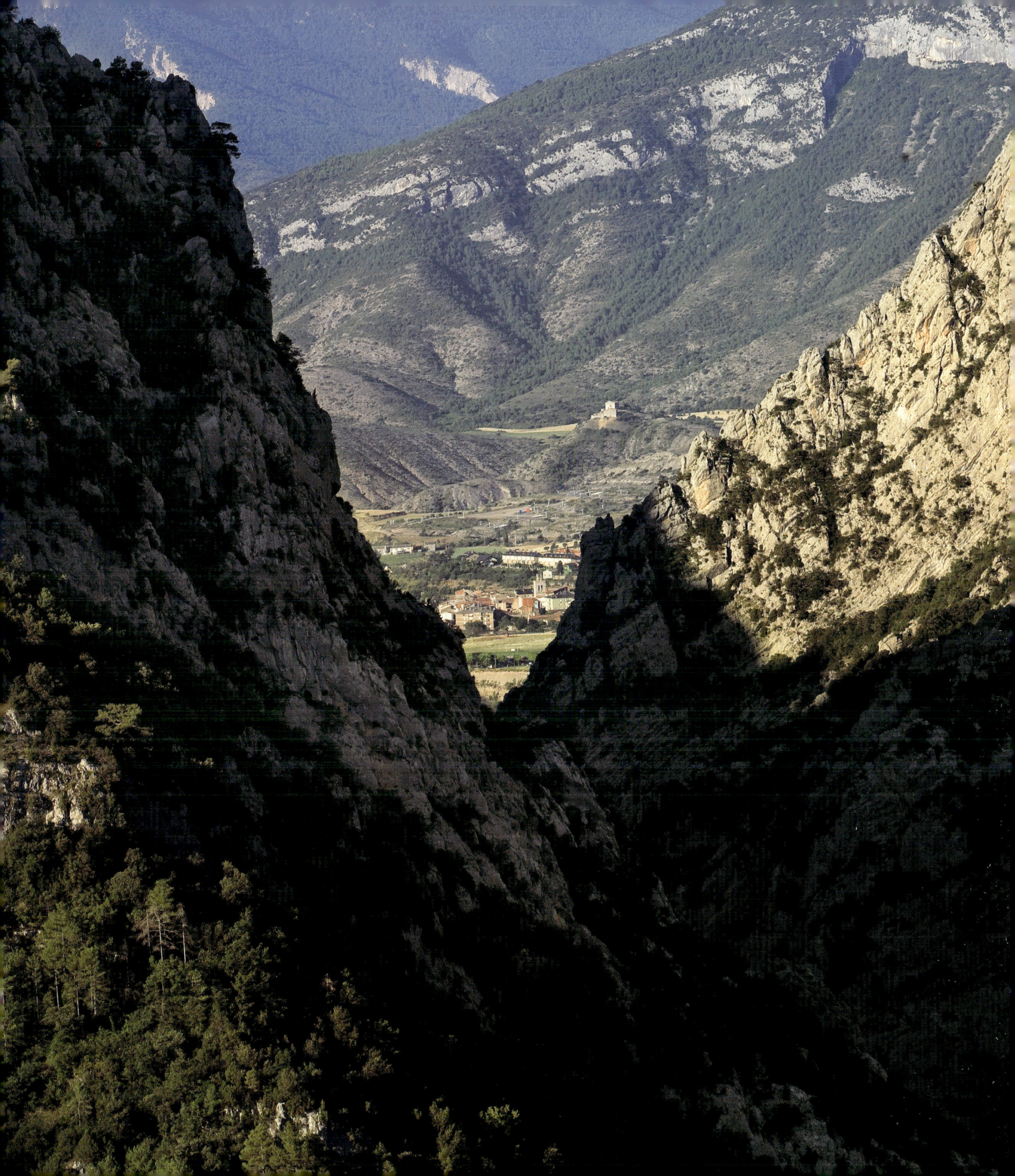

El Jotajota també hi havia treballat, a la mina. Com tants altres andalusos de Cardona a la llarga s'havia acostumat als sous alts i a les dures jornades de l'extracció de la sal.

MÀRIUS SERRA, *La vida normal*

J.J. had also worked in the mine. Like many other Andalusians in Cardona, over time he had got used to the high wages and hard days at work extracting the salt.

La vida normal,
Màrius Serra

El Jotajota también había trabajado en la mina. Como tantos otros andaluces de Cardona, a la larga se había acostumbrado a los sueldos altos y las duras jornadas de la extracción de la sal.

La vida normal,
Màrius Serra

PRINCIPAT

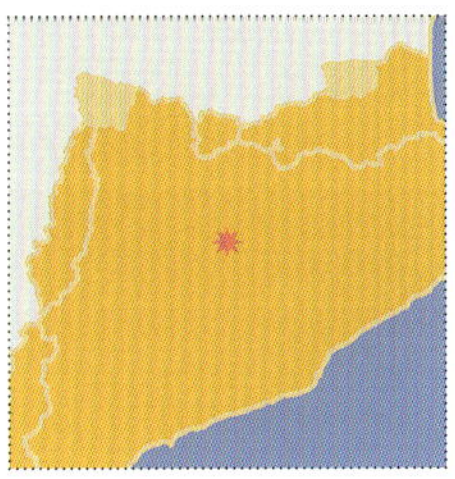

CARDONA
MINES DE SAL

Les mines de potassa de Cardona, explotades del Neolític a l'any 1990, son un dels pols d'atracció d'aquest municipi del Bages, el qual ocupa una situació estratègica dins del Principat de Catalunya que li ha fet tenir un paper primordial en molts fets de la història del país. Quan es va tancar la coneguda com a *Mina Nieves*, les galeries es van preparar per a ser visitades en l'anomenat Parc Cultural de la Muntanya de Sal, que s'endinsa per aquest caprici de la natura, el qual va hostatjar una de les explotacions salines més importants d'Europa. Cardona, lligada a la riquesa de la vall Salina, també és molt popular pel castell, manat construir el 886 pel comte-rei de Barcelona Guifré el Pilós, amb la col·legiata romànica de Sant Vicenç, del segle XI. Aquest castell, seu dels comtes de Cardona –de la família dels quals van sortir tres presidents de la Generalitat de Catalunya–, va ser l'últim nucli de resistència catalana a les tropes de Felip V durant la Guerra de Successió.

CARDONA
MINES OF SALT

The potassium mines of Cardona, exploited from Neolithic times until 1990, constituted one of the poles of attraction of this town in Bages, which occupies a strategic point within the Principality of Catalonia, which has given it a major role in many events in the history of the country. When what was known as the *Mina Nieves* was closed, the galleries were fitted out to be visited in the Parc Cultural de la Muntanya de Sal, which delved into this whim of nature, a spot that held captive one of the largest salt mines in Europe. Cardona, linked to the richness of the Vall Salina, is also very popular for the castle, ordered to be built in 886 by the Count-King of Barcelona Wilfred the Hairy, with its 11th-century Romanesque collegiate of Sant Vicenç. This castle, home of the counts of Cardona –of the family from which came three presidents of the Generalitat de Catalunya–, was the very last nucleus of resistance to the troops of Felipe V, during the War of Succession.

CARDONA
MINAS DE SAL

Las minas de potasa de Cardona, explotadas desde el Neolítico hasta 1990, constituyen uno de los focos de atracción de este municipio del Bages, que ocupa una situación estratégica dentro del Principado de Cataluña, que le ha hecho tener un papel primordial en muchos hechos de la historia del país. Cuando se cerró la conocida como *Mina Nieves*, las galerías se prepararon para ser visitadas en el denominado Parque Cultural de la Montaña de Sal, que se adentra por este capricho de la naturaleza, que hospedó a una de las explotaciones salinas más importantes de Europa. Cardona, atada a la riqueza de La Vall Salina, también es muy popular por su castillo, ordenado construir en 886 por el conde-rey de Barcelona Wifredo el Velloso, con su colegiata románica del siglo XI de Sant Vicenç. Este castillo, sede de los condes de Cardona –de la familia de los que salieron tres presidentes de la Generalitat de Catalunya–, fue el último núcleo de resistencia catalana a las tropas de Felipe V durante la Guerra de Sucesión.

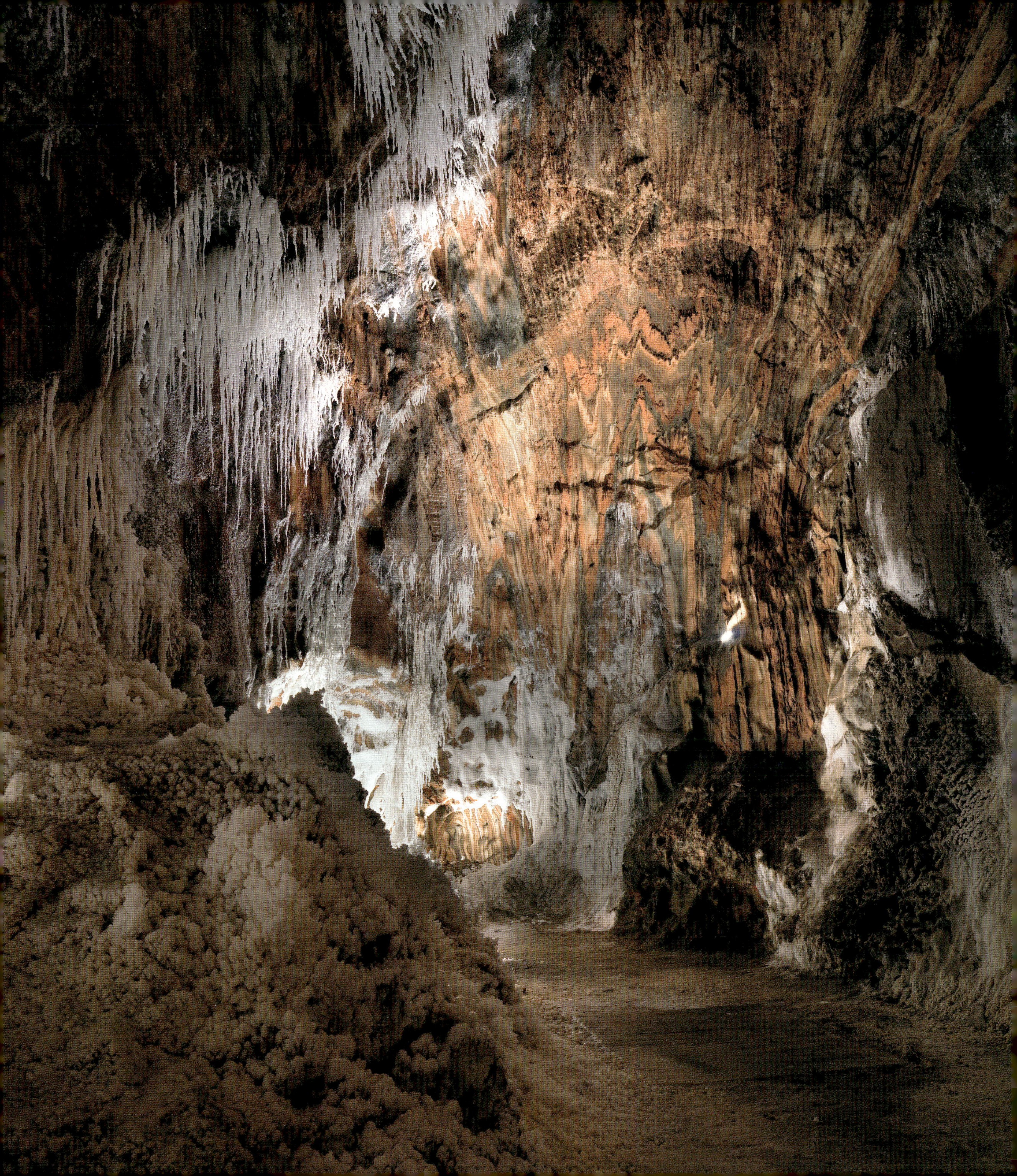

Estridència foguejada,
brolladors de foc intens...
sota una nit perfumada
s'ha acabat el ball dels Plens.
Berga el copsa i el retruny,
Berga tota se n'amara:
El seu hivern tindrà juny
pels coets rebentats ara.

Ramon Vinyes, *Patum! Patum!*

Blazing stridency,
fountains of intense fire...
beneath a perfumed sky
the dance of the "Plens" has ended.
Berga takes it and resounds with it,
Berga imbibes all:
Its winter will have June
For the rockets have exploded now.

Patum! Patum!,
Ramon Vinyes

Estridencia flameada,
manantial de fuego alado,
bajo noche perfumada
el ball dels Plens ha acabado.
Berga lo capta y retumba,
Berga crepita impregnada,
y su invierno junio alumbra
con la pólvora quemada.

Patum! Patum!,
Ramon Vinyes

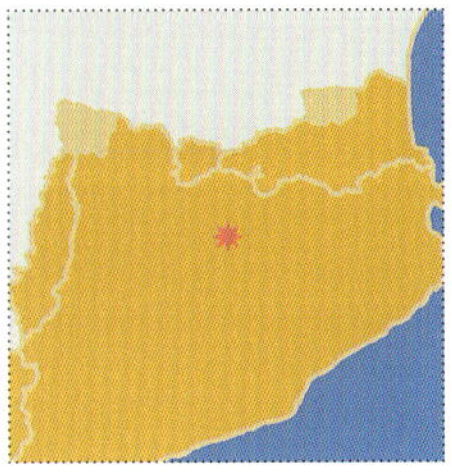

Berga
La Patum

Berga és la capital del Berguedà, comarca que s'enlaira de sud a nord, de la depressió central de Catalunya al Prepirineu i els primers cims del Pirineu. Un dels seus fills cèlebres és Ramon Vinyes, el «savi català» de García Márquez. Berga és nom antic, que remunta, a través del *castrum Bergium* romà, a la tribu ibera dels bergistans. També és antiga, medieval, la festa de la Patum, que a primers del segle xvii, quan la tenim documentada per primer cop, presentava un caràcter religiós i popular, tot i que endinsa les arrels en celebracions ancestrals.
La Patum –també sense article: «anem a Patum», diuen els patumaires– omple Berga de foc, música, balls i de toc del tabal cinc dies, del dimecres abans del dijous de Corpus al diumenge següent. El nom de Patum prové del repic del tabal: pa-tum... La festa, que ha fet arribar el so del nom a tot el món i ha estat molt estudiada per l'historiador Albert Rumbo, va ser declarada el 2005 Obra Mestra del Patrimoni Oral i Immaterial de la Humanitat.

Berga
The Patum

Berga is the capital of Berguedà, a county that rises from south to north, from the central depression of Catalonia to the pre-Pyrenees and the first peaks of the Pyrenees themselves. On of its famous sons is Ramon Vinyes, the "Catalan wise man" of García Márquez. Berga is an ancient name that dates back, through the Roman *Castrum Bergium*, to the Iberian tribe of the Bergistans. Also very old, medieval in fact, is the festival of the Patum, which in the early 17th century, when we have it documented for the first time, had a religious and popular character, even though the roots were set it ancestral celebrations. The Patum –also without the definite article: let's got to Patum, say the *patumaires*, the participants– fills Berga with fire, music, dances and the beat of drums the five days from the Wednesday before the Thursday of Corpus Christi until the following Sunday. The name Patum comes from the sound of the peal of the drum: pa-tum... The festival, which has made the sound of the name reach the entire world and which has been greatly studied by the historian Albert Rumbo, was declared a Masterpiece of Intangible Heritage of Humanity in 2005.

Berga
La Patum

Berga es la capital del Berguedà, comarca que se eleva de sur a norte, desde la depresión central de Cataluña hasta el Prepirineo y las primeras cumbres del Pirineo. Uno de sus hijos célebres es Ramon Vinyes, el «sabio catalán» de García Márquez. Berga es nombre antiguo, que remonta, a través del *castrum Bergium* romano, a la tribu ibera de los bergistanos. También es antigua, medieval, la fiesta de la Patum, que a principios del siglo xvii, cuando está documentada por primera vez, presentaba un carácter religioso y popular, a pesar de que adentra sus raíces en celebraciones ancestrales. La Patum –también sin artículo: vamos a Patum, dicen los habituales de la Patum– llena Berga de fuego, música, bailes y de toque del tabal los cinco días, desde el miércoles antes del jueves de Corpus hasta el domingo siguiente. El nombre Patum proviene del repique del *tabal*: pa-tum... La fiesta, que ha hecho llegar el sonido del nombre a todo el mundo y ha sido muy estudiada por el historiador Albert Rumbo, fue declarada en 2005 Obra Maestra del Patrimonio Oral e Inmaterial de la Humanidad.

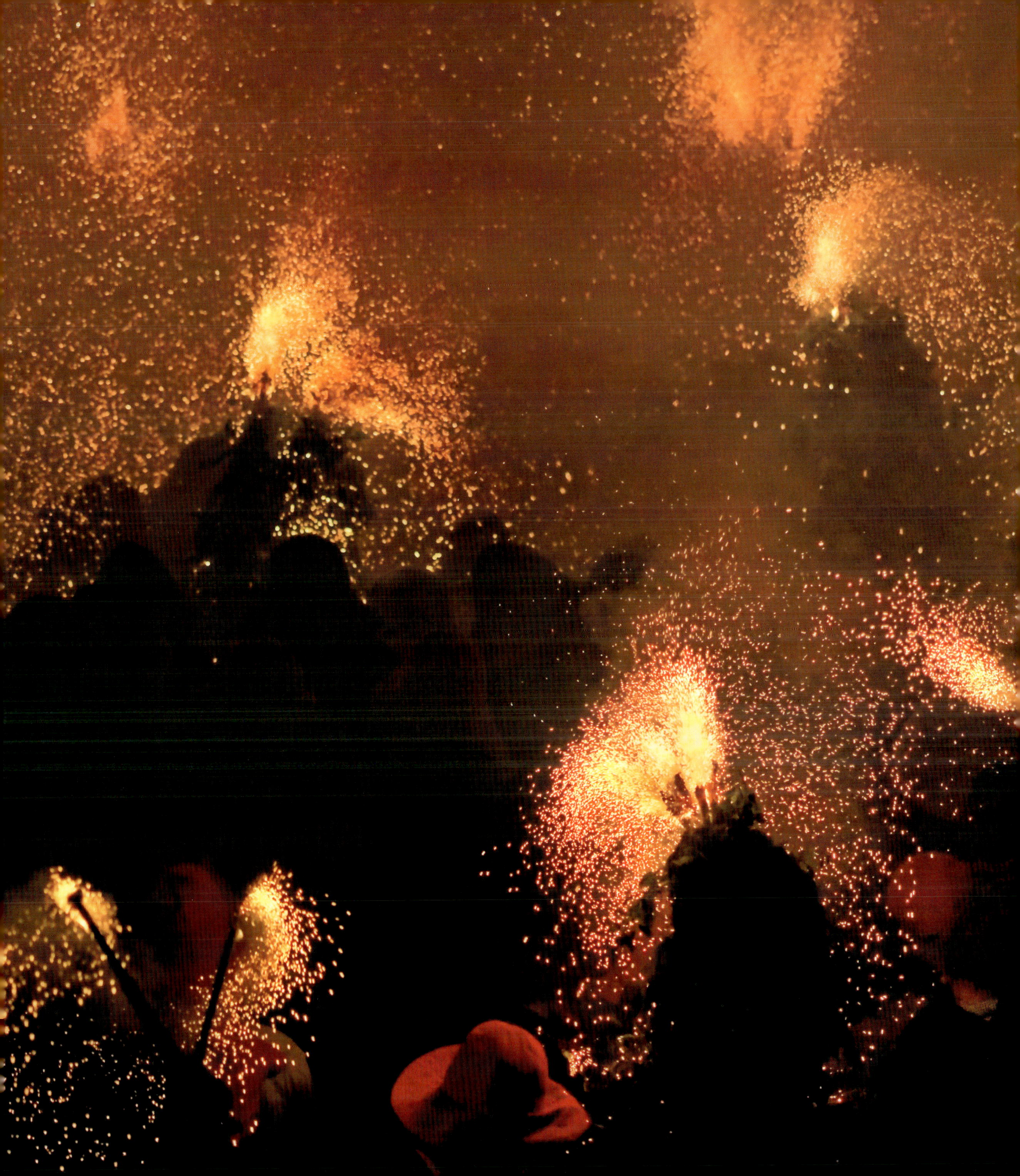

[...] davant la portalada romànica de Ripoll. Tot un món, un univers mínim i alhora grandiós de pedra remota, però sense aquella mena de grandària excessiva, sense aquell esclat del gòtic. No: a Ripoll, tot és més íntim, més quiet i reclòs [...]

Pere Gimferrer, *Dietari 1979-1980*

[...] before the imposing Romanesque entrance of Ripoll. A whole world, a small but at the same time grandiose universe of ancient stone, but without that type of excessive grandeur, without that explosion of Gothic. No: in Ripoll, everything is more intimate, calmer and secluded [...]

Dietari 1979-1980,
Pere Gimferrer

[...] delante de la portada románica de Ripoll. Todo un mundo, un universo mínimo y a la vez grandioso, de piedra ancestral, pero sin aquella grandeza excesiva, sin aquella explosión del gótico. No, en Ripoll todo es más íntimo, más tranquilo y recoleto [...]

Dietari 1979-1980,
Pere Gimferrer

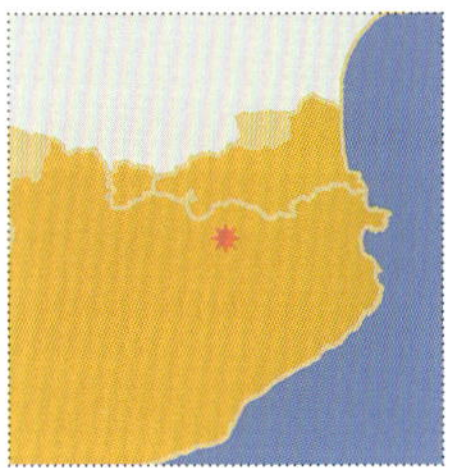

Ripoll
Monestir de Santa Maria

El monestir romànic de Santa Maria presideix el perfil i la història de Ripoll, cap de la comarca del Ripollès, al vessant sud del Pirineu Oriental. La zona, a la confluència dels rius Ter i Freser, i de pas cap a l'altre vessant pirinenc, ja era poblada en l'edat del bronze, com ho proven alguns dòlmens. Però el repoblament del territori entre la Cerdanya i el comtat de Barcelona, per part del comte d'ambdós indrets, Guifré I, fou el que va motivar el naixement del monestir i de la població. El monestir es va fundar l'any 880, en un punt habitat en època romana tardana o visigòtica. Ripoll esdevindria un dels centres de cultura dels comtats catalans amb l'abat Oliba, una de les personalitats amb més relleu intel·lectual del seu temps, impulsor del romànic i d'una iniciativa podríem dir-ne política, l'Assemblea de Pau i Treva de Déu, antecessora llunyana dels parlaments democràtics. Vila tèxtil al segle xix, a les primeries del segle xx, a Ripoll s'hi van construir edificis modernistes d'interès.

Ripoll
Monastery of Santa Maria

The Romanesque monastery of Santa Maria presides over the profile and history of Ripoll, capital of the county of Ripollès, on the south side of the western Pyrenees. The area, where the rivers Ter and Freser meet, was already populated in the Bronze Age, as some dolmens have shown. It was, however, the repopulation of the region between La Cerdanya and the county of Barcelona by the count for both areas, Wilfred I, that was behind the founding of the monastery and the town. The monastery was founded in 880, at a point inhabited in the late Roman or Visigoth period. Ripoll became one of the cultural centres of the Catalan counts with Abbot Oliba, one of the most outstanding intellectual figures of his time, a promoter of Romanesque architecture and of an initiative we could call political, the Peace and Truce of God assembly, a distant ancestor of democratic parliaments. A textile town in the 19th century, in the early 20th century, some interesting Modernist-style buildings were erected in Ripoll.

Ripoll
Monasterio de Santa Maria

El monasterio románico de Santa Maria preside el perfil y la historia de Ripoll, capital de la comarca del Ripollès, en la vertiente sur del Pirineo Oriental. La zona, en la confluencia de los ríos Ter y Freser, y de paso hacia la otra vertiente pirenaica, ya estaba poblada en la edad del bronce, como lo prueban algunos dólmenes. Pero es la repoblación del territorio entre La Cerdanya y el condado de Barcelona, por parte del conde de ambos lugares, Wifredo I, lo que motivó el nacimiento del monasterio y de la población. El monasterio se fundó en el año 880, en un punto habitado en época romana tardía o visigótica. Ripoll se convertiría en uno de los centros de cultura de los condados catalanes con el abad Oliba, una de las personalidades con más relieve intelectual de su tiempo, impulsor del románico y de una iniciativa que podríamos llamar política, la Asamblea de Paz y Tregua de Dios, antecesora lejana de los parlamentos democráticos. Villa textil en el siglo xix, a principios del siglo xx, en Ripoll se construyeron edificios modernistas de gran interés.

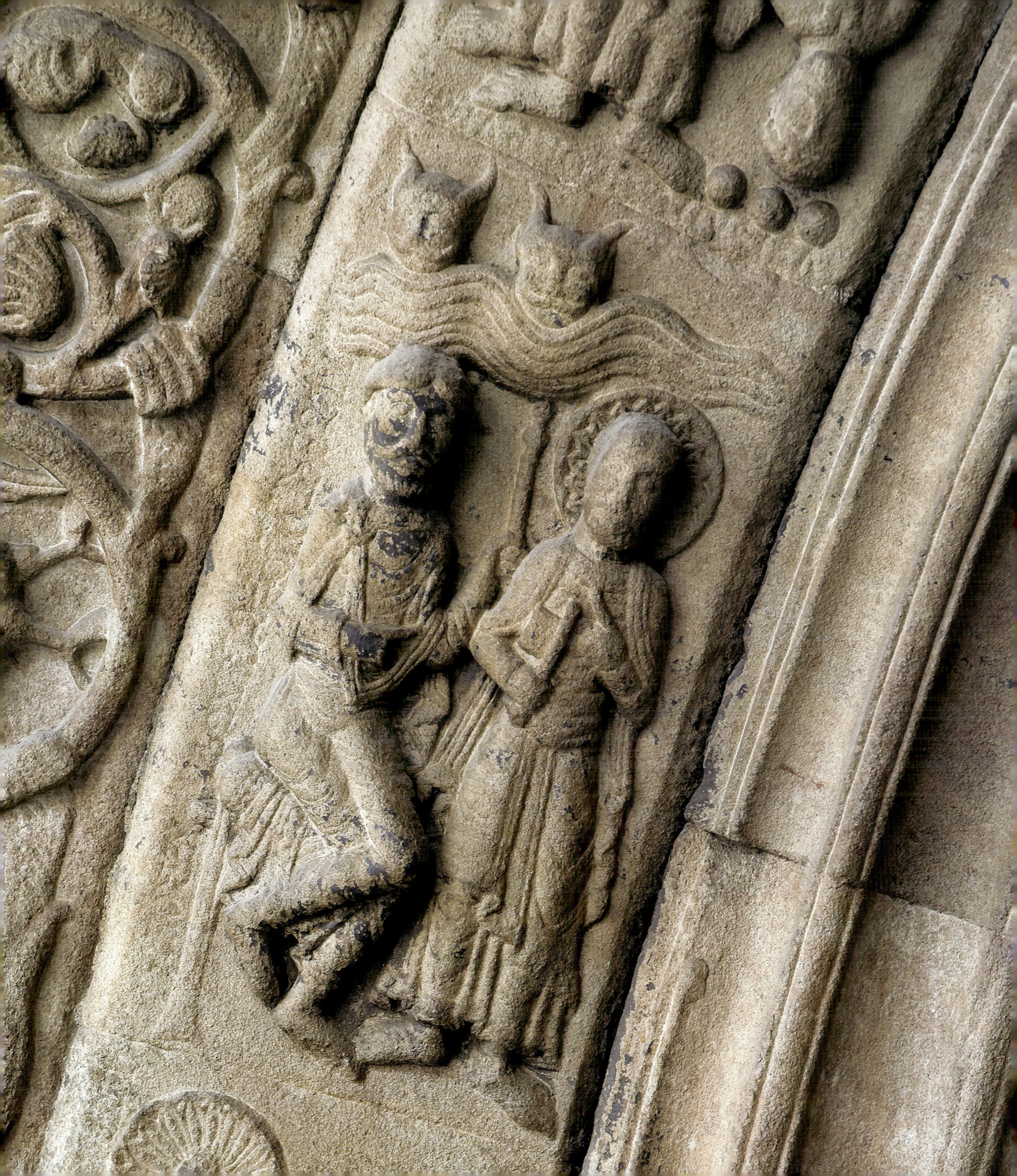

Després de l'estada a Poblet, Santiago [Rusiñol] havia acompanyat [Ramon] Casas al vapor de Navarcles on es trobava la família d'aquest, i tots dos visitaren i pintaren el monestir de Sant Benet de Bages.

VINYET PANYELLA, *Santiago Rusiñol, el caminant de la terra*

*

After staying in Poblet, Santiago [Rusiñol] had accompanied [Ramon] Casas to the textile factory in Navarcles, where the latter's family was, and they both visited and painted the monastery of Sant Benet de Bages.

Santiago Rusiñol, el caminant de la terra, Vinyet Panyella

*

Después de la estancia en Poblet, Santiago [Rusiñol] había acompañado a [Ramon] Casas a la fábrica de Navarcles, donde se encontraba la familia de éste, y los dos visitaron y pintaron el monasterio de Sant Benet de Bages.

Santiago Rusiñol, el caminant de la terra, Vinyet Panyella

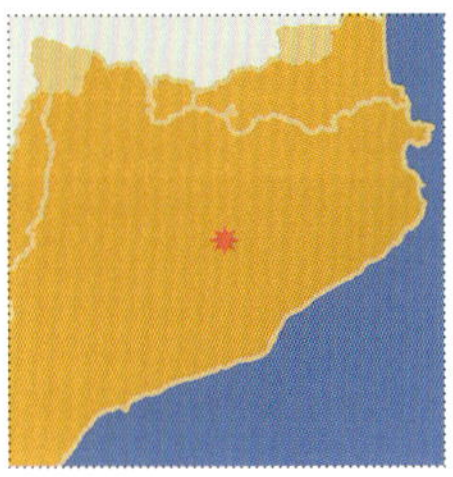

*

MONESTIR DE SANT BENET DE BAGES

Fa un segle, el 1907, Elisa Carbó, mare del pintor modernista Ramon Casas, un dels més valorats d'aquest estil artístic, comprava, per rehabilitar-lo i viure-hi, el monestir de Sant Benet, a la comarca del Bages, al bell mig del Principat de Catalunya. El pintor, amic d'artistes com Rusiñol –amb el qual faria alguna estada a Sant Benet, en què van pintar alguns quadres–, Picasso i Zuloaga, col·laboraria en la restauració del claustre romànic i n'encarregaria la reforma a un arquitecte de prestigi, igualment modernista, Puig i Cadafalch.
El monestir havia estat abandonat amb la desamortització del ministre d'Hisenda Mendizábal, que el 1835 confiscava els béns dels ordes religiosos per resoldre la difícil situació financera espanyola.
Aquesta antiga abadia benedictina, fundada en el segle x, ha estat també residència dels treballadors d'una fàbrica i avui forma part del complex cultural i lúdic Món Sant Benet, que inclou, a més, la fàbrica, un hotel i la Fundació Alícia, d'alimentació i ciència.

*

MONASTERY OF SANT BENET DE BAGES

One hundred years ago, in 1907, Elisa Carbó, mother of the Modernist painter Ramon Casas, one of the most appreciated of this artistic style, bought, to rehabilitate and live in, the monastery of Sant Benet in the county of Bages, in the heart of the Principality of Catalonia. The painter, friend of artists such as Rusiñol –with whom he would stay with in Sant Benet, where they both painted works–, Picasso and Zuloaga, would collaborate on the restoration of the Romanesque cloister and entrust the reform to a prestigious architect, also Modernist, Puig i Cadafalch. The monastery had been abandoned with the sale of church lands by the Minister of Economy Mendizábal, who in 1835 confiscated the assets of the religious orders in order to solve the difficult financial situation in Spain. This old Benedictine abbey, founded in the 10th century, has also been the residence of factory workers, and today forms part of the Món Sant Benet cultural and leisure complex, which includes the factory, a hotel and the Alícia Foundation, about food and science.

*

MONASTERIO DE SANT BENET DE BAGES

Hace un siglo, en 1907, Elisa Carbó, madre del pintor modernista Ramon Casas, uno de los más valorados de este estilo artístico, compraba para rehabilitarlo y vivir en él, el monasterio de Sant Benet, en la comarca del Bages, justo en el centro del Principado de Cataluña. El pintor, amigo de artistas como Rusiñol -con el que haría alguna estancia en Sant Benet, donde pintaron algunos cuadros-, Picasso y Zuloaga, colaboraría en la restauración del claustro románico y encargaría la reforma a un arquitecto de prestigio, igualmente modernista, Puig i Cadafalch. El monasterio había sido abandonado con la desamortización del ministro de Hacienda Mendizábal, que en 1835 confiscó los bienes de las órdenes religiosas para resolver la difícil situación financiera española. Esta antigua abadía benedictina, fundada en el siglo x, ha sido también la residencia de los trabajadores de una fábrica, y hoy forma parte del complejo cultural y lúdico Món Sant Benet, que incluye además de la fábrica, un hotel y la Fundación Alícia, de alimentación y ciencia.

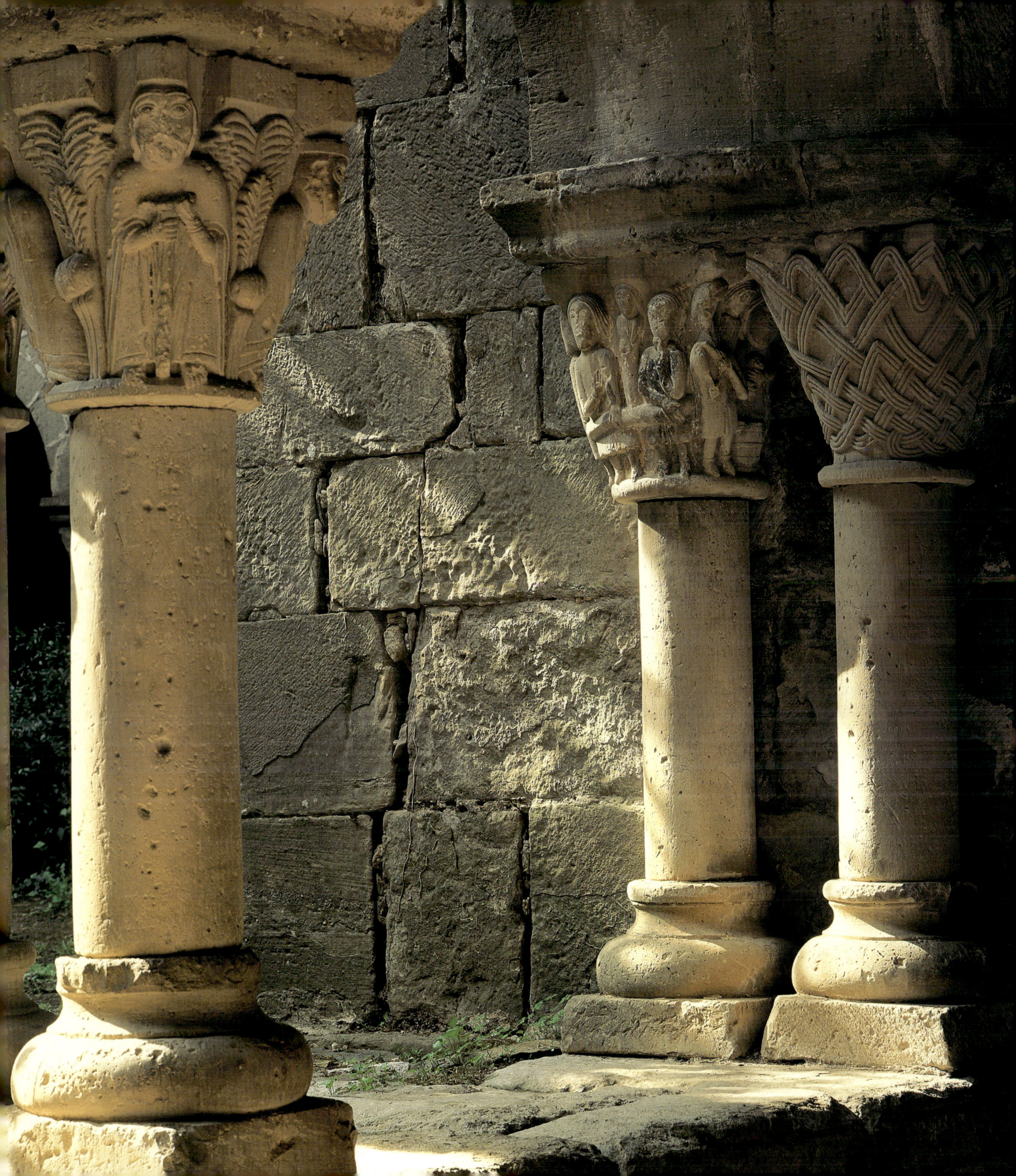

A les nines esclaves
d'un pretèrit esguard inconscient,
els va llevar les infecundes traves;
i Déu va dir-me clarament:
'Montserrat no és allò que tu miraves;
Montserrat és això que estàs veient'.

JOSEP MARIA DE SAGARRA, *El poema de Montserrat*

---

*
From the eyes enslaved
by an unconscious past glance,
they removed the barren chains;
and God said clearly to me:
"Montserrat is not that which you saw;
Montserrat is this that you are seeing".

El poema de Montserrat,
Josep Maria de Sagarra

*
A las niñas esclavas
de una pretérita mirada inconsciente,
les quitó las infecundas trabas;
Y Dios me dijo claramente:
«Montserrat no es lo que tú mirabas;
Montserrat es lo que ves enfrente».

El poema de Montserrat,
Josep Maria de Sagarra

PRINCIPAT

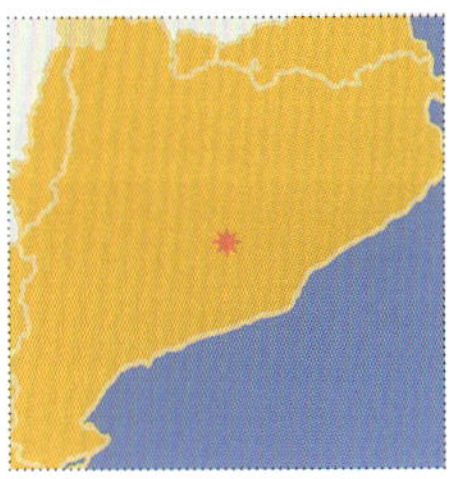

*
MARE DE DÉU DE MONTSERRAT

El relleu arrodonit i singular del massís de Montserrat és un dels símbols nacionals de Catalunya, i la Mare de Déu que s'hi venera al Monestir, «La Moreneta», és la seva patrona. El massís s'alça gairebé de sobte, prop del riu Llobregat, fins a més de 1.200 metres d'altitud. Els enormes blocs arrodonits, d'arquitectura natural insòlita, amaguen una infinitat d'avencs i coves. D'ençà que la llegenda explica que uns nens pastors hi van trobar, al segle IX, una imatge de la Mare de Déu, la muntanya ha estat associada a la religiositat. A més del cèlebre monestir benedictí de Montserrat, i de la Santa Cova, on s'hauria produït la troballa de la imatge, el massís és ple d'ermites i esglesioles. La imatge és una talla de fusta del segle XII, a la qual l'ennegriment de la cara i les mans, causada pel pas del temps sobre els vernissos, ha donat el nom popular. El monestir, a més de ser una destinació de pelegrinatge de tot el món, ha esdevingut una visita turística inexcusable.

*
MOTHER OF GOD OF MONTSERRAT

The rounded and unique relief of the massif of Montserrat is one of the national symbols of Catalonia, and the Mother of God that is worshiped in the Monastery, the "Moreneta" the dark virgin, is its patron saint. The massif rises almost straight up, close to the River Llobregat, to almost 1,200 metres altitude. The enormous rounded blocks, of a natural, singular architecture, conceal an infinite number of potholes and caves. Ever since the legend that explains that some shepherd children found, in the 9th century, an image of the Mother of God, the mountain has been associated with religiousness. As well as the famous Benedictine monastery of Montserrat, and that of the Santa Cova, the spot where the image was found, the massif is full of hermitages and small churches. The Mother of God is a wooden carving dating from the 12th century, to which the blackening of the face and hands, caused by the passing of time on the varnishes, has given it its popular name. The monastery, as well as being a destination for pilgrims from all over the world, has become a not-to-be-missed tourist spot.

*
VIRGEN DE MONTSERRAT

El relieve redondeado y singular del macizo de Montserrat es uno de los símbolos nacionales de Cataluña, y la Virgen que se venera en el Monasterio, «La Moreneta», es su patrona. El macizo, cerca del río Llobregat, se alza casi de repente hasta más de 1.200 metros de altitud. Los enormes bloques redondeados, de arquitectura natural insólita, esconden infinidad de simas y cuevas. Desde que la leyenda explica que unos niños pastores encontraron, en el siglo IX, una imagen de la Virgen, la montaña ha sido asociada con la religiosidad. Además del célebre monasterio benedictino de Montserrat, y de la Santa Cueva, donde se habría producido el hallazgo de la imagen, el macizo está lleno de ermitas y pequeñas iglesias. La imagen es una talla de madera del siglo XII, cuyo ennegrecimiento de la cara y las manos, causado por el paso del tiempo sobre los barnices, ha sido el origen del nombre popular. El monasterio, además de ser un destino de peregrinaje de todo el mundo, se ha convertido en una visita turística inexcusable.

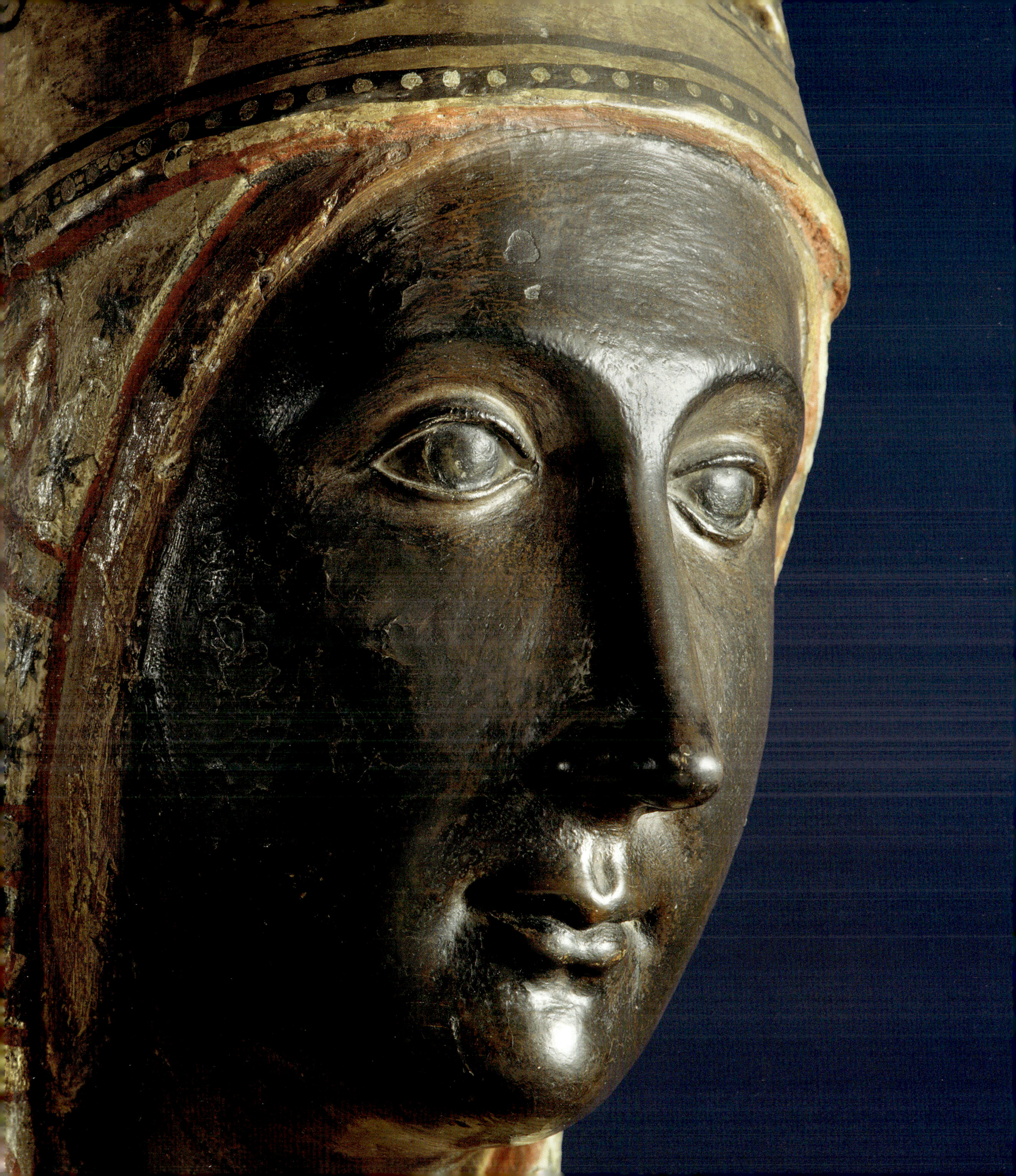

[...] camps vermellosos, resseguits, plec per plec, per les ratlles de l'arada; taques verdoses de roures, salzeredes acotxant els rierals, turons volcànics [...]

SANTIAGO RUSIÑOL, *Anant pel món*

*
[...] reddish fields, crossed, fold by fold, by the lines of the plough; greenish marks of oak trees, willows bordering the streams, volcanic hills [...]

Anant pel món,
Santiago Rusiñol

*
[...] campos rojizos, repasados, pliegue a pliegue, por las líneas del arado; marchas verdosas de robles, salcedas arropando los ramblazos, cerros volcánicos [...]

Anant pel món,
Santiago Rusiñol

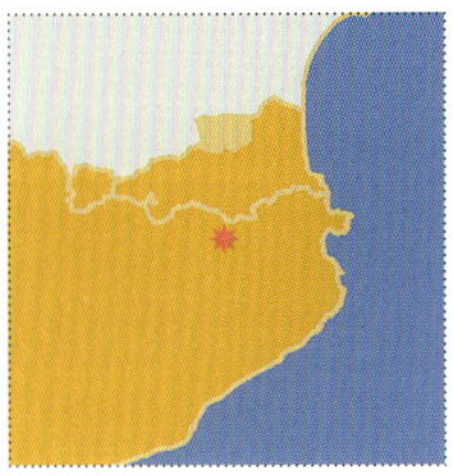

*
LA GARROTXA
VOLCÀ DE SANTA MARGARIDA

Olot és la terra dels volcans. La capital de la comarca de la Garrotxa, a la regió gironina, es troba inclosa en el Parc Natural de la Zona Volcànica de la Garrotxa i, a més, dins d'un entorn de gran interès natural. El Parc Natural, el més important paisatge volcànic de la península ibèrica, compta amb uns quaranta cons de volcans inactius. En el terme municipal d'Olot hi ha quatre volcans, i alguns dels més interessants fora del municipi són el de Santa Margarida, amb una capella al centre del cràter, i el Croscat. Aquest volcà, al municipi de Santa Pau, va ser l'últim de la península a entrar en erupció, fa més de deu mil anys. El Croscat va ser ocupat per una pedrera d'extracció de gredes, i és tallat de dalt a baix, com un pastís, cosa que permet veure'n les diferents capes geològiques. A tocar hi trobem la Fageda d'en Jordà, un bosc de faigs excepcional en el clima mediterrani i que s'assenta damunt d'una colada de lava de l'esmentat volcà.

*
LA GARROTXA
VOLCANO OF SANTA MARGARIDA

Olot is the land of volcanoes. The capital of the La Garrotxa county, in the Girona region, it is included in the Natural Park of the Volcanic Area of La Garrotxa and also within a setting of great natural interest. The Natural Park, the most important volcanic landscape on the Iberian Peninsula, possesses some forty inactive volcanic craters. In the municipal district of Olot there are four volcanoes, and some of the most interesting ones outside are those of Santa Margarida, with a chapel in the centre of the crater, and Croscat. This volcano, in the municipal district of Santa Pau, was the last on the Iberian Peninsula to erupt, more than ten thousand years ago. The Croscat was occupied by a clay quarry, and is cut through from top to bottom, like a cake, something that enables us to see the different geological layers. Very close by is the Fageda d'en Jordà, an extraordinary beech wood in Mediterranean climate, and which is seated over a small hill of lava from the abovementioned volcano.

*
LA GARROTXA
VOLCÁN DE SANTA MARGARIDA

Olot es la tierra de los volcanes. La capital de la comarca de la Garrotxa, en la región gerundense, se encuentra incluida en el Parque Natural de la Zona Volcánica de la Garrotxa y además dentro de un entorno de gran interés natural. El Parque Natural, el más importante paisaje volcánico de la península Ibérica, cuenta con unos cuarenta conos de volcanes inactivos. En el término municipal de Olot hay cuatro volcanes, y algunos de los más interesantes fuera del municipio son el de Santa Margarida, con una capilla en el centro del cráter, y el Croscat. Este volcán, en el municipio de Santa Pau, fue el último de la Península en entrar en erupción, hace más de diez mil años. El Croscat fue ocupado por una cantera de extracción de gredas, cortándolo de arriba abajo, como un pastel, lo que permite ver sus diferentes capas geológicas. Muy cerca se encuentra la Fageda d'en Jordà, un hayedo excepcional en el clima mediterráneo, que se asienta encima de una colada de lava del mencionado volcán.

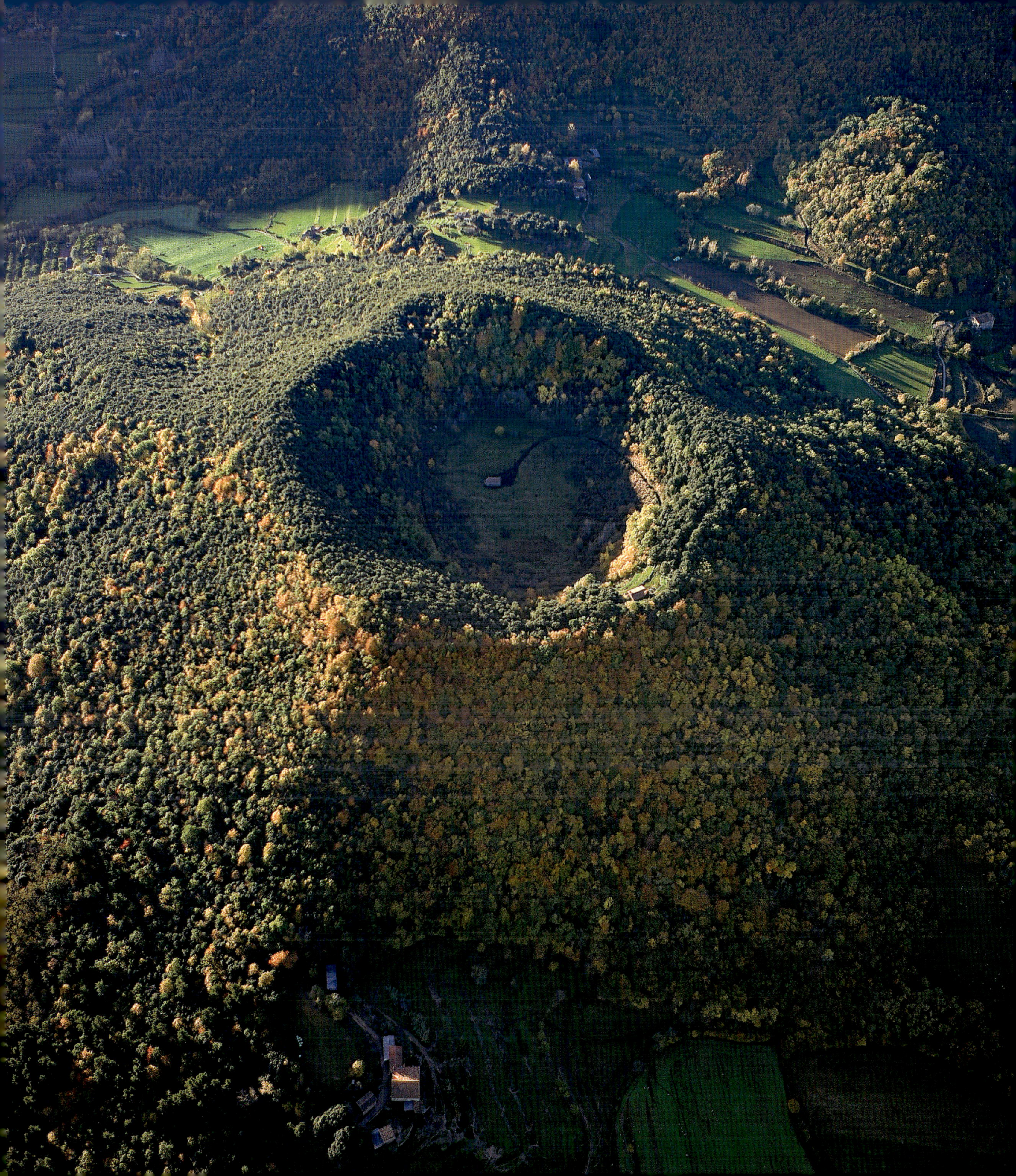

I quan [l'historiador Francesc] Montsalvatge començà a escriure la seva història de Besalú i enviava els primers volums al meu pare, jo els llegia fervorosament com si llegís la història de la meva família i sentia l'orgull del Besalú medieval, dels seus comtes i de l'abat Oliba.

Francesc Cambó, *Memòries*

And when [the historian Francesc] Montsalvatge began to write his history of Besalú and sent the first volumes to my father, I read them passionately as if I was reading the history of my family and I felt proud of medieval Besalú, of its counts and of Abbot Oliba.

Memòries,
Francesc Cambó

Y cuando [el historiador Francesc] Montsalvatge empezó a escribir su historia de Besalú y enviaba los primeros tomos a mi padre, yo los leía fervorosamente como si leyera la historia de mi familia y sentía orgullo del Besalú medieval, de sus condes y del abad Oliba.

Memòries,
Francesc Cambó

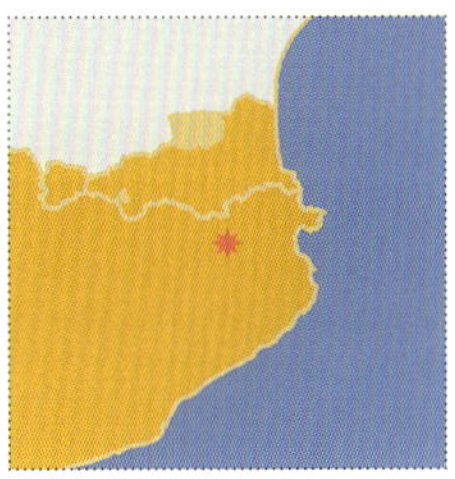

Besalú

Besalú, a la comarca de la Garrotxa, a més de formar un dels conjunts arquitectònics medievals més singulars i visitats de Catalunya, amb el famós pont, va ser la capital d'un dels comtats que configurava l'anomenada Marca Hispànica. El comtat, centrat en un castell construït entre els rius Capellades i Fluvià, havia format part del comtat de Girona, i va ser independent de finals del segle IX a principis del segle XII. La prosperitat del comtat, especialment amb la dinastia iniciada a les darreries del segle X per Bernat Tallaferro, va deixar a la vila uns edificis de gran interès, que conformen un tot molt unitari. Destaquen, a més del pont, el monestir de Sant Pere, la sala gòtica de la Cúria Reial, l'antic hospital de Sant Julià, i el *Miqvé*, els banys jueus, fruit de la rellevant presència de jueus catalans en aquesta població durant l'edat mitjana. Nascut a Besalú és el trobador del segle XIII Ramon Vidal, autor del primer tractat de poètica escrit en una llengua romànica.

Besalú

Besalú, in the county of La Garrotxa, as well as forming one of the most singular and visited architectural complexes in Catalonia, with the famous bridge, was also the capital of one of the counties that made up what was called the Spanish March. The county, centred on a castle built between the rivers Capellades and Fluvià, had formed part of the county of Girona, and was independent from the end of the 9th to early 12th centuries. The prosperity of the county, especially with the dynasty begun in the late 10th century by Bernat Tallaferro, left some very interesting buildings in the town, which make up a very unitary whole. They feature, as well as the bridge, the Monastery of Sant Pere, the Gothic hall of the Royal Curia, the old hospital of Sant Julià, and the Mikvah, the Jewish baths, result of the important presence of Catalan Jews in this town during the Middle Ages. Ramon Vidal, the troubadour and author of the first tract of poetry written in a Romance language, was born in Besalú in the 13th century.

Besalú

Besalú, en la comarca de la Garrotxa, además de formar uno de los conjuntos arquitectónicos medievales más singulares y visitados de Cataluña, con su famoso puente, fue la capital de uno de los condados que configuraban la llamada Marca Hispánica. El condado, centrado en un castillo construido entre los ríos Capellades y Fluvià, había formado parte del condado de Girona, y fue independiente desde finales del siglo IX hasta principios del XII. La prosperidad del condado, especialmente con la dinastía iniciada en las postrimerías del siglo X por Bernat Tallaferro, dejó edificios de gran interés, que forman un conjunto muy unitario. Destacan, además del puente, el monasterio de Sant Pere, la sala gótica de la Curia Real, el antiguo hospital de Sant Julià, y el *Mikve*, los baños judíos, fruto de la relevante presencia de judíos catalanes en esta población durante la Edad Media. De Besalú es el trovador del siglo XIII, Ramon Vidal, autor del primer tratado de poética escrito en una lengua románica.

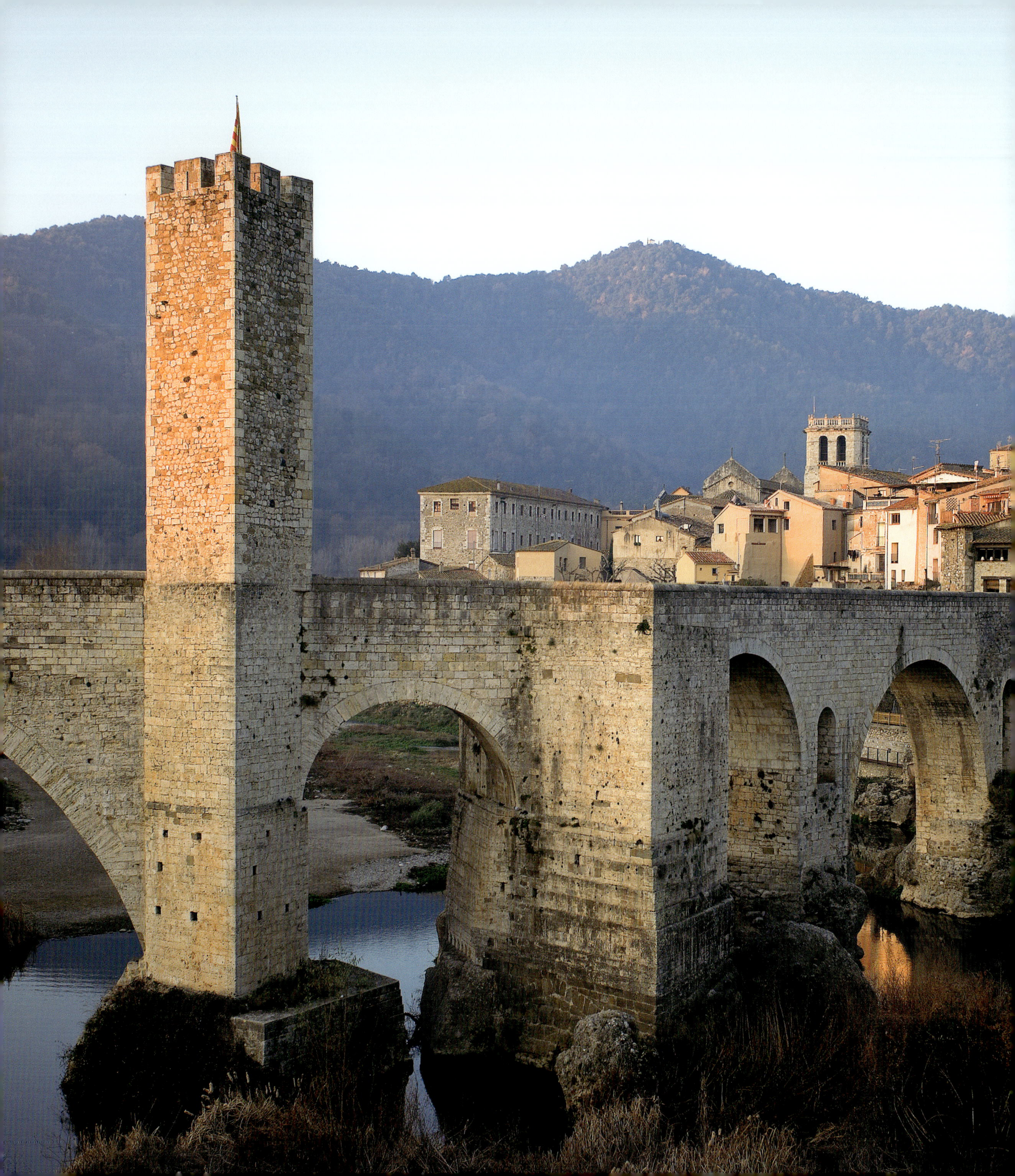

[...] la vila de Banyoles —la llum verdosa de la qual ja es filtrava a través dels arbres que fregaven la nostra finestra— es va desplegar davant de nosaltres com un actor que feia una reverència [...]

MATTHEW TREE, *CAT. Un anglès viatja per Catalunya per veure si existeix*

[. . .] the town of Banyoles —the green light which filtered through the trees that brushed our window— unfolded before us like an actor taking a bow [. . .]

CAT. Un anglès viatja per Catalunya per veure si existeix,
Matthew Tree

[...] la villa de Banyoles –cuya luz verdosa ya se filtraba a través de los árboles que rozaban nuestra ventana- se desplegaba ante nosotros como un actor que hiciera una reverencia [...]

CAT. Un anglès viatja per Catalunya per veure si existeix,
Matthew Tree

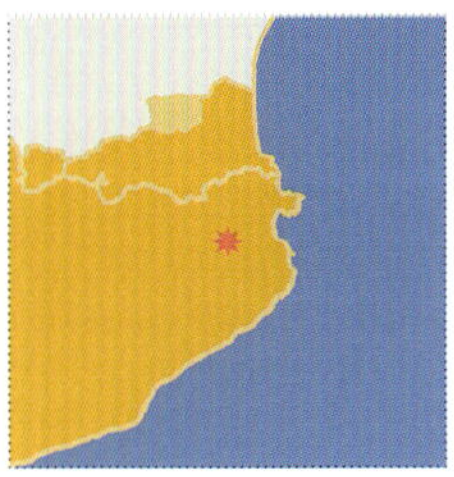

BANYOLES

Banyoles és la ciutat de l'estany, el llac natural més gran del Principat de Catalunya i que forma una de les zones humides més importants del món, i el paisatge càrstic, d'avencs i cavernes, més extens de la península ibèrica. L'estany dóna nom a la comarca que té com a cap Banyoles, el Pla de l'Estany, situada al centre de les comarques gironines, i és l'eix de la vida de la ciutat. Punt d'atracció turística, esportiva i mediambiental, l'estany és envoltat de paratges plens de màgia, com el de les Estunes, i ha inspirat nombroses llegendes, en especial la del drac. També n'ha inspirat de fades, bruixes i fins i tot d'un castell al fons de l'aigua. Aquestes llegendes i d'altres les expliquen Àngel Vergés Gifra (autor del text) i Jordi Garcia Ferrer (dibuixos) en el llibre *El drac de Banyoles* (El Mèdol, 2006). La ciutat gaudeix de llocs d'interès com el monestir de Sant Esteve o el Museu Arqueològic Comarcal, amb una reproducció del fòssil conegut com la «mandíbula de Banyoles».

BANYOLES

Banyoles is a city in L'Estany, the largest natural lake in the Principality of Catalonia and which forms one of the largest humid zones in the world, and the karst landscape, of potholes and caves, the most extensive in the Iberian Peninsula. L'Estany gives its name to the county that has Banyoles as its capital, the Pla de l'Estany, located in the centre of the Girona counties, and it is the central source of life for the city. A tourist, sporting and environmental attraction, L'Estany is surrounded by spots that are full of magic, like those of Les Estunes, and has inspired many legends, particularly that of the Dragon. There are others, however, of fairies, witches and even one about a castle buried at the bottom of the lake. These legends and others are explained by Àngel Vergés Gifra (author of the text) and Jordi Garcia Ferrer (illustrations) in the book *El Drac de Banyoles* (El Mèdol, 2006). The city possesses places of interest such as the monastery of Sant Esteve or the County Archaeological Museum, with a reproduction of the fossil known as the "jaw of Banyoles".

BANYOLES

Banyoles es la ciudad del *Estany*, el mayor lago natural del Principado de Cataluña, que forma una de las zonas húmedas más importantes del mundo, y el paisaje cárstico, de simas y cavernas, más extenso de la península Ibérica. El *Estany* da nombre a la comarca que tiene como capital Banyoles, el Pla de l'Estany, situada en el centro de las comarcas gerundenses, y es el eje de la vida de la ciudad. Punto de atracción turística, deportiva y medioambiental, el lago está rodeado de parajes llenos de magia, como el de las Estunes, y ha inspirado numerosas leyendas, en especial la del dragón. Pero también otros de hadas, brujas e incluso de un castillo hundido en el fondo del agua. Estas leyendas y otras las explican Àngel Vergés Gifra (autor del texto) y Jordi Garcia Ferrer (dibujos) en el libro *El Drac de Banyoles* (El Mèdol, 2006). La ciudad cuenta con sitios de interés como el monasterio de Sant Esteve o el Museo Arqueológico Comarcal, con una reproducción del fósil conocido como la «mandíbula de Banyoles».

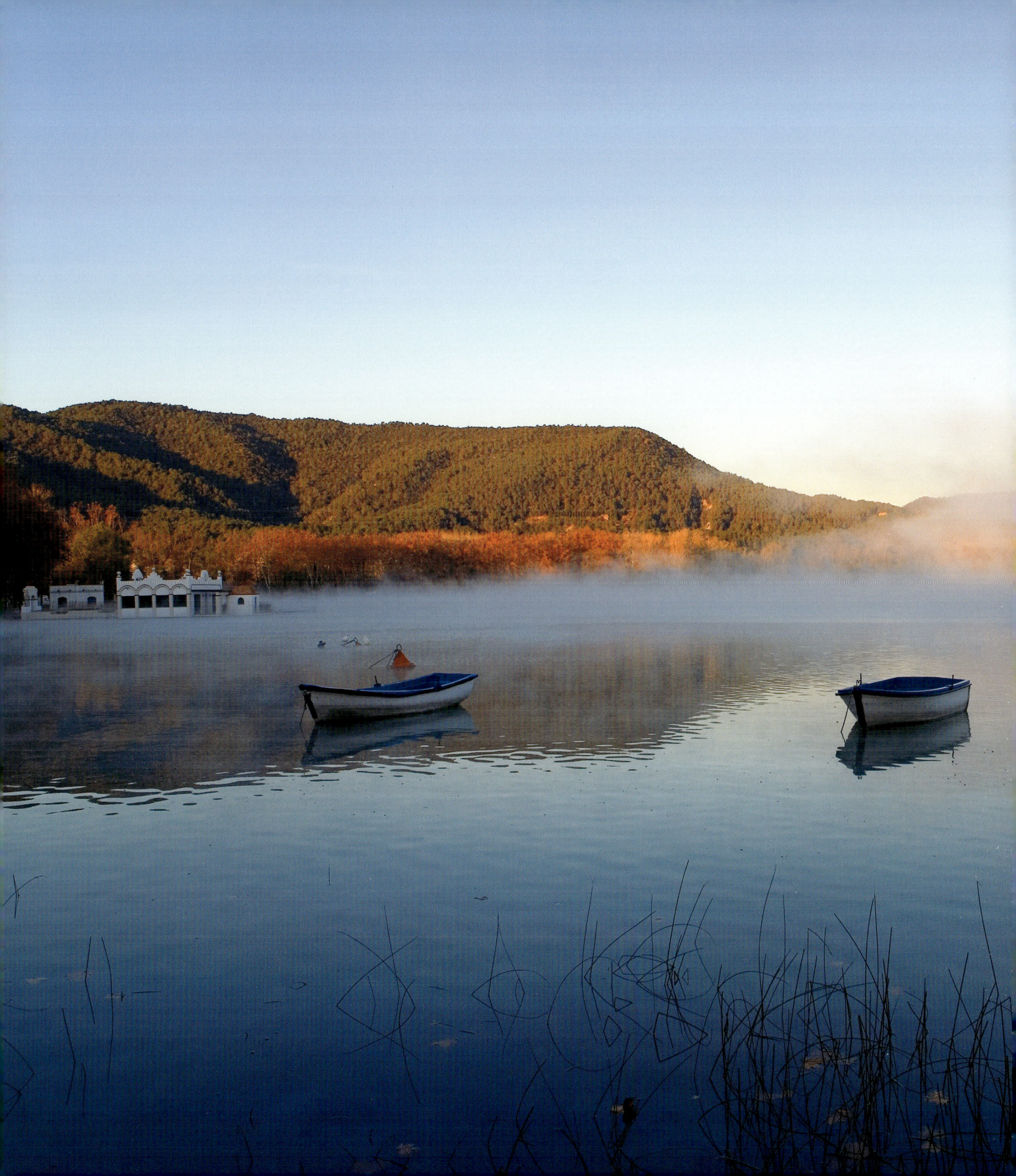

Les cases grogues de mil i mil poblets
amb el campanar voltat d'oliveres.
Figueres més gran que tots (oi, la ciutat de Figueres?).
El mar? Sí el mar! Una ratlla d'un blau lluminós,
el Mediterrani... sí, sí!

Salvador Dalí, *Un diari: 1919-1920*

The yellow houses of thousands of villages / with the bell tower surrounded by olive trees. / Figueres the biggest of all (what, the city of Figueres?). / The sea? Yes, the sea! A line of luminous blue, / the Mediterranean... yes, yes!

Un diari: 1919-1920, Salvador Dalí

Las casas amarillas de multitud de pueblecitos con el campanario rodeado de olivos. Figueres, la mayor de todos (la ciudad de Figueres, ¿verdad?). ¿El mar? ¡Sí, el mar! Una línea de un azul luminoso, el Mediterráneo... ¡sí, sí!

Un diari: 1919-1920, Salvador Dalí

Principat

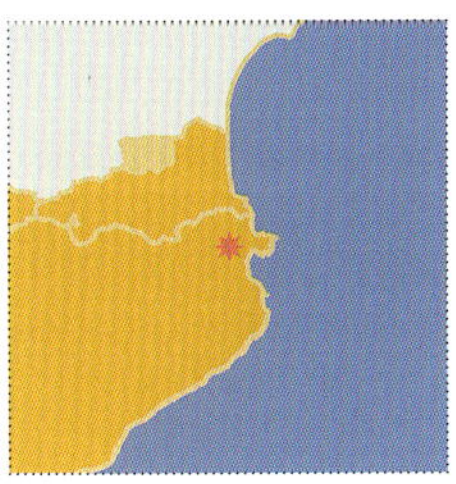

Figueres
Teatre-Museu Dalí

El 1974 el pintor Salvador Dalí inaugurava a la seva ciutat natal, Figueres, el Teatre-Museu que porta el seu nom, sobre les ruïnes de l'antic Teatre Principal de la ciutat, ampliat, nou anys després, amb un immoble del costat, conegut com a casa Gorgot. Dalí conferia així a la capital de l'Alt Empordà el que és un dels seus perfils urbans més característics, cita obligada de visitants d'arreu del món. El Teatre-Museu és un dels vèrtexs del triangle dalinià de l'Empordà, amb la Casa-Museu de Portlligat i el Castell Gala Dalí de Púbol, que circumscriu els paisatges empordanesos que van inspirar el genial artista, com indica l'escriptor Sebastià Roig, que ha dedicat un llibre a aquest triangle. El museu, que conforma en el seu conjunt una obra daliniana en ella mateixa, un objecte surrealista gegantí, ressegueix la trajectòria artística de Dalí, amb obres com *La panera del pa*, de 1945, fins a d'altres realitzades expressament per al Teatre-Museu, com la Sala Mae West o el *Cadillac plujós*.

Figueres
Theatre-Museum Dalí

In 1974 the painter officially opened in the town of his birth, Figueres, the Theatre-Museum that bears his name, over the ruins of the old Teatre Principal of the city, enlarged, nine years later, with an adjoining property, known as Casa Gorgot. Dalí thus gave the capital of Alt Empordà what is one of its most characteristic profiles, an absolute must for visitors from around the world. The Theatre-Museum is one of the sides of the Dalí Triangle of Empordà, with the House-Museum of Portlligat and the Gala-Dalí Castle in Púbol, which circumscribe the Empordá landscapes that inspired the brilliant artist, as explained by the writer Sebastià Roig, who has dedicated a book to this triangle. The museum, which as a whole forms a Dalinian work in itself, goes through Dalí's artistic career, with works such as *The Breadbasket*, from 1945, through to other works produced specifically for the Theatre-Museum, such as the Mae West Room or the *Rainy Cadillac*.

Figueres
Teatro-Museo Dalí

En 1974 el pintor Salvador Dalí inauguraba en su ciudad nativa, Figueres, el Teatro-Museo que lleva su nombre, sobre las ruinas del antiguo Teatro Principal de la ciudad, ampliado, nueve años después, con un inmueble contiguo, conocido como casa Gorgot. Dalí confería así a la capital del Alt Empordà uno de sus perfiles urbanos más característicos, cita obligada de visitantes de todo el mundo. El Teatro-Museo es uno de los vértices del triángulo daliniano del Empordà, con la Casa-Museo de Portlligat y el Castillo Gala Dalí de Púbol, que circunscribe los paisajes ampurdaneses que inspiraron al genial artista, como indica el escritor Sebastià Roig, que ha dedicado un libro a este triángulo. El museo, que conforma en su conjunto una obra daliniana en sí mismo, un objeto surrealista gigantesco, sigue la trayectoria artística de Dalí, con obras como *La cesta del pan*, de 1945, y muchas otras realizadas expresamente para el Teatro-Museo, como la Sala Mae West o el *Cadillac lluvioso*.

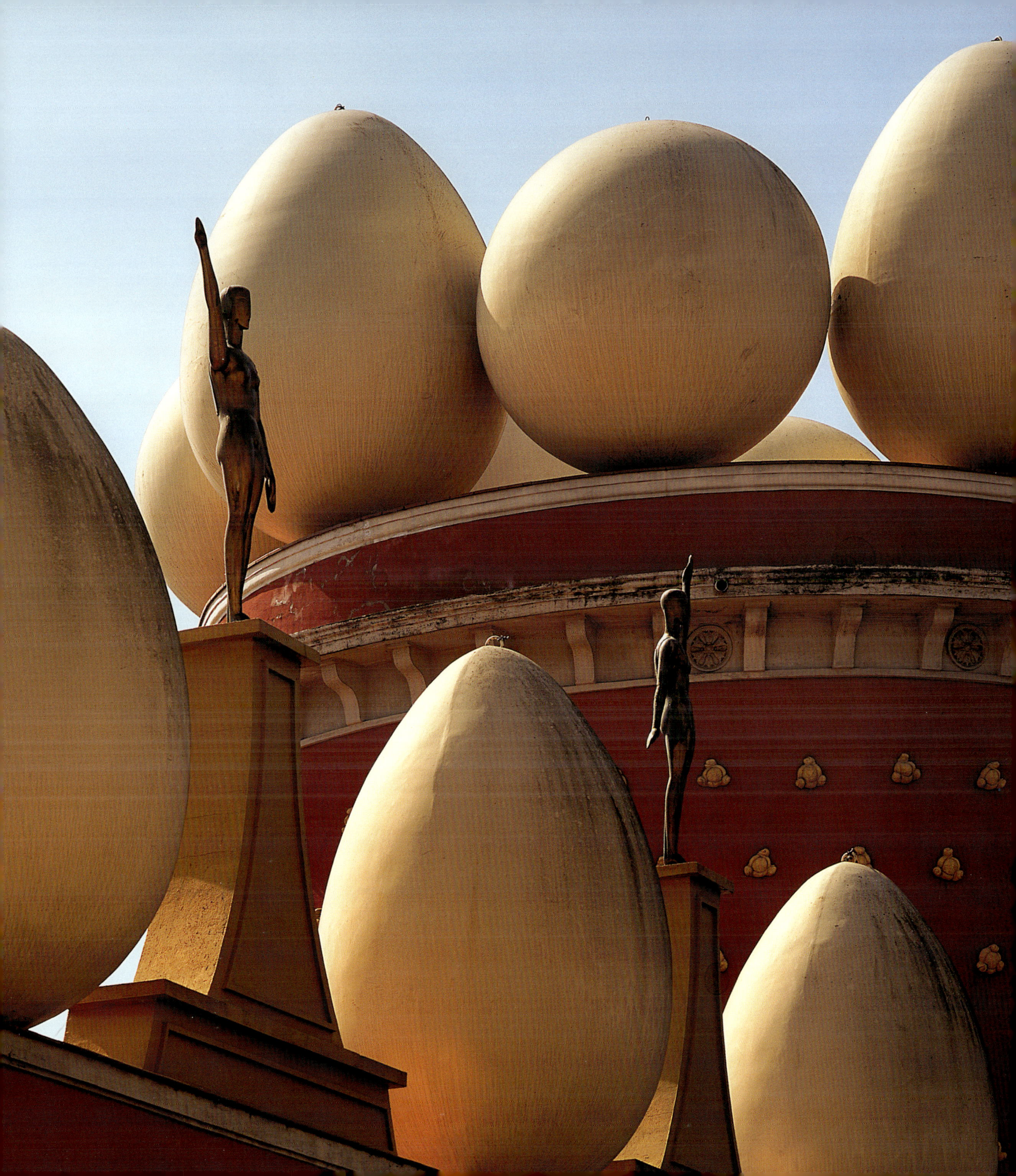

En la gran nit comuna érem somni de tots:
Ombres d'ombres en creu – murmuris convergents!
Damunt un mur de mar sense fossats ni portes.
Delejàvem plegats pels rocs del Cap de Creus.

J.V. Foix, *Les irreals omegues*

In the immense night we were everyone's dream: / Shadows of shadows in a cross – converging murmurs! / Above a wall of sea without moats or gates. / Together we yearned for the rocks of Cap de Creus.

Les irreals omegues,
J.V. Foix

En la gran noche común éramos sueño de todos: / Sombras de sombras en cruz –¡murmullos convergentes! / Sobre un muro de mar sin fosos ni puertas. / Suspirábamos juntos por las rocas del cabo de Creus.

Les irreals omegues,
J.V. Foix

Principat

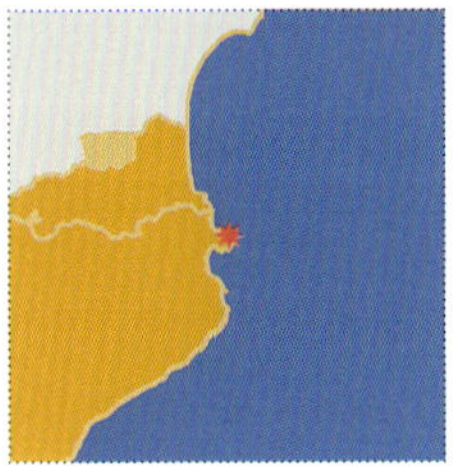

Cap de Creus

Al cap de Creus, el Pirineu es troba amb la mar Mediterrània. Aquest promontori rocós, d'encara no 700 metres d'alçada, forma una petita península, que constitueix l'extrem més oriental de la península ibèrica, assenyalat per un far, que es troba a uns 90 metres sobre el nivell del mar. Aquest cap, de gran impacte visual i aspecte inconfusible, presenta una costa enormement retallada, plena de cales, i una vegetació d'arbustos i matolls. Se situa a la comarca de l'Alt Empordà, al nord del golf de Roses. Tot i que el clima és suau i mediterrani, està molt condicionat pel fort vent de tramuntana, de component nord, i per les grans onades que aquest provoca. L'erosió del vent i de la mar ha donat a les pedres formes sorprenents, que la imaginació de molts pintors, com Dalí, ha convertit en paisatge fantàstic. La seva matèria i situació geogràfica també ha estat font d'influència de nombrosos escriptors catalans, com Josep Pla, Josep Maria de Sagarra o J.V. Foix.

Cap de Creus

At cap de Creus, the Pyrenees meets the Mediterranean Sea. This rocky promontory, which does not reach 700 metres in height, forms a small peninsula, which constitutes the easternmost part of the Iberian Peninsula, marked by a lighthouse, located 90 metres above sea level. This cape, visually stunning and with an unmistakeable appearance, shows a massively irregular coastline, full of coves, and vegetation of bushes and scrub. It is in the county of Alt Empordà, to the north of the Golf de Roses. Even though the climate here is mild and Mediterranean, it is greatly conditioned by the strong tramuntana wind, a northerly wind, and by the huge waves that this wind causes. Wind and sea erosion has given the stones surprising forms, which the imagination of many painters, such as Dalí, has turned into a fantasy-filled landscape. Its subject matter and geographical location have also been a source of influence of many Catalan writers, such as Josep Pla, Josep Maria de Sagarra or J.V. Foix.

Cabo de Creus

En el cabo de Creus, el Pirineo se encuentra con el mar Mediterráneo. Este promontorio rocoso, de casi 700 metros de altura, forma una pequeña península, que constituye el extremo más oriental de la península Ibérica, señalado por un faro, que se encuentra a unos 90 metros sobre el nivel del mar. Este cabo, de gran impacto visual y aspecto inconfundible, presenta una costa enormemente recortada, llena de calas, y una vegetación de arbustos y matorrales. Se sitúa en la comarca del Alt Empordà, en el norte del golfo de Roses. Aunque el clima es suave y mediterráneo, está muy condicionado por el fuerte viento de tramontana, de componente norte, y por las grandes olas que este viento provoca. La erosión del viento y el mar ha dado a las piedras formas sorprendentes, que la imaginación de muchos pintores, como Dalí, ha convertido en paisaje fantástico. Su materia y situación geográfica también han sido fuente de influencia para numerosos escritores catalanes, como Josep Pla, Josep Maria de Sagarra o J.V. Foix.

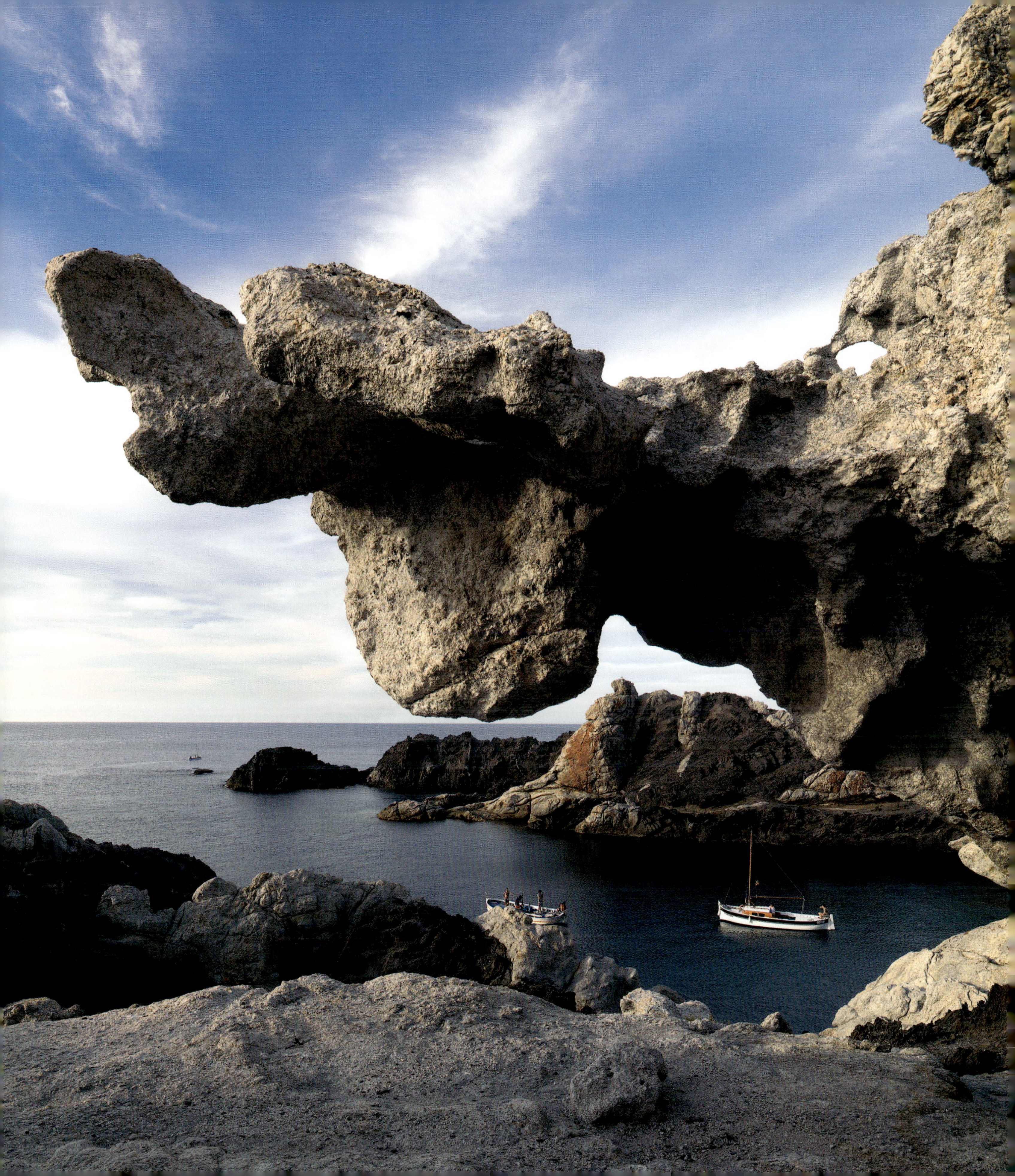

M'han fet ara marinera
i tinc casa i tinc llagut;
Cap de Creus és a la vora
– ahir no, hi vaig avui.
Marinera gent em volta,
Cadaqués m'ha pres el cor,
perquè la meva caseta
és gentil com un exvot.

Clementina Arderiu, *L'esperança, encara*

They have made me a sailor now
and I have a house and catboat;
Cap de Creus is close by
– yesterday no, I'm going today.
Seafaring folk surround me,
Cadaqués has captured my heart,
because my little house
is homely as an offering.

L'esperança, encara,
Clementina Arderiu

Me han hecho ahora marinera,
tengo casa y tengo laúd;
Cabo de Creus a dos pasos
– ayer no, voy hoy.
Gente de mar me rodea,
Cadaqués habita en mí,
porque mi pequeña casa
como un exvoto es gentil.

L'esperança, encara,
Clementina Arderiu

Principat

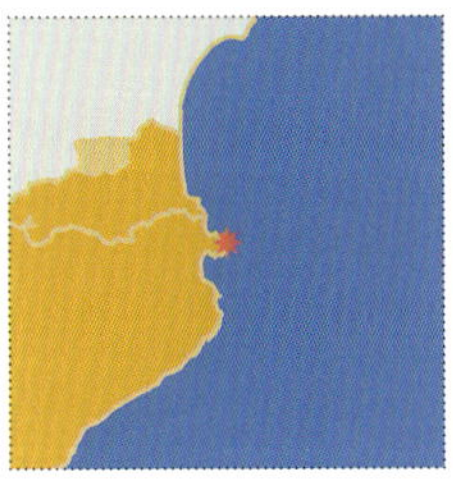

Costa Brava
Cadaqués

La composició, el «quadre», que formen arran de mar les cases pintades de blanc de Cadaqués és una de les imatges més identificables de Catalunya. Aquest poble de la comarca de l'Alt Empordà, amb la seva cala i port natural, coronat per l'església de Santa Maria, és el primer de la península ibèrica en rebre la llum del sol cada matí. Emplaçat a la costa de llevant del cap de Creus, les muntanyes del Pení, que el separen de la resta de l'Empordà, el van convertir gairebé en una illa fins a finals del segle xix. Abocat fins aleshores a la pesca i al conreu de la vinya, la millora en les comunicacions per carretera el va obrir, al segle xx, al turisme, i va atraure artistes i escriptors d'arreu del món, que han contribuït a la difusió internacional de Cadaqués. El municipi és un dels situats més al nord de l'anomenada Costa Brava. Aquest terme, creat a principis del segle xx i que es dóna a la costa de les comarques gironines, denota el caràcter agrest d'aquesta.

Costa Brava
Cadaqués

The composition, the "painting" that the white painted houses near the sea of Cadaqués form, is one of the most identifiable images of Catalonia. This town in the county of Alt Empordà, with its cove and natural harbour, crowned by the church of Santa Maria, is the first on the Iberian Peninsula to receive the morning sun. Situated on the eastern coast of Cap de Creus, the Pení mountains, which separate it from the rest of the Empordà county, made it almost an island until the late 19th century. Devoted to fishing and winemaking, the improvement in communication by road opened it up, in the 20th century, to tourism, and artists and writers from around the world were attracted, who have contributed to the international diffusion of Cadaqués. The town is one of the northernmost spots of what is known as the Costa Brava. This term, created in the early 20th century, and which is given to the coastline of the Girona counties, denotes its rugged nature.

Costa Brava
Cadaqués

La composición, el «cuadro», que forman a ras de mar las casas pintadas de blanco de Cadaqués es una de las imágenes más identificables de Cataluña. Este pueblo de la comarca del Alt Empordà, con su cala y puerto natural, coronado por la iglesia de Santa Maria, es el primero de la península Ibérica en recibir la luz del sol cada mañana. Emplazado en la costa de levante del cabo de Creus, las montañas del Pení, que lo separan del resto del Empordà, lo convirtieron casi en una isla hasta finales del siglo xix. Dedicado hasta entonces a la pesca y al cultivo de la viña, la mejora en las comunicaciones por carretera lo abrió, en el siglo xx, al turismo y atrajo artistas y escritores de todo el mundo, que han contribuido a la difusión internacional de Cadaqués. El municipio es uno de los situados más al norte de la llamada Costa Brava. Este término, creado a principios del siglo xx y que se da a la costa de las comarcas gerundenses, denota el carácter agreste de ésta.

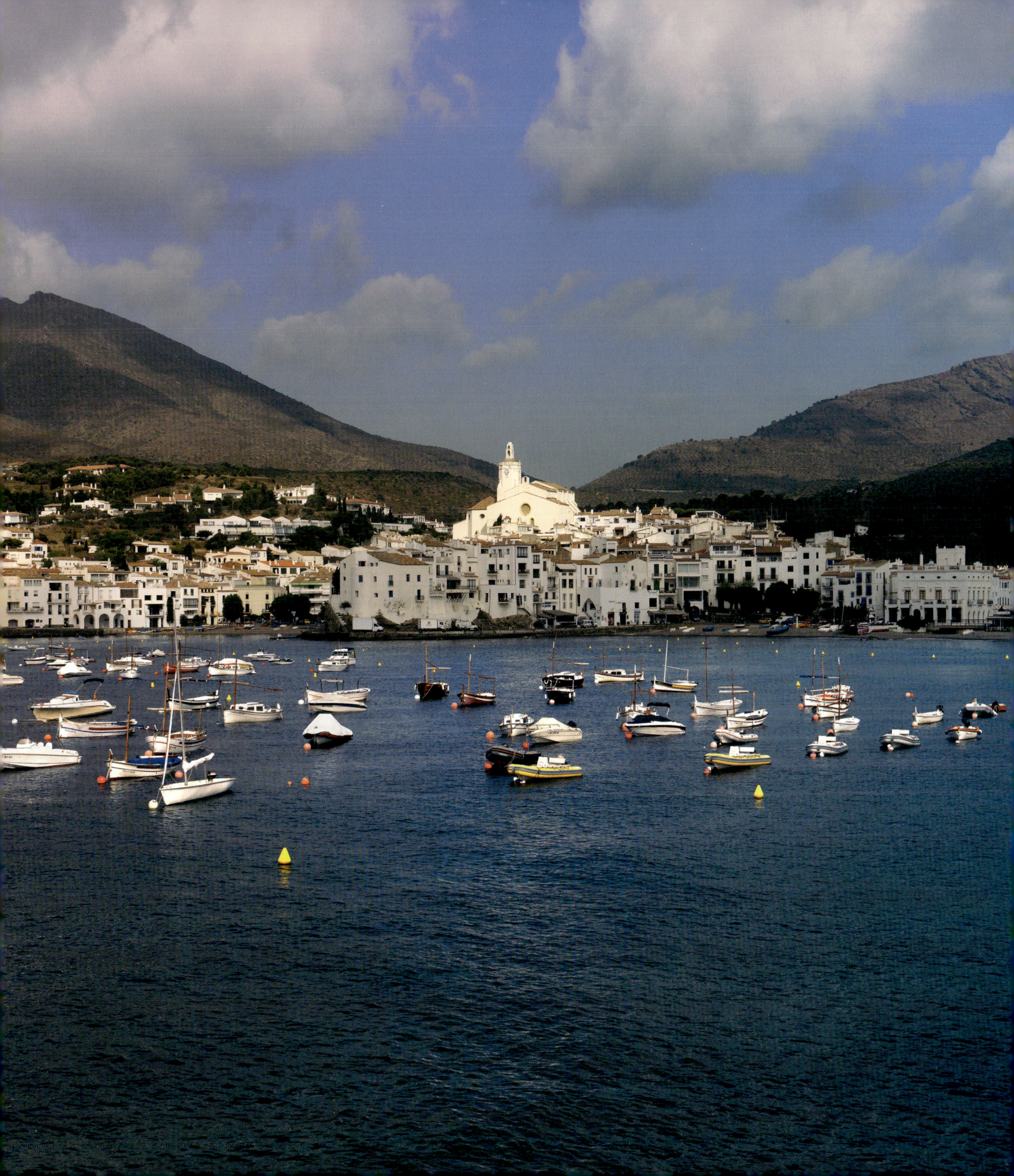

Antic d'amor, port de la llum,
hem amarrat la nostra barca;
no sé qui fou el constructor,
som innocents, han passat segles.
Érem dejuns d'aquest salobre,
fills del bon temps, de l'esperança;
naixem avui ran de la mar
on creix el mite.

JOAN TEIXIDOR, *Records d'Empúries*

*

Aged by love, harbour of light, / we have moored our boat; / I do not know who the builder was, / we are innocent, centuries have passed. / We were deprived of sea salt / children of good times, of hope; we are born today beside the sea / where the myth grows.

Records d'Empúries,
Joan Teixidor

*

Antiguo de amor, puerto de luz, / amarramos nuestra barca; / no sé quién fue el constructor, / somos inocentes, han pasado siglos. / Estábamos faltos de este adarce, / hijos del buen tiempo, de la esperanza; / nacemos hoy a ras de mar, / donde crece el mito.

Records d'Empúries,
Joan Teixidor

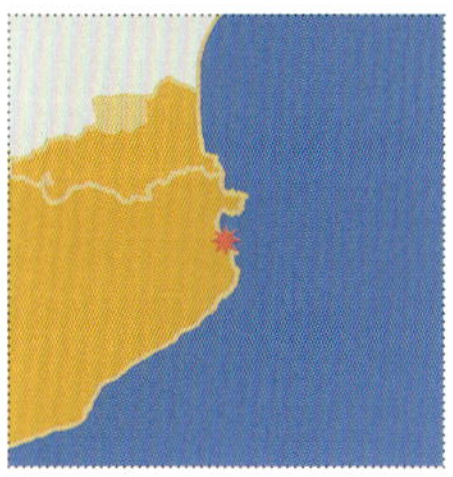

EMPÚRIES

Empúries, *Empòrion*, mercat en grec, va ser la porta d'entrada de la civilització hel·lènica a Catalunya. Va ser també, com a *Emporiae*, port, mercat i ciutat de Roma. Situada al golf de Roses, al nord-est del Principat, es va formar, en tres etapes, prop d'un poblat de la tribu ibera dels indigets, que s'anomenaria Indiké i que no s'ha localitzat. Aquest poblat ja comerciava abans del segle VI aC amb fenicis i grecs que recalaven al seu port natural. Vers el 580 aC, uns comerciants de Focea, ciutat de l'Àsia Menor, hi fundaven la ciutat antiga. A la meitat del mateix segle VI aC el poblament creixia terra endins, configurant la ciutat nova o Neàpolis. L'any 218 aC, en la incursió que significaria l'inici de la conquesta romana de la península, Gneu Corneli Escipió hi desembarcà amb el seu exèrcit, donant lloc, al segle I aC, a la tercera ciutat, la romana. A principis del segle XX, amb l'impuls de la Mancomunitat de Catalunya, l'arquitecte Puig i Cadafalch en va iniciar les excavacions.

EMPÚRIES

Empúries, *Empòrion*, market in Greek, was the gateway of Hellenic civilisation to Catalonia. It was also, as *Emporiae*, a port, market and city of Rome. Located in the Golf de Roses, in the northeast of the Principality, it was formed, in three stages, close to a settlement of the Iberian tribe of the Indigets, which was called Indiké and which has not been found. This settlement already traded before the 6th century BC with Phoenicians and Greeks who sighted land in its natural harbour. Around 580 BC some traders from Phocea, a city in Asia Minor, founded the ancient city. In the middle of the same century the settlement grew inland, forming the new city or Neapolis. In 218 BC, in an incursion that would represent the beginning of the Roman conquest of the peninsula, Gnaeus Cornelius Scipio landed with his army, resulting in, in the 1^{rt} century BC, the third city, the Roman one. At the beginning of the 20th century, with the encouragement of the Catalan Regional Federation, the architect Puig i Cadafalch began excavation works.

EMPÚRIES

Empúries, *Empòrion*, mercado en griego, fue la puerta de entrada de la civilización helénica en Cataluña. Fue también, como *Emporiae*, puerto, mercado y ciudad de Roma. Situada en el golfo de Rosas, al nordeste del Principado, se formó, en tres etapas, cerca de un poblado de la tribu íbera de los indigetes, que se llamaría Indiké y que no se ha localizado. Este poblado ya comerciaba antes del siglo VI aC con fenicios y griegos que recalaban en su puerto natural. Cerca del 580 aC, unos comerciantes de Focea, ciudad del Asia Menor, fundaban la ciudad antigua. A mediados del mismo siglo VI aC la población crecía tierra adentro, configurando la ciudad nueva o Neápolis. En el año 218 aC, en la incursión que significaría el inicio de la conquista romana de la península, Neo Cornelio Escipión desembarcó con su ejército, dando lugar, en el siglo I aC, a la tercera ciudad, la romana. A principios del siglo XX, con el impulso de la Mancomunitat de Catalunya, el arquitecto Puig i Cadafalch inició las excavaciones.

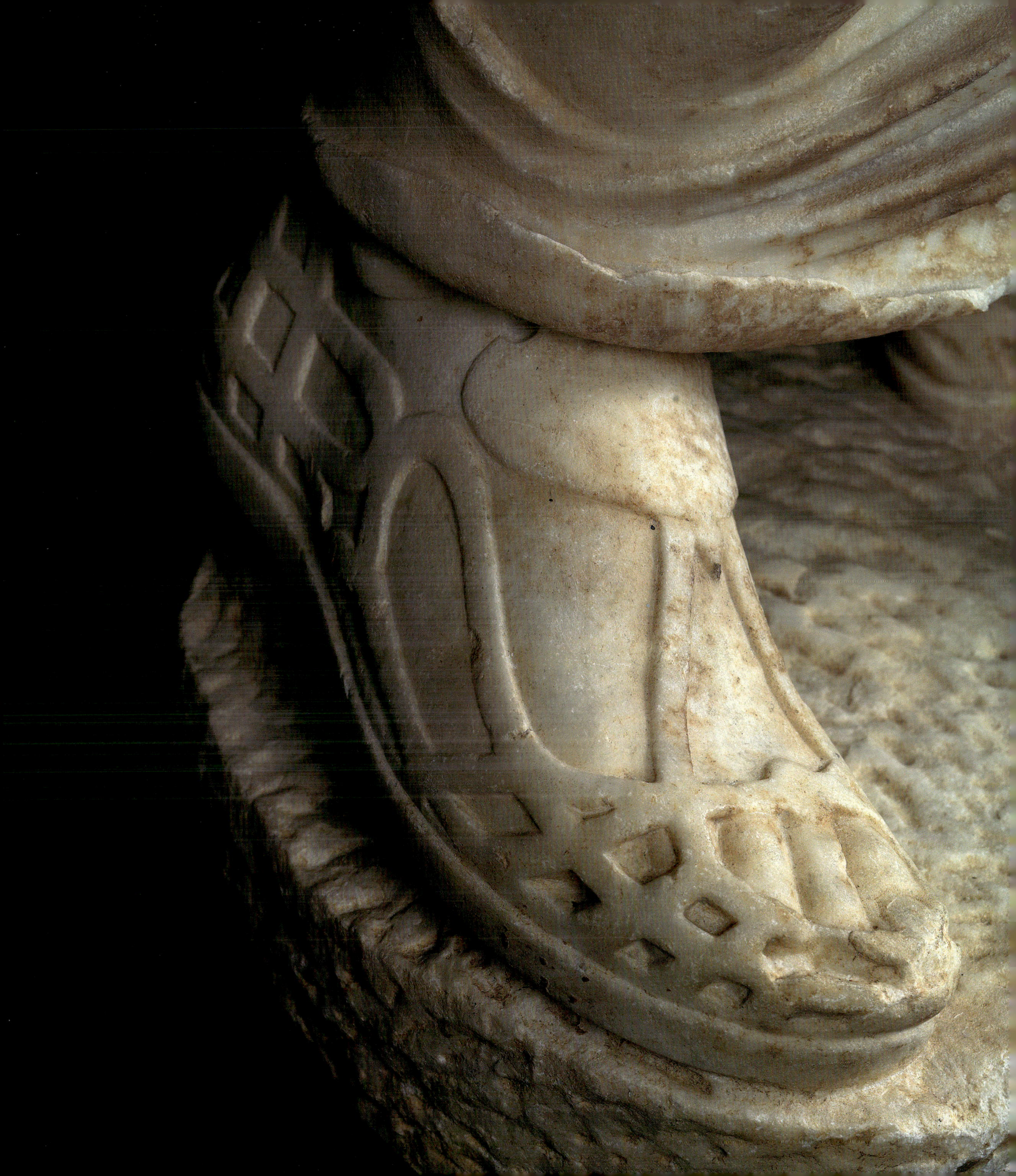

No t'amaguis, per tu, la catedral
es fa viva, es desperta; tots els somnis
com un núvol d'encens agafen forma
i batega la flama dels desigs
més remots, ancestrals, que t'han fet néixer.

Narcís Comadira, *La catedral*

Do not hide, for you, the cathedral / is brought to life, is awoken; all the dreams / like a cloud of incense take shape / and there beats the remotest, most ancestral / flame of desires, that gave you life.

La catedral,
Narcís Comadira

No te escondas, por ti la catedral / se hace viva, despierta; todos los sueños / como una nube de incienso cobran forma / y palpita la llama de los deseos / más remotos, ancestrales, que te han hecho nacer.

La catedral,
Narcís Comadira

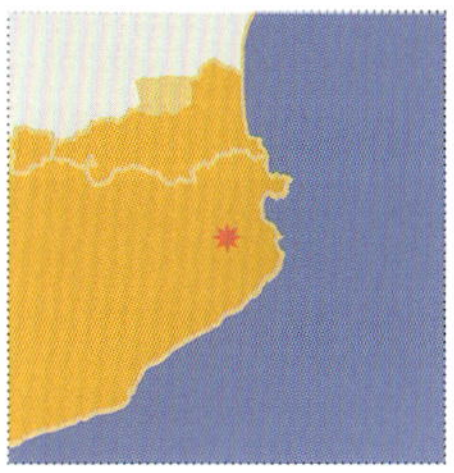

Catedral de Girona
Tapís de la Creació

El *Tapís de la Creació* és la peça d'art tèxtil romànic més important conservada a Catalunya i probablement al món. Molt valorat per estudiosos i amants de l'art, motiva visites a Girona expressament per contemplar-lo, a causa de la seva riquesa iconogràfica. Aquest brodat es pot veure al Museu de la Catedral de Girona i es va confegir a la fi del segle xi o començament del xii. Confeccionat amb llanes de colors, té unes mesures de més de tres metres i mig d'alçada per més de quatre i mig de llargada, tot i que es creu que originalment era el doble d'alt. Se'n conservaria, doncs, la part superior, que representa, en un cercle intern, el Crist en forma de Pantocràtor, i en un cercle més gran, capítols del Gènesi que narren la creació del món i l'estada de l'home al Paradís. Completa el conjunt una sanefa amb al·legories de les estacions, elements de la natura i personatges bíblics com Abel i Samsó, i un fris que representa la invenció de la Santa Creu.

Cathedral of Girona
The Tapestry of the Creation

Thc *Tapestry of the Creation* is the most important item of Romanesque textile art preserved in Catalonia, and probably the world. Highly valued by scholars and art lovers, people visit Girona just to see it, due to its iconographic richness. This embroidery can be seen in the Museum of the Cathedral of Girona and was made in the late-11th or early-12th century. Made with coloured wools, it measures more than three and a half metres in height and more than four metres long, although it is believed that originally it was double in height. It is the upper part that has been preserved, which represents, in an internal circle, Christ in the form of Pantocrator and in a larger circle, chapters from Genesis that tell of the creation of the world and man's stay in Paradise. It is completed with a border with allegories of the seasons, elements from nature and biblical characters such as Abel and Samson, and a frieze representing the invention of the Holy Cross.

Catedral de Girona
Tapiz de la Creación

El *Tapiz de la Creación* es la pieza de arte textil románico más importante conservada en Cataluña y probablemente en el mundo. Muy valorado por estudiosos y amantes del arte, motiva visitas a Girona expresamente para contemplarlo, a causa de su riqueza iconográfica. Este bordado se puede ver en el Museo de la Catedral de Girona y se compuso a finales del siglo xi o comienzos del xii. Confeccionado con lanas de colores, tiene unas medidas de más de tres metros y medio de altura por más de cuatro y medio de longitud, aunque se cree que originalmente era el doble de alto. Se conservaría, pues, la parte superior, que representa, en un círculo interno, el Cristo en forma de Pantocrátor, y en un círculo mayor, capítulos del Génesis que narran la creación del mundo y la estancia del hombre en el Paraíso. Completa el conjunto una cenefa con alegorías de las estaciones, elementos de la naturaleza y personajes bíblicos como Abel y Sansón, y un friso que representa la invención de la Santa Cruz.

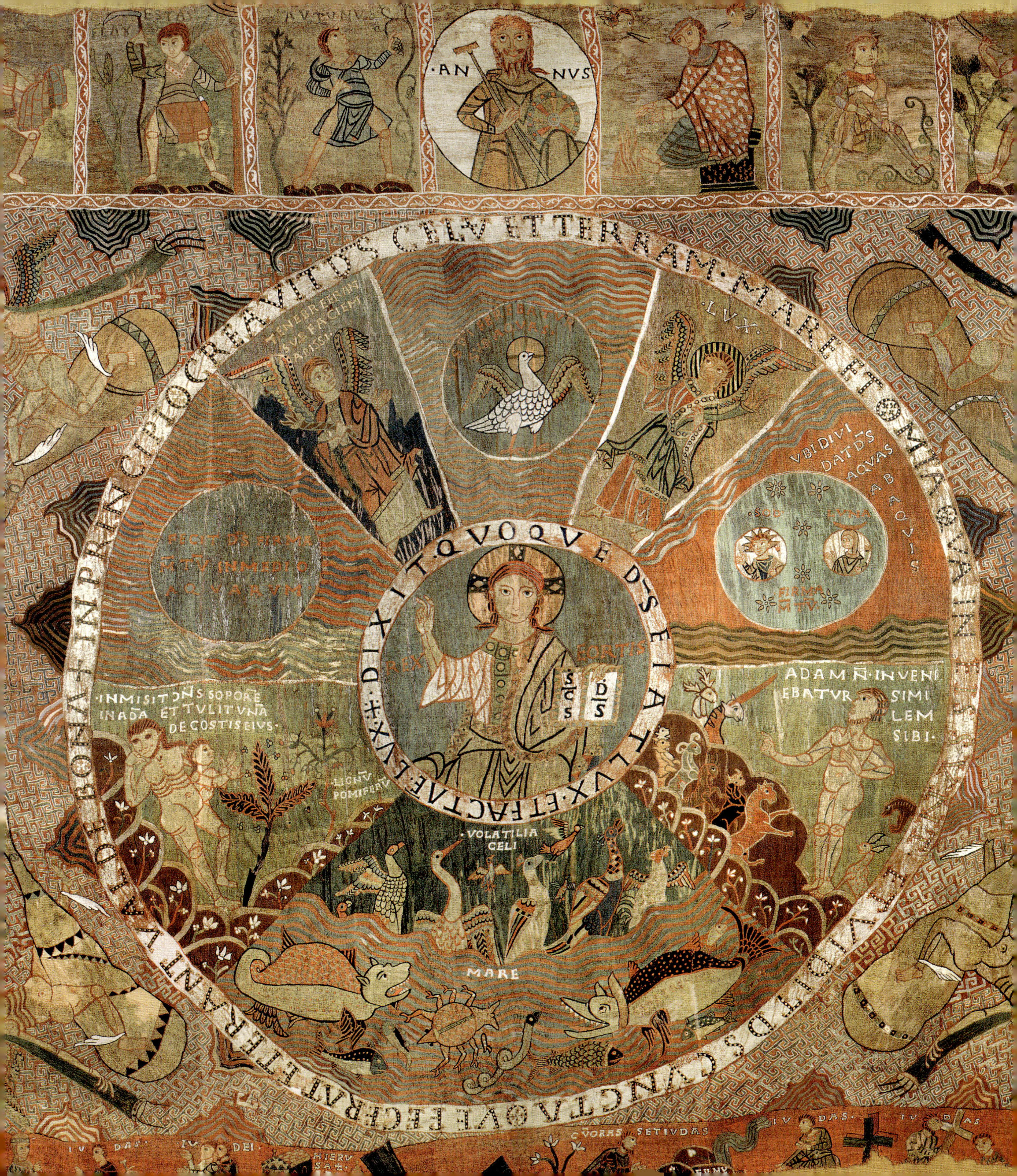
AN NUS
LUX
DIXIT QUOQUE DS FIAT LUX ET FACTA E LUX
REX FORTIS
ADAM Ñ INVENIEBATUR SIMILEM SIBI
VOLATILIA CELI
MARE

Estrelles de Girona, tremoloses
al mirall fosc del riu.
Cels de nit sobre els ponts, com podeu ésser
solitaris, encara, dins de mi
després de tant de temps en els meus ulls.

JOAN MARGARIT, *Nits serenes*

Stars of Girona, trembling / in the dark mirror of the river. / Night skies over the bridges, how can you be / solitary, still, within me after so long in my eyes.

Nits serenes,
Joan Margarit

Estrellas de Girona, temblorosas / en el espejo oscuro del río. / Cielos nocturnos sobre los puentes, cómo podéis estar / solitarios, todavía, dentro de mí / después de tanto tiempo en mi mirada.

Nits serenes,
Joan Margarit

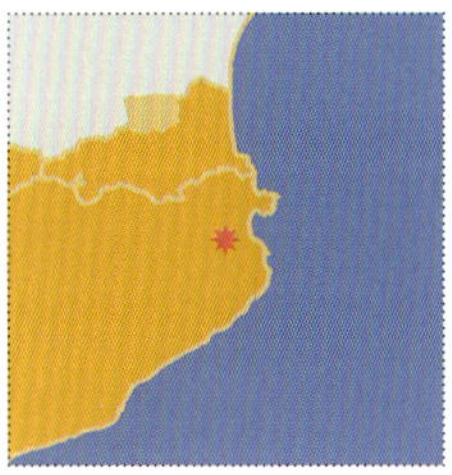

GIRONA
L'ONYAR

La composició multicolor que formen les cases que s'emmirallen en el riu Onyar és una de les representacions més característiques de la ciutat de Girona, juntament amb d'altres, com la catedral. Girona és la capital de la regió situada al nord-est de la comunitat autònoma catalana, a sota de la serra de l'Albera, que marca la frontera amb l'Estat francès. L'Onyar és un dels quatre rius –els altres tres són el Güell, el Galligants i el Ter, el més cabalós– que conflueixen al pla de Girona. Es tracta d'un pla estratègic, ja que és l'únic pas entre formacions muntanyoses, situació que va propiciar que s'hi establís una plaça forta romana vinculada a la Via Augusta. L'Onyar causava inundacions fins fa unes dècades –la riuada de 1962 és la darrera ressenyable– però el llit s'ha canalitzat. El riu sempre ha estat un punt de referència de Girona, paral·lel a passejos tan concorreguts com la Rambla i travessat per ponts tan simbòlics com el de Pedra i el de Ferro.

GIRONA
THE ONYAR

The multicolour composition formed by the houses that are reflected in the River Onyar is one of the most characteristic images, along with others such as the Cathedral, of the city of Girona. Girona is the capital of the region situated in the north-east of the autonomous Catalan community, below the Albera range, which marks the boundary with the French state. The Onyar is one of the four rivers –the other three are the Güell, the Galligants and the Ter, the largest– which come together on the Girona plain. It is a strategic plain, since it is the only pass between mountainous formations, a fact that meant the establishment of a fortified Roman town linked to the Via Augusta. The Onyar flooded regularly until a few decades ago –the flood of 1962 was the last of note– but the riverbed has been channelled. The river has always been a reference point of Girona, parallel to busy walkways such as the Rambla and crossed by bridges as symbolic as the Pedra and Ferro bridges.

GIRONA
EL ONYAR

La composición multicolor que forman las casas que se reflejan en el río Onyar es una de las representaciones más características de la ciudad de Girona, junto con otros, como la catedral. Girona es la capital de la región situada al nordeste de la comunidad autónoma catalana, debajo de la sierra de la Albera, que marca la frontera con el Estado francés. El Onyar es uno de los cuatro ríos –los otros tres son el Güell, el Galligants y el Ter, el más caudaloso– que confluyen en el llano de Girona. Un llano estratégico, ya que es el único paso entre formaciones montañosas, situación que propició que se estableciera una plaza fuerte romana vinculada a la Vía Augusta. El Onyar causaba inundaciones hasta hace unas décadas –la riada de 1962 es la última reseñable– pero el curso se ha canalizado. El río siempre ha sido un punto de referencia de Girona, paralelo a paseos tan concurridos como la Rambla y atravesado por puentes tan simbólicos como el de Pedra (piedra) y el de Ferro (hierro).

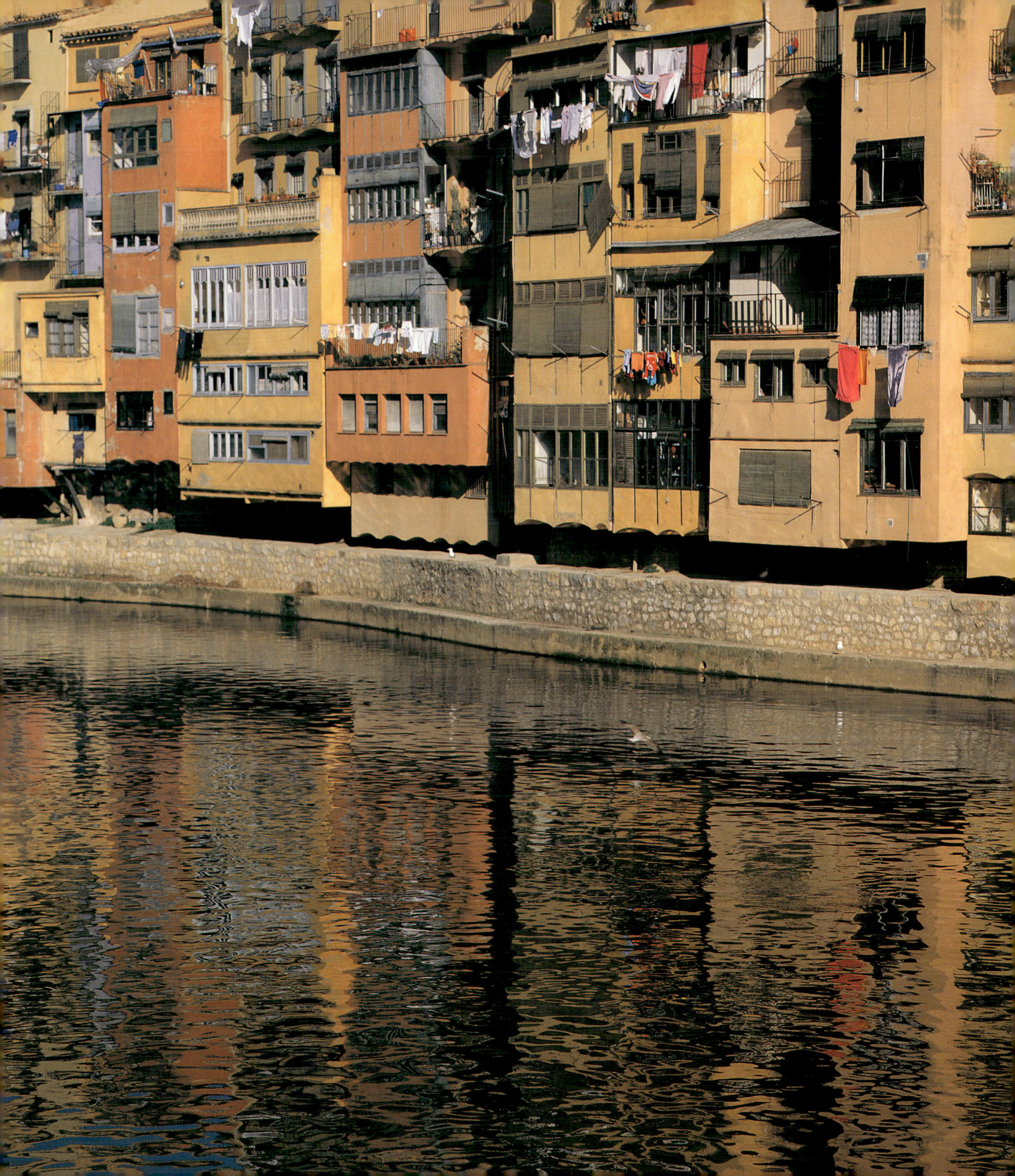

Ara que el braç potent de les fúries aterra
La ciutat d'ideals que volíem bastir,
Entre runes de somnis colgats, més prop de la terra,
Pàtria, guarda'ns: –la terra no sabrà mai mentir.

MÀRIUS TORRES, *La ciutat llunyana*

*
Now that the strong arm of rage knocks down /the city of ideals that we wanted to build, /among ruins of broken dreams, closer to the land, / Fatherland, guard us: – the land never knows how to lie.

La ciutat llunyana,
Màrius Torres

*
Ahora que el brazo fuerte de las furias abate / la ciudad de ideales que queríamos construir, / entre ruinas de sueños caídos bajo la tierra, / Patria, protégenos: –la tierra jamás sabrá mentir.

La ciutat llunyana,
Màrius Torres

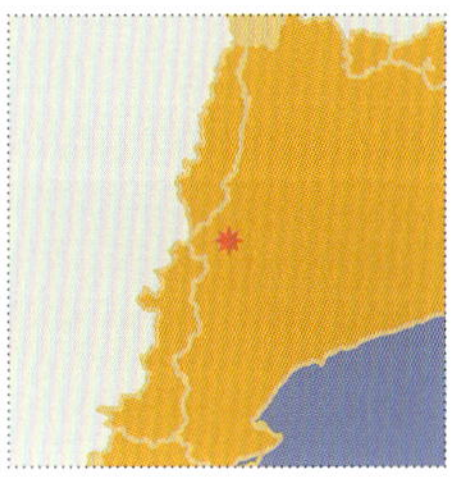

*
LLEIDA
LA SEU VELLA

La ciutat de Lleida es desplega a les faldes d'un turó, en el qual els ilergets, tribu ibera, van construir un poblat que dominava el riu Segre i la plana. El turó ha vist passar l'alcàsser àrab de la Suda i una mesquita, consagrada després com a catedral cristiana. Al segle XIII s'hi va començar a bastir al costat una catedral nova, que avui és la catedral antiga o Seu Vella, després de ser substituïda per l'actual a mitjan segle XVIII. La Seu Vella va quedar malmesa, i va estar a punt de ser destruïda, quan el rei Felip V va ocupar Lleida i va convertir l'edifici en caserna. El turó de la Seu és la imatge més emblemàtica d'aquesta ciutat, capital de la cultura catalana l'any 2007. Restaurada des de mitjan segle XX, la Seu Vella és un edifici de transició entre el romànic i el gòtic, i conserva restes artístiques importants. Lleida, amb altres edificis notables, com el de la Paeria o Ajuntament, és el centre comercial i cultural de les terres catalanes de Ponent.

*
LLEIDA
THE SEU VELLA

The city of Lleida spreads out at the foot of a hill, on which the Ilergets, an Iberian tribe, built a settlement that looked over the River Segre and the plain. The hill has seen pass the Arab castle of La Suda and a mosque, consecrated later as a Christian cathedral. In the 13th century a new cathedral began to be built alongside it, which today is the old cathedral or Seu Vella, after being replaced by the current one in the mid-18th century. The Seu Vella was damaged, and was at the point of being knocked down, when King Felipe V occupied Lleida, and turned the building into a barracks. The Turó de la Seu is the most emblematic image of this city, capital of Catalan culture in 2007. Restored as from the mid-20th century, the Seu Vella is a transitional building between Romanesque and Gothic, and preserves important artistic remains. Lleida, with three notable buildings such as the Paeria, or Town Hall, is the commercial and cultural centre of the Catalan lands of the Ponent, the west.

*
LLEIDA
LA SEU VELLA

La ciudad de Lleida se despliega en las faldas de una colina, en la cual los ilergetes, tribu íbera, construyeron un poblado que dominaba el río Segre y la llanura. La colina ha visto pasar el alcázar árabe de la Suda y una mezquita, consagrada después como catedral cristiana. En el siglo XIII se empezó a construir al lado una catedral nueva, que hoy es la catedral antigua o Seu Vella, después de ser sustituida por la actual a mediados de siglo XVIII. La Seu Vella quedó dañada, y estuvo a punto de ser destruida, cuando el rey Felipe V ocupó Lleida y convirtió el edificio en cuartel. El cerro de la Seu es la imagen más emblemática de esta ciudad, capital de la cultura catalana en el año 2007. Restaurada desde mediados de siglo XX, la Seu Vella es un edificio de transición entre el románico y el gótico, y conserva restos artísticos importantes. Lleida, con otros edificios notables, como la Paeria o Ayuntamiento, es el centro comercial y cultural de las tierras catalanas de Ponent.

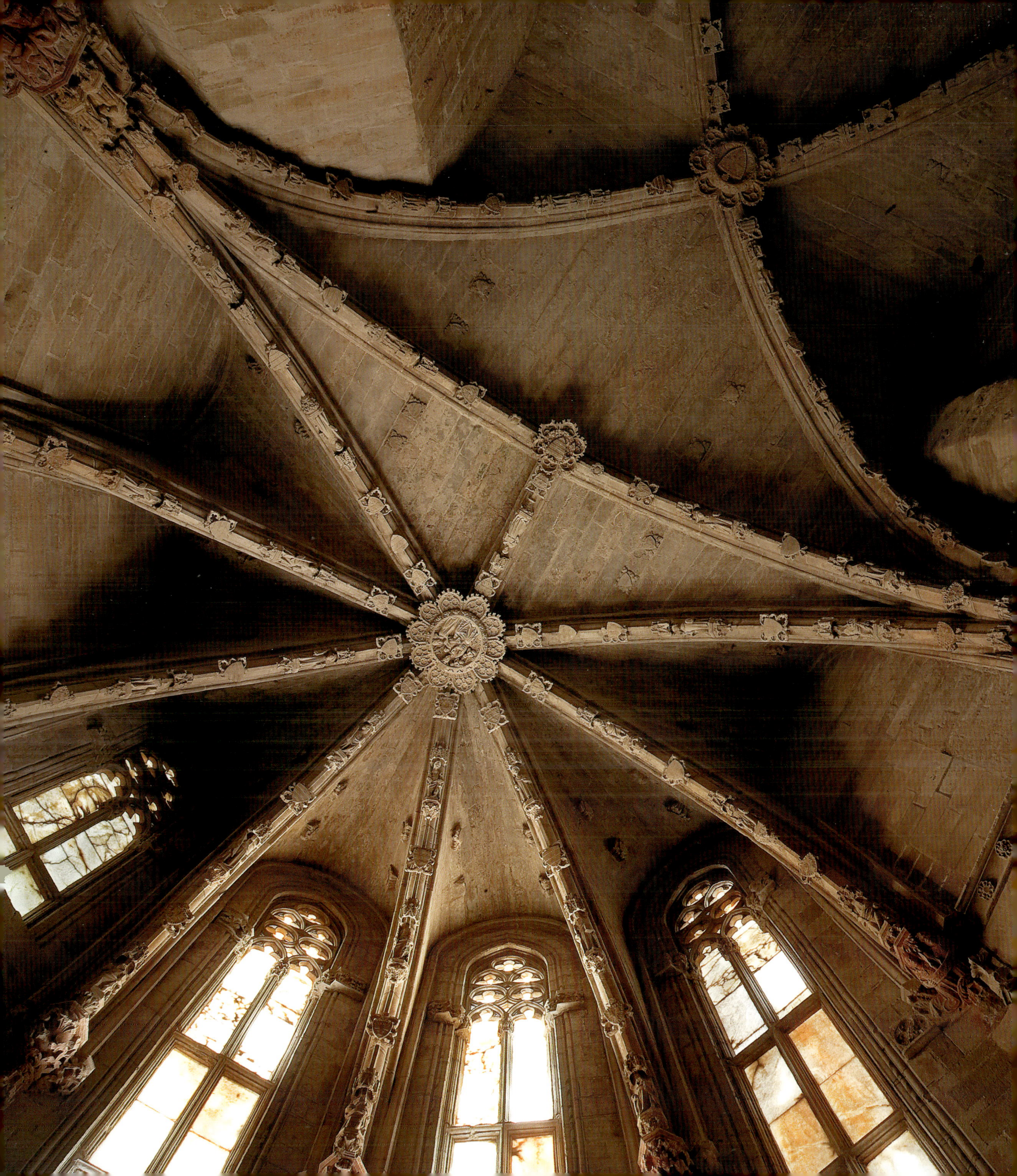

Pels vells carrers
el Cavallers,
carrer Major,
carrer Aragó,
quin pujader!,
pel vell Roser
pel sinofós
net o boirós,
plaça l'Ereta,
o la banqueta...

DOLORS MIQUEL, *Llibre dels homes*

*
Along old streets
Cavallers,
Carrer Major,
Carrer Aragó,
What a climb!,
along old Roser
by the old men's bench
clear or misty,
Ereta Square,
or the river bank...

Llibre dels homes,
Dolors Miquel

*
Por las viejas calles
la de Cavallers,
calle Mayor,
calle Aragón,
¡vaya subida!,
por el viejo Roser
por el *sinofós*
limpio o brumoso,
plaza l'Ereta,
o la orilla del rio...

Llibre dels homes,
Dolors Miquel

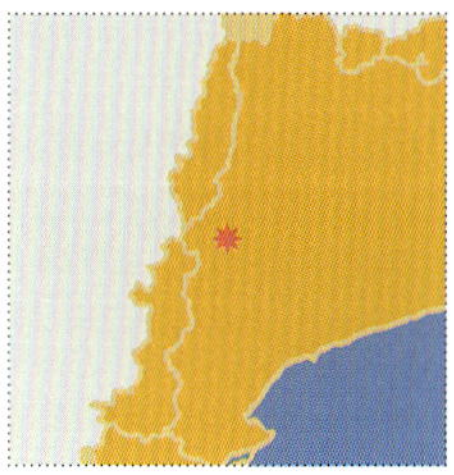

LLEIDA
CENTRE HISTÒRIC

El carrer Major, amb la plaça de la Paeria i els carrers que hi conflueixen, és el nucli central del llarg eix comercial de Lleida, que s'estén, d'un costat, pel carrer de Sant Antoni i l'avinguda de Blondel, «la banqueta», i de l'altre, per la plaça i el carrer de Sant Joan, i els carrers de Magdalena i de Carme. Paral·lel al riu Segre, aquest eix és el cor del centre històric o nucli antic de la ciutat, que s'enfila pel carrer de Cavallers fins al turó de la Seu. Seguint aquest carrer fins al capdamunt, hi podem trobar el Centre d'Art La Panera, espai de difusió de l'art visual contemporani. Al centre històric s'hi concentren altres equipaments culturals, com el Museu d'Art Jaume Morera, creat per a reunir una col·lecció d'art, en especial d'artistes de les comarques de Ponent, CaixaForum Lleida i el Museu de la Paeria, sota aquest històric edifici municipal. A l'altra banda del turó de la Seu hi trobem l'Auditori Enric Granados, i al turó de Gardeny, el castell que duu aquest nom, que acull un centre d'interpretació.

LLEIDA
HISTORIC CENTRE

Carrer Major, the high street, with the Plaça de la Paeria and the streets that meet, is the central nucleus of the long commercial thoroughfare of Lleida, which extend, on one side, along Carrer Sant Antoni and Avinguda Blondel ("la banqueta" so "the river bank"), and on the other, along Plaça and Carrer Sant Joan, and Carrer Magdalena and Carrer Carme. Parallel to the River Segre, this thoroughfare is the heart of the historic centre of the city, which runs from Carrer Cavallers to the Turó de la Seu. Following this street to the top, we come across the La Panera Art Centre, a space for contemporary visual art. In the historic centre are concentrated other cultural facilities, such as the Jaume Morera Art Museum, created to bring together a collection of art, particularly by artists from the counties of the Ponent, CaixaForum Lleida and the Museum of the Paeria, beneath this historic municipal building. On the other side of the Turó de la Seu we find the Enric Granados Auditorium, and on the Turó de Gardeny, the castle that takes this name, which houses an information centre.

LLEIDA
CENTRO HISTÓRICO

La calle Major, con la plaza de la Paeria y las calles que en ella confluyen, es el núcleo central del largo eje comercial de Lleida, que se extiende, de un lado, por la calle de Sant Antoni y la avenida de Blondel, «la banqueta», y del otro, por la plaza y la calle de Sant Joan, y las calles de Magdalena y de Carme. Paralelo al río Segre, este eje es el corazón del centro histórico o casco antiguo de la ciudad, que sube por la calle de Cavallers hasta el Cerro de la Seu. Siguiendo esta calle hacia arriba podemos encontrar el Centro de Arte La Panera, espacio de difusión del arte visual contemporáneo. En el centro histórico se concentran otros equipamientos culturales, como el Museo de Arte Jaume Morera, creado para reunir una colección de arte, en especial de artistas de las comarcas de Ponent, CaixaForum Lleida y el Museo de la Paeria, bajo este histórico edificio municipal. Al otro lado del cerro de la Seu encontramos el Auditorio Enric Granados, y en el cerro de Gardeny, el castillo que lleva este nombre, que acoge un centro de interpretación.

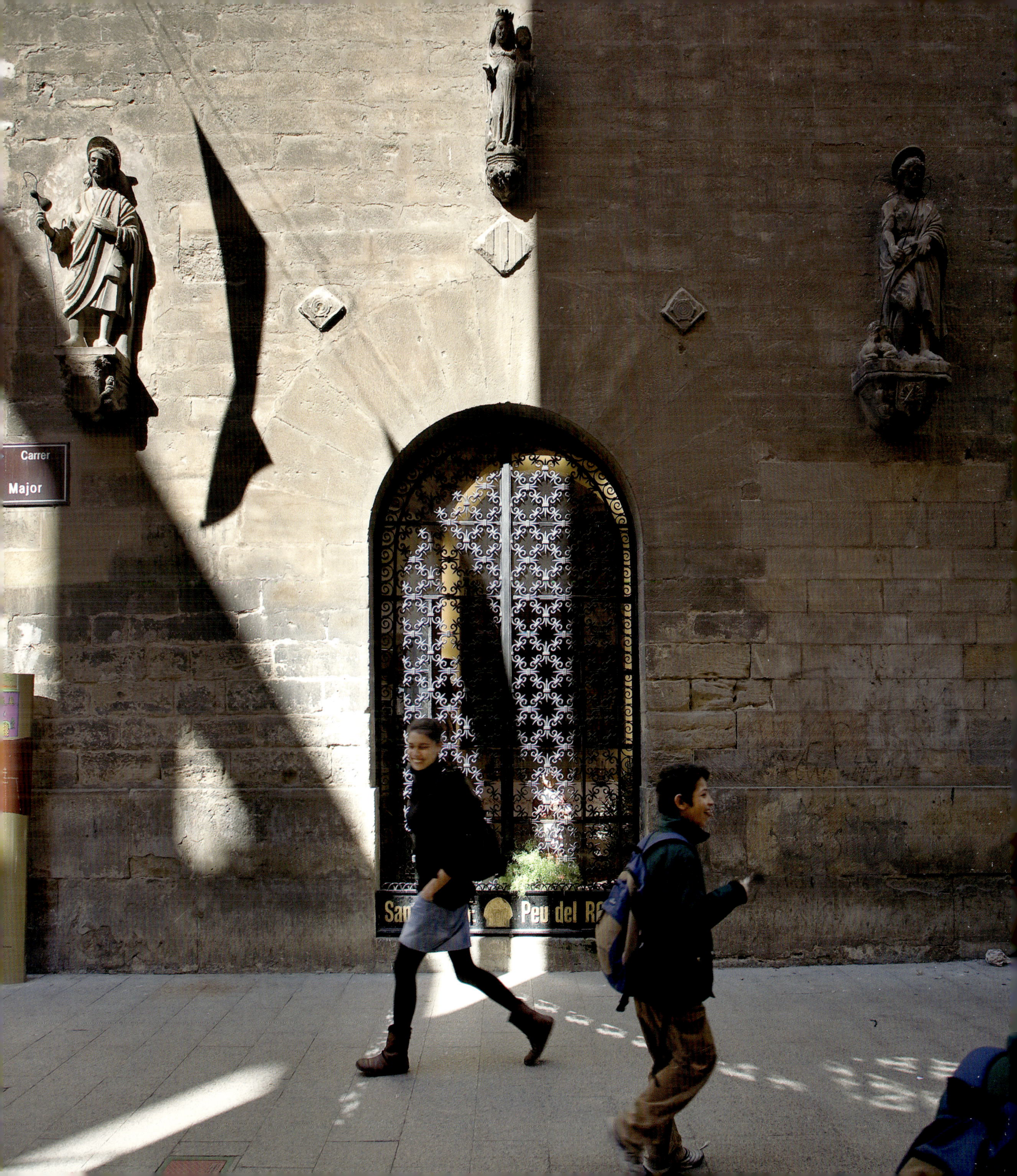
Carrer
Major

Van i obren una obertura al mig del cor i, com és natural, tan bon punt va estar foradada la paret, el sol va entrar a l'església omplint-la de claror com mai no s'hagués vist.

Valeri Serra i Boldú, *La babau* (Conte contat per la senyora Teresa Pinent, de Bellpuig)

They made an opening in the middle of the choir and, as is natural, straight away, the sun came into the church filling it with a clarity never before seen.

La babau (Story told by Teresa Pinent, de Bellpuig), Valeri Serra i Boldú

Abrieron una apertura en mitad del coro y, como es natural, en cuanto se agujereó la pared el sol entró en la iglesia llenándola de una claridad como jamás se había visto.

La babau (Cuento contado por la señora Teresa Pinent, de Bellpuig), Valeri Serra i Boldú

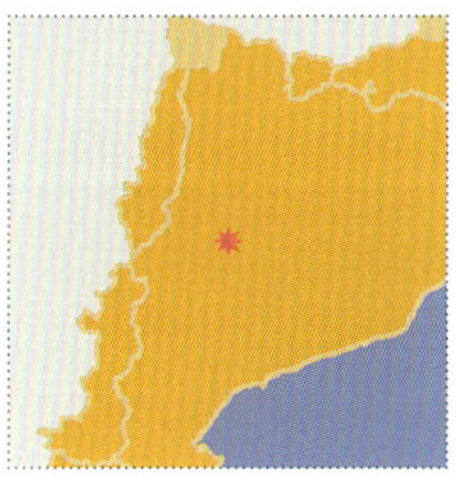

Bellpuig
Església de Sant Nicolau

Bellpuig, a l'Urgell, una de les comarques de Ponent, era el centre, al segle xii, d'una baronia pertanyent a la família Anglesola, que va entroncar amb els Cardones, una de les nissagues més poderoses de la Catalunya medieval. A finals del xv hi naixia el baró Ramon Folc III de Cardona-Anglesola, virrei de Nàpols i de Sicília, que és enterrat en un luxós mausoleu. Aquesta obra de l'escultor Giovanni Merliano da Nola, una de les més destacades de l'art renaixentista a Catalunya, es va situar a l'inici al convent franciscà de Sant Bartomeu, fundat pel mateix baró i ubicat als afores de Bellpuig, però amb l'exclaustració de 1835 es va traslladar a l'església parroquial de Sant Nicolau. En aquesta població hi visqué Valeri Serra i Boldú, un dels més importants estudiosos del folklore català, que recollí rondalles, contes, cançons i jocs en molts indrets de les terres de parla catalana, com a Bellpuig mateix, on des de fa prop de 25 anys se li dedica un premi de cultura popular.

Bellpuig
Church of Sant Nicolau

Bellpuig, in Urgell, one of the counties of Ponent, formed the centre, in the 12th century, of a barony belonging to the Anglesola family, who joined with the Cardonas, one of the most powerful dynasties of medieval Catalonia. At the end of the 15th century Baron Ramon Folc III of Cardona-Anglesola was born, Viceroy of Naples and Sicily, and is buried in a lavish mausoleum. This work by the sculptor Giovanni Merliano da Nola, one of the most outstanding of Renaissance art in Catalonia, was originally placed in the Franciscan convent of Sant Bartomeu, founded by the baron himself, located on the outskirts of Bellpuig, but with the disentailment of 1835 it was moved to the parish church of Sant Nicolau. In this town lived Valeri Serra i Boldú, one of the most important scholars of Catalan folklore, who compiled tales, stories, songs and games from different spots of the Catalan-speaking lands, such as the selfsame Bellpuig, where for nearly 25 years a popular culture prize had been dedicated to him.

Bellpuig
Iglesia de Sant Nicolau

Bellpuig, en el Urgell, una de las comarcas de Ponent, era el centro, en el siglo xii, de una baronía perteneciente a la familia Anglesola, que entroncó con los Cardona, una de las alcurnias más poderosas de la Cataluña medieval. A finales del xv nacía el barón Ramon Folc III de Cardona-Anglesola, virrey de Nápoles y de Sicilia, que está enterrado en un lujoso mausoleo. Esta obra del escultor Giovanni Merliano da Nola, uno de los linajes más destacados del arte renacentista en Cataluña, se situó en un principio en el convento franciscano de Sant Bartomeu, fundado por el mismo barón, ubicado en las afueras de Bellpuig, pero con la exclaustración de 1835 se trasladó a la iglesia parroquial de Sant Nicolau. En esta población vivió Valeri Serra i Boldú, uno de los más importantes estudiosos del folclore catalán, que recogió fábulas, cuentos, canciones y juegos en muchos parajes de las tierras de habla catalana, como la propia Bellpuig, donde, desde hace cerca de 25 años, se le dedica un premio de cultura popular.

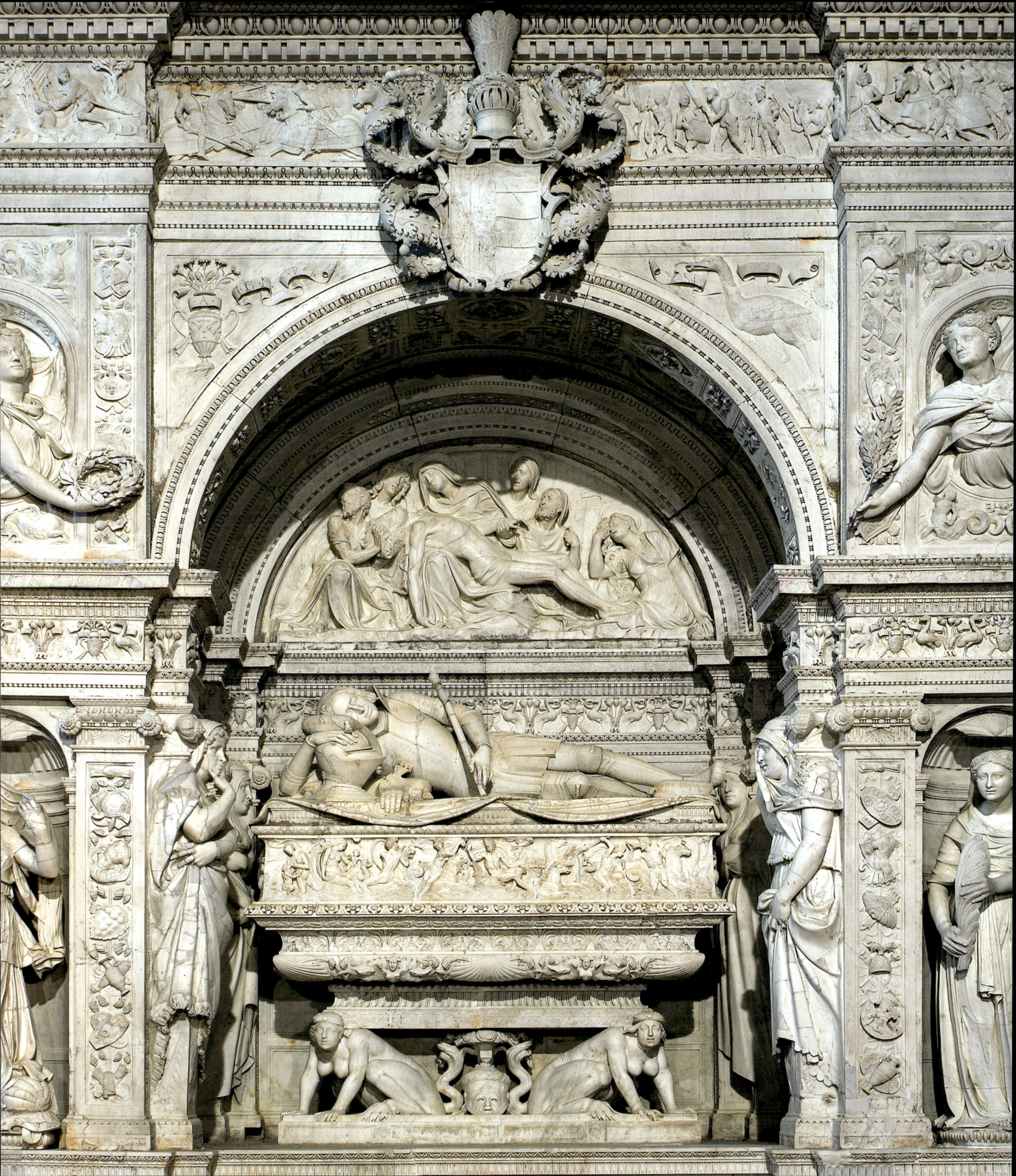

Són prop de les vuit del vespre, al Pati hi ha tot de gent asseguda als bancs, tampoc no en falta a la terrassa de l'Ateneu, i als carrers hi ha tants vehicles que no queda lloc on aparcar.

Manuel de Pedrolo, *Diari 1987*

It is nearly eight in the evening, in the Pati everyone is sitting on the benches, and they are packed on the terrace of the Ateneu too, and in the streets there are so many vehicles there is nowhere to park.

Diari 1987,
Manuel de Pedrolo

Son cerca de las ocho de la tarde, el *Pati* está atestado de gente sentada en los bancos, también ocupan la terraza del Ateneo, y en las calles hay tantos vehículos que no hay donde aparcar.

Diari 1987,
Manuel de Pedrolo

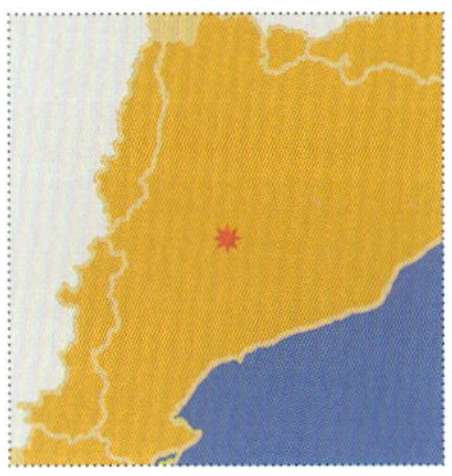

Tàrrega
Fira de Teatre al Carrer

Tàrrega és la capital de la comarca de l'Urgell i acull cada any, a mitjan setembre, la Fira del Teatre al Carrer, un dels mercats de les arts escèniques més valorats d'Europa. Aquest aparador teatral, que omple els carrers, espais i allotjaments de la ciutat, va ser creat l'any 1981 per l'ajuntament targarí, i impulsat per la companyia Comediants, coneguda internacionalment. El centre de la ciutat és la plaça del Carme, anomenada popularment el Pati, on es troba el Teatre de l'Ateneu, un dels escenaris de la Fira. Al carrer del Carme hi ha un palau romànic del segle XIII, el dels marquesos de la Floresta. A Tàrrega hi va passar la infantesa i adolescència l'escriptor Manuel de Pedrolo, autor del *Mecanoscrit del segon origen*, una de les novel·les catalanes més reeditades i de més continuat èxit de públic, sobretot juvenil. Pedrolo, nascut a la població de l'Aranyó, a la veïna comarca de la Segarra, tornava cada any, a l'agost, a la casa que tenia a Tàrrega, com explica en els *Diaris*.

Tàrrega
Street Theatre Festival

Tàrrega is the capital of the county of Urgell and every year, in mid-September, it hosts the Street Theatre Festival, one of the most appreciated stage arts markets in Europe. This theatrical showcase, which fills the streets, spaces and accommodation of the city, was set up in 1981 by the local council, and promoted by the internationally known company, Comediants. The city centre is Plaça del Carme, popularly named the Pati, where the Teatre de l'Ateneu is one of the stages of the Festival. In Carrer del Carme there is a Romanesque palace, from the 13th century, owned by the Marquises of La Floresta. Tàrrega was where the writer Manuel de Pedrolo spent his childhood and adolescence. He was the author of *Mecanoscrit del segon origen*, one of the most republished Catalan novels and one of the longest lasting in popularity, particularly among young people. Pedrolo, born in the town of Aranyó, in the neighbouring county of Segarra, returned every year, in August, to the house he had in Tàrrega, as he explains in *Diaris*.

Tàrrega
Feria de Teatro en la Calle

Tàrrega es la capital de la comarca del Urgell y acoge cada año, a mediados de septiembre, la Feria de Teatro en la Calle, uno de los mercados de las artes escénicas más valorados de Europa. Este escaparate teatral, que llena las calles, espacios y alojamientos de la ciudad, fue creado en el año 1981 por el Ayuntamiento e impulsado por la compañía Comediants, conocida internacionalmente. El centro de la ciudad es la plaza del Carme, denominada popularmente el Pati, donde se encuentra el Teatre de l'Ateneu, uno de los escenarios de la Fira. En la calle del Carme hay un palacio románico del siglo XIII, el de los marqueses de la Floresta. En Tàrrega pasó la niñez y adolescencia el escritor Manuel de Pedrolo, autor del *Mecanoscrito del segundo origen*, una de las novelas catalanas más reeditadas y de más continuado éxito de público, sobre todo juvenil. Pedrolo, nacido en la población de L'Aranyó, en la vecina comarca de la Segarra, volvía cada año, en agosto, a la casa que tenía en Tàrrega, como explica en los *Diarios*.

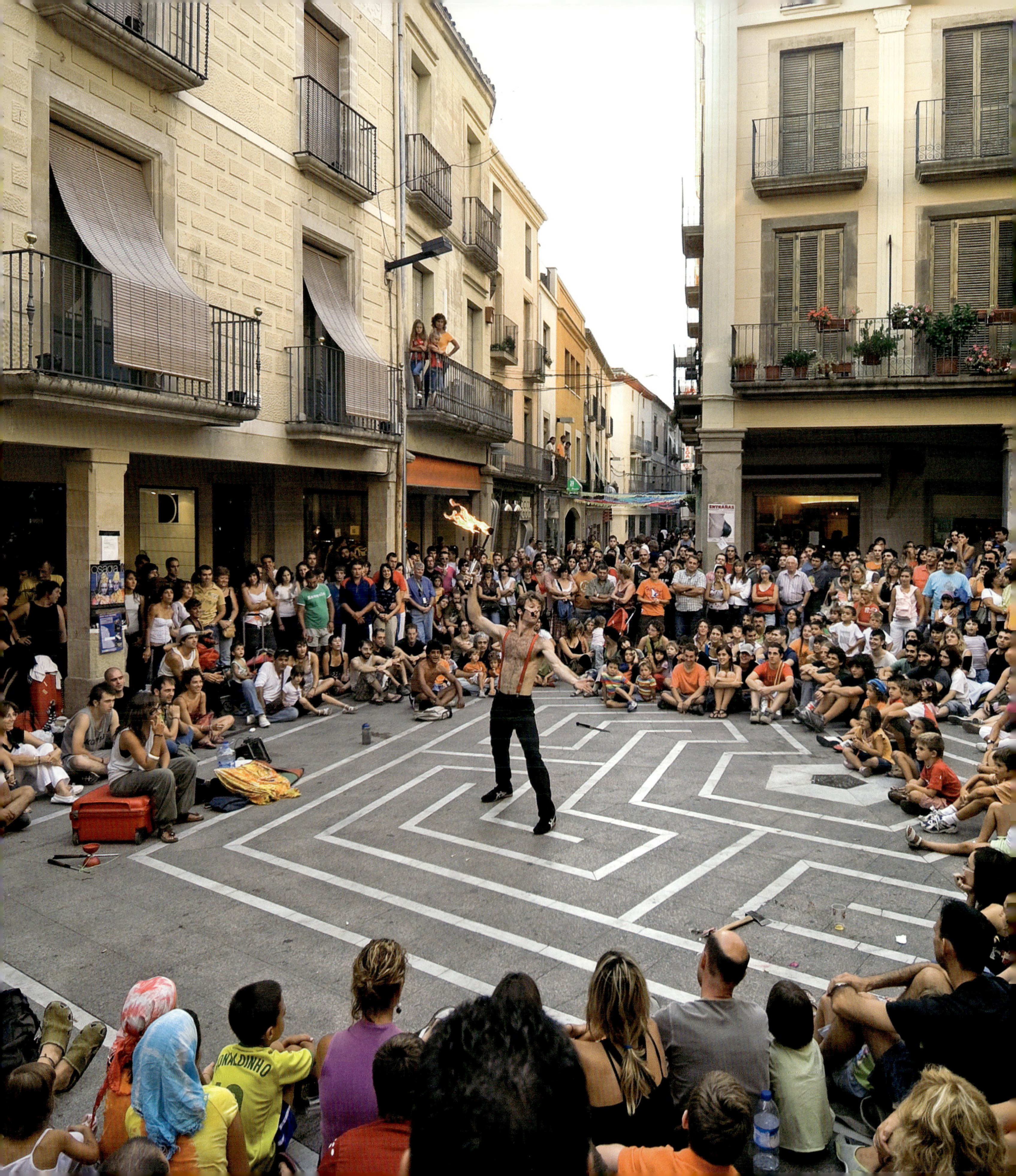
ENTRAÑAS

Quina petita pàtria
encercla el cementiri!
Aquesta mar, Sinera,
turons de pins i vinya,
pols de rials. No estimo
res més, excepte l'ombra
viatgera d'un núvol.

Salvador Espriu, *Cementiri de Sinera*

What a tiny fatherland
Surrounds the cemetery!
This sea, Sinera,
hills of pines and vines,
dusty gullies. I love
nothing else, save the wandering
shadow of a cloud.

Cementiri de Sinera,
Salvador Espriu

¡Qué pequeña patria
rodea el cementerio!
Esta mar, Sinera,
cerros de pinos y viñas,
polvo de cantos rodados.
No quiero más que la sombra
viajera de una nube.

Cementiri de Sinera,
Salvador Espriu

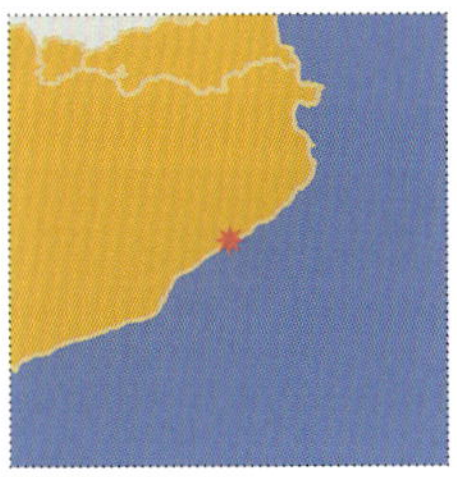

**Arenys de Mar
Cementiri**

Arenys de Mar, al Maresme –comarca localitzada a la costa de llevant, al nord-est de la ciutat de Barcelona– ocupa un lloc en la literatura mundial gràcies a l'escriptor Salvador Espriu, que la va convertir en la mítica Sinera, escenari de part de la seva obra. Espriu, de família paterna arenyenca, recrea en Sinera, Arenys a l'inrevés, el món i els personatges de la seva infantesa, convertits en símbols de validesa universal, i hi situa obres mestres com *Cementiri de Sinera* o *Llibre de Sinera*. En aquest municipi amb port, un dels més destacats de la costa catalana pel que fa a la pesca, hi han nascut altres escriptors d'interès, com Lluís Ferran de Pol o Fèlix Cucurull. Originàriament conegut com a Santa Maria d'Arenys, neix cap al segle xiii com a port natural, pràcticament deshabitat per culpa de les naus pirates, a redós de la població interior de Sant Martí d'Arenys, avui Arenys de Munt. Al segle xvi Arenys de Mar ja és vila i al xviii i xix assoleix tot el seu potencial marítim.

**Arenys de Mar
Cemetery**

Arenys de Mar, in the Maresme –a county on the Levantine coast, to the northeast of Barcelona– occupies a place in world literature thanks to the writer Salvador Espriu, who turned it into the mythical Sinera, the setting for part of his work. Espriu, whose father's family came from Arenys, recreates in Sinera, Arenys spelt backwards, the world and characters of his childhood, turned into symbols of universal validity and he set masterpieces such as *Cementiri de Sinera* or *Llibre de Sinera* here. In this town with harbour, one of the most outstanding on the Catalan coast as regards fishing, other interesting writers were born, such as Lluís Ferran de Pol or Fèlix Cucurull. Originally known as Santa Maria d'Arenys, founded around the 13th century as a natural harbour, practically uninhabited due to pirate vessels, refuge was taken in the inland town of Sant Martí d'Arenys, today Arenys de Munt. By the 16th century Arenys de Mar was a town and in the 18th and 19th centuries achieved its full seafaring potential.

**Arenys de Mar
Cementerio**

Arenys de Mar, en el Maresme –comarca localizada en la costa de levante, en el nordeste de la ciudad de Barcelona– ocupa un lugar en la literatura mundial gracias al escritor Salvador Espriu, que la convirtió en la mítica Sinera, escenario de parte de su obra. Espriu, de familia paterna local, recrea en Sinera, Arenys al revés, el mundo y los personajes de su infancia, convertidos en símbolos de valor universal y sitúa en él obras maestras como *Cementerio de Sinera* o *Libro de Sinera*. En este municipio con puerto, uno de los más destacados, con respecto a la pesca, de la costa catalana, han nacido otros escritores de interés como Lluís Ferran de Pol o Fèlix Cucurull. Originariamente conocido como Santa Maria d'Arenys, nace hacia el siglo xiii como puerto natural, prácticamente deshabitado por culpa de las naves piratas, a cubierto de la población interior de Sant Martí d'Arenys, hoy Arenys de Munt. En el siglo xvi Arenys de Mar ya es villa y en los xviii y xix alcanza todo su potencial marítimo.

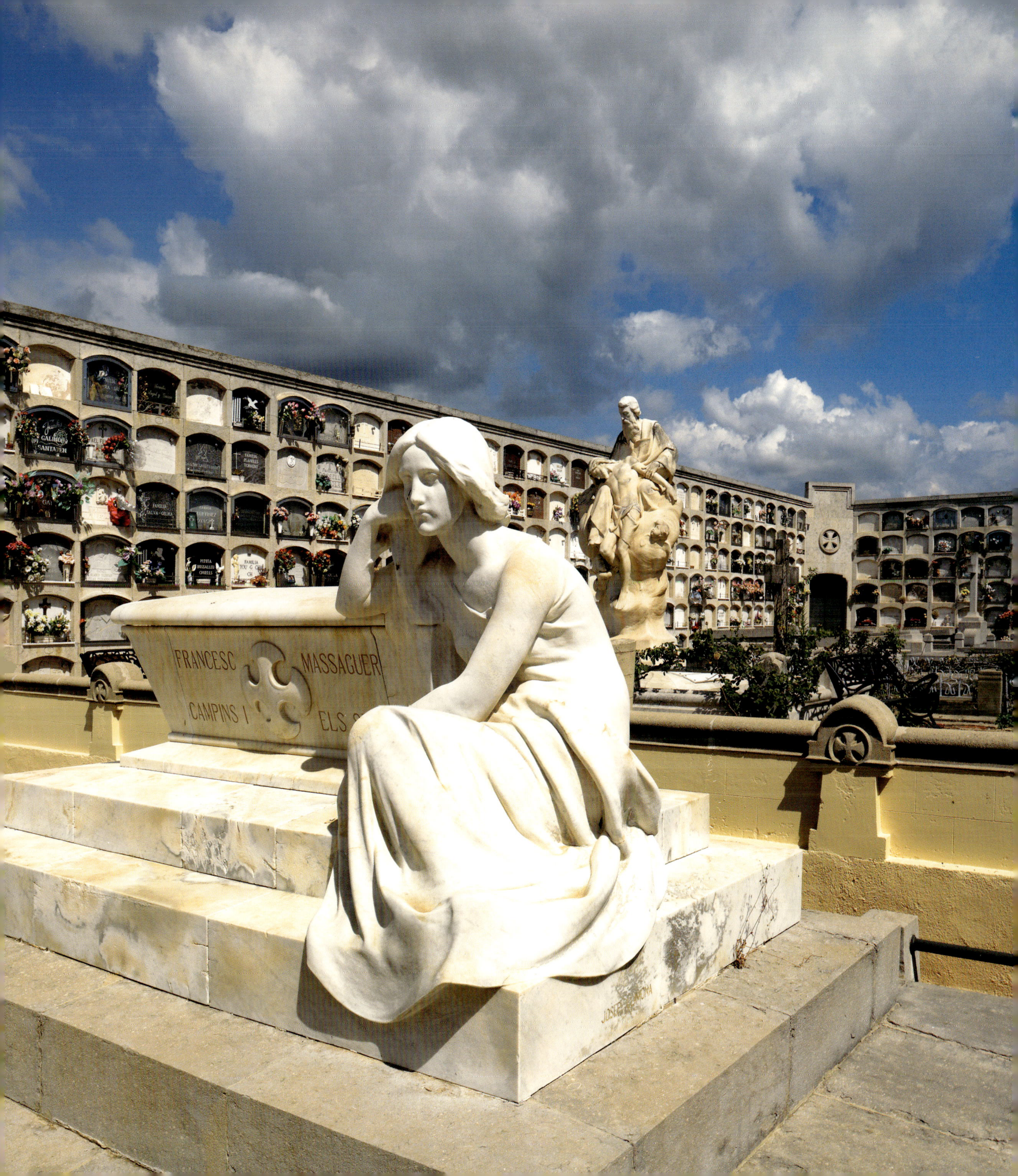
FRANCESC MASSAGUER
CAMPINS I ELS

La ciutat del fum, tota ella al voltant de les fàbriques, de les xemeneies, les guerres i les paus al voltant dels telers. La xemeneia més alta d'Europa.

VICENÇ VILLATORO, *La ciutat del fum*

The city of smoke, enveloping the factories, the chimneys, the wars and the peaces surrounding the textile mills. The tallest chimney in Europe.

La ciutat del fum,
Vicenç Villatoro

La ciudad del humo, toda ella en torno a las fábricas, las chimeneas, las guerras y las paces alrededor de los telares. La chimenea más alta de Europa.

La ciutat del fum,
Vicenç Villatoro

PRINCIPAT

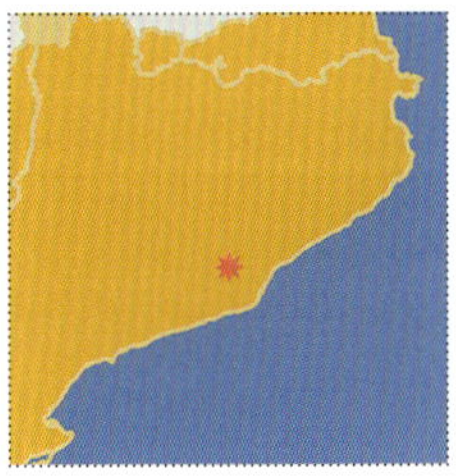

TERRASSA
MUSEU DE LA CIÈNCIA I DE LA TÈCNICA

El Vapor Aymerich, Amat i Jover, antiga fàbrica tèxtil on hi ha installada la seu del Museu de la Ciència i de la Tècnica de Catalunya –que disposa d'una extensa xarxa de museus per tot el país– és una de les peces més destacables de l'arquitectura industrial modernista del Principat. A més, és la representació gràfica, amb les característiques voltes catalanes i xemeneia, d'una època, fa un segle, de la història econòmica i política de Catalunya i Terrassa: la de les fàbriques tèxtils, l'exportació, les vagues obreres... Tanmateix, la història de Terrassa, capital amb Sabadell de la comarca del Vallès Occidental –a la regió metropolitana de Barcelona, vers l'interior– ve d'antic i ha donat altres èpoques dignes d'esment. L'Imperi Romà, quan era emperador Vespasià, hi establí el municipi d'Ègara –nom encara viu a la ciutat– en continuïtat d'un assentament ibèric, Egosa. A la vora s'hi bastiria després el magnífic conjunt monumental de les tres esglésies romàniques de Sant Pere.

TERRASSA
MUSEUM OF SCIENCE AND TECHNOLOGY

The Vapor Aymerich, Amat i Jover, an old textile factory where the Museum of Science and Technology of Catalonia has been placed –and which has an extensive network of museums across the country– is one of the most outstanding pieces of Modernist industrial architecture in the Principality. Moreover, it is the graphic representation, with the characteristic Catalan vaulting and chimneys, of a period, one century ago, of the economic and political history of Catalonia and Terrassa. This was the time of textile factories, exportation, workers' strikes... Additionally, the history of Terrassa, capital with Sabadell of the Vallès Occidental county –inland in the metropolitan region of Barcelona–, originated in Antiquity and has experienced other eras worthy of mention. The Roman Empire, when Vespasian was emperor, established the municipality of Ègara –a name still alive in the city– in continuity of an Iberian settlement, Egosa. Beside it, a magnificent series of buildings was later constructed, comprising the three Romanesque churches of Sant Pere.

TERRASSA
MUSEU DE LA CIÈNCIA I DE LA TÈCNICA

El Vapor Aymerich, Amat i Jover, antigua fábrica textil donde está instalada la sede del Museu de la Ciència i de la Tècnica de Catalunya –que dispone de una extensa red de museos por todo el país– es una de las piezas más destacables de la arquitectura industrial modernista del Principado. Además, es la representación gráfica, con las características bóvedas catalanas y chimenea, de una época, hace un siglo, de la historia económica y política de Cataluña y Terrassa: la de las fábricas textiles, la exportación, las huelgas obreras... Aun así, la historia de Terrassa, capital con Sabadell de la comarca del Vallès Occidental –en la región metropolitana de Barcelona, hacia el interior– viene de antiguo y ha dado otras épocas dignas de mención. El imperio romano, en tiempos del emperador Vespasiano, estableció el municipio de Egara –nombre todavía vigente en la ciudad– que continuaba un asentamiento ibérico, Egosa. Cerca se construiría después el magnífico conjunto monumental de las tres iglesias románicas de Sant Pere.

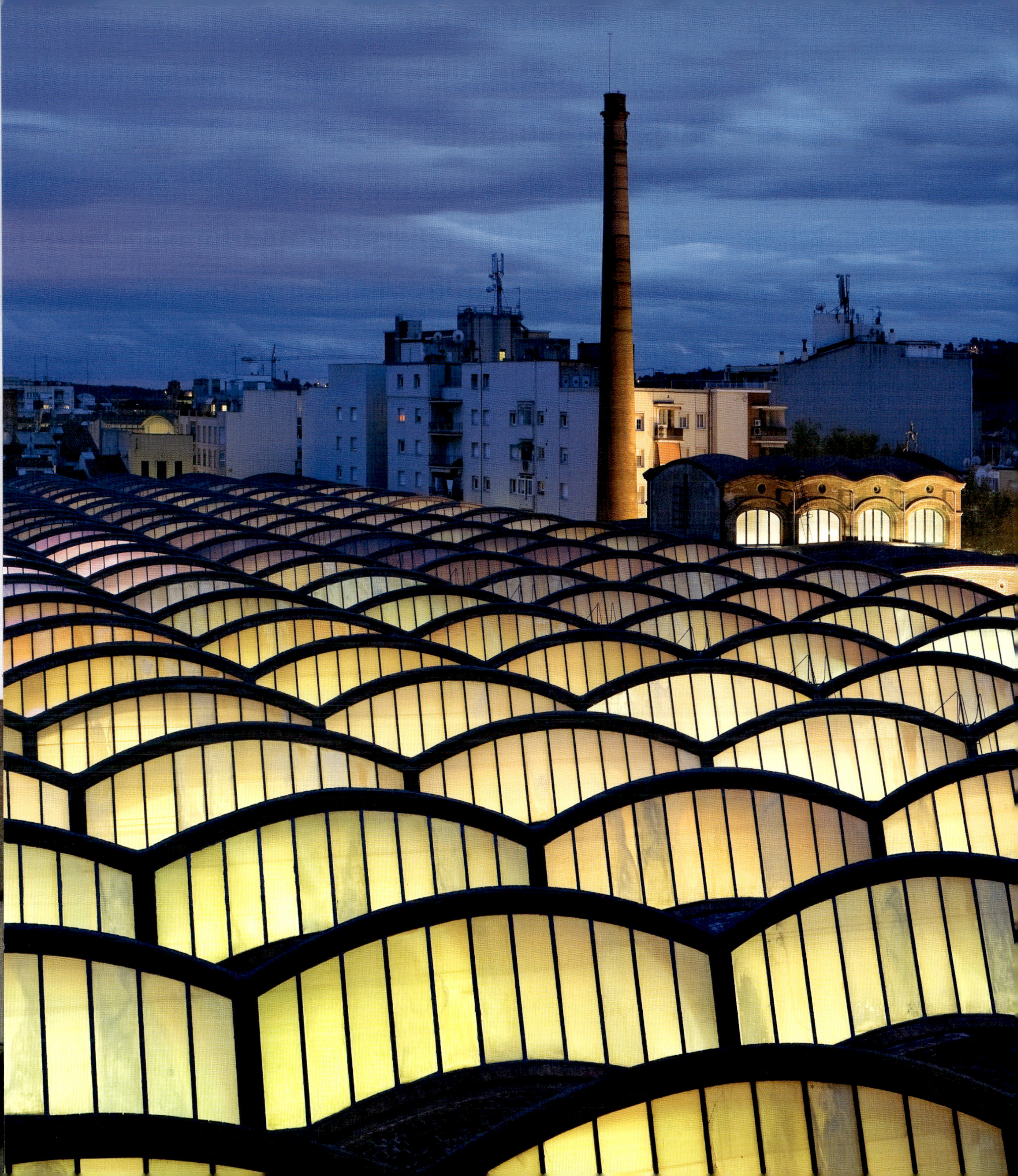

Un dia en un antiquari de la plaça del Rei vaig veure un àngel de fusta, alt com una persona, que em va agradar. Vaig anar a mirar-lo unes quantes vegades i me'l vaig comprar pel meu sant.

Mercè Rodoreda, *El carrer de les Camèlies*

One day in an antique shop in the Plaça del Rei I saw a wooden angel, as tall as a person, which I liked. I went to see it quite a few times and I bought it for myself for my saint's day.

El carrer de les Camèlies,
Mercè Rodoreda

Un día en un anticuario de la plaza del Rei vi un ángel de madera, alto como una persona, que me gustó. Fui a verlo unas cuantas veces, y me lo compré por mi santo.

El carrer de les Camèlies,
Mercè Rodoreda

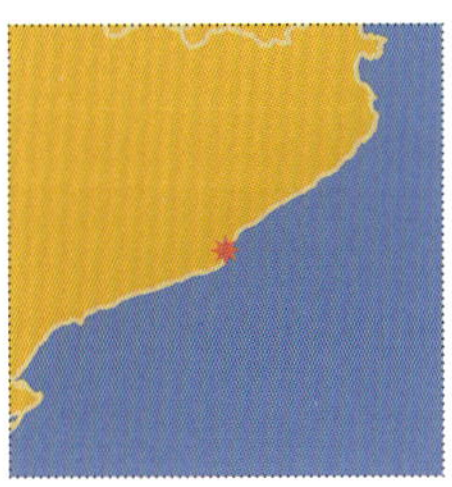

Barcelona
La plaça del Rei

Barcelona, capital de Catalunya i la metròpoli més gran de l'arc mediterrani occidental, va ser una fundació romana, de finals del segle I aC. La ciutat de Bàrcino abraçava un recinte que inclouria l'actual plaça de Sant Jaume, que acull l'Ajuntament i la Generalitat, seu de l'autogovern de Catalunya, i l'anomenat Barri Gòtic, al voltant de la catedral. Sobre la segona muralla romana de Bàrcino, probablement bastida al segle IV, s'hi van construir els edificis que formaven el Palau Reial Major. Aquesta residència reial de la corona catalanoaragonesa, amb construccions com el Saló del Tinell, la capella reial de Santa Àgata, del segle XIV, i la torre del rei Martí, del segle XVI, conforma en el seu exterior la plaça del Rei. Aquesta bellíssima plaça, que té al subsòl restes de la ciutat romana, allotja el Museu d'Història de Barcelona. Sobretot a les nits d'estiu, dins el Festival Grec de Barcelona, és l'escenari d'actuacions musicals.

Barcelona
The Plaça del Rei

Barcelona, capital of Catalonia, and the largest city of the western Mediterranean basin, was founded by the Romans at the end of the 1st century BC. The city of Barcino embraced a precinct that would include what is today the Plaça de Sant Jaume, which houses the City Hall and the Generalitat, the seat of the Catalan autonomous government, and what is called the Gothic Quarter, surrounding the cathedral. Over the second Roman wall of Barcino, probably in the 4th Century, the buildings were erected that formed the *Palau Reial Major* (Royal Palace). This royal residence, of the Catalan-Aragonese crown, with constructions such as the Tinell Hall, the royal chapel of Santa Àgata, from the 14th century, and the 16th–century King Martí Tower, make up the Plaça del Rei outside. This beautiful square, which contains the remains of the Roman city in its subsoil, houses the History of Barcelona Museum. Above all, on summer nights, within the cultural Festival of Barcelona Grec, it is the setting for musical performances.

Barcelona
La Plaza del Rei

Barcelona, capital de Cataluña, y la metrópolis más grande del arco mediterráneo occidental, fue una fundación romana, de finales del siglo I aC. La ciudad de Barcino abrazaba un recinto que incluiría la actual plaza de Sant Jaume, que acoge al Ayuntamiento y la Generalitat, sede del autogobierno de Cataluña, y el denominado Barrio Gótico, alrededor de la catedral. Sobre la segunda muralla romana de Barcino, probablemente levantada en el siglo IV, se construyeron los edificios que formaban el Palacio Real Mayor. Esta residencia real, de la corona catalanoaragonesa, con construcciones como el Salón del Tinell, la capilla real de Santa Àgata, del siglo XIV, y la torre del rey Martín, del siglo XVI, conforma en su exterior la plaza del Rei. Esta bellísima plaza, que tiene en el subsuelo restos de la ciudad romana, aloja el Museo de Historia de Barcelona. Sobre todo en las noches de verano, dentro del Festival Grec de Barcelona, es el escenario de actuaciones musicales.

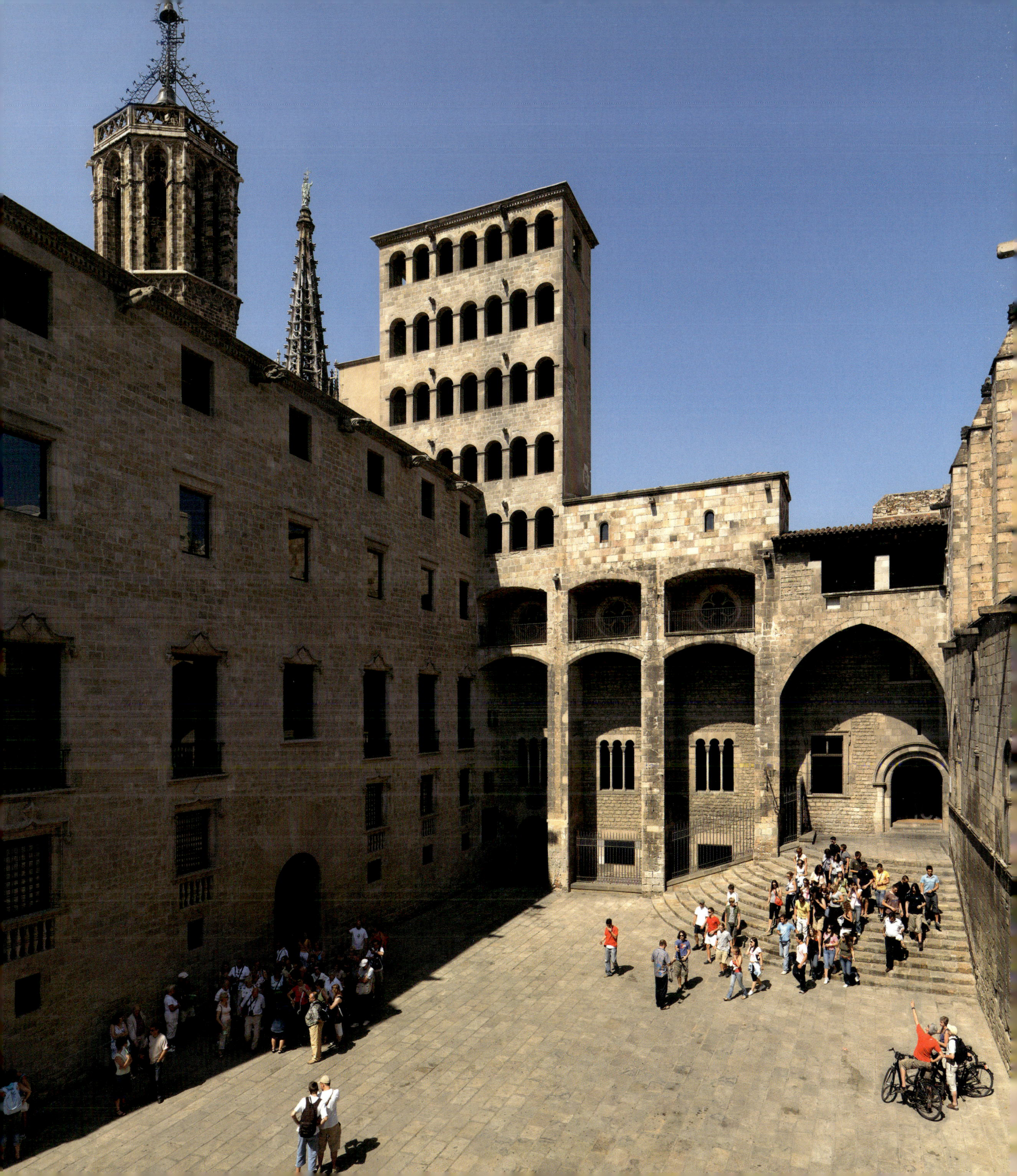

Vam xerrar de banalitats, vam fer tombs al Born, vam prendre xocolata prop del Parc, vam caminar Rambla amunt: vaig deixar-la a la porta de casa seva sense haver-li tocat ni un cabell, però amb el seu número de telèfon a la butxaca.

Quim Monzó, *El regne vegetal*

We chatted about nothing, wandered around the Born district, had some hot chocolate near the Park, walked up the Rambla: I left her at the door to her house without having touched a hair on her head, but with her telephone number in my pocket.

El regne vegetal,
Quim Monzó

Charlamos de banalidades, dimos vueltas por el Borne, tomamos chocolate cerca del parque, paseamos Rambla arriba. La dejé a la puerta de su casa sin haberle tocado ni un pelo, pero con su número de teléfono en el bolsillo.

El regne vegetal,
Quim Monzó

Principat

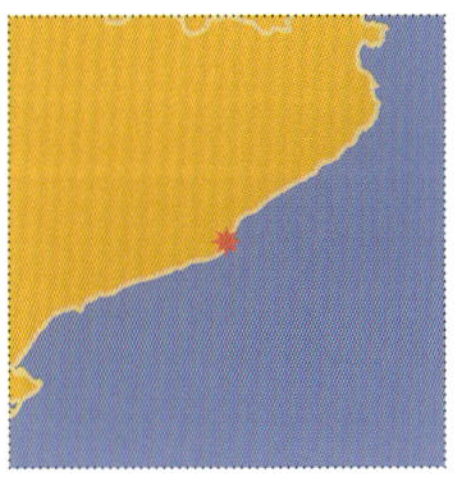

Barcelona
La Rambla

La Rambla és l'arteria central de Barcelona, que enllaça la plaça de Catalunya amb la mar i bomba nit i dia fluxos interminables d'ebullició i sang, de persones, sempre viva i diferent. El carrer més turístic i trepitjat de Barcelona, el de les parades de flors, el Liceu i el monument a Colom, és un antic torrent; el nom prové de l'àrab *ramla*, «sorral». Vorejat d'espais destacats de la ciutat, com el Mercat de la Boqueria o la plaça Reial, el conegudíssim passeig té cinc noms diferents, segons el tram, cosa que ha donat peu que es conegui sovint amb el plural *les Rambles*: rambla de Canaletes, amb la font d'aquest nom, que obliga el qui en beu l'aigua a tornar a Barcelona; rambla dels Estudis, on hi havia la universitat fins que el rei Felip V la suprimí; rambla de les Flors, per raons evidents, coneguda també com a rambla de Sant Josep, per un antic convent; rambla dels Caputxins, igualment per un convent desaparegut, o del Centre, i rambla de Santa Mònica, per l'església d'aquest nom.

Barcelona
The Rambla

The Rambla is the central artery of Barcelona that links the Plaça de Catalunya with the sea, and pumps night and day unending flows of movement and blood, of people, always lively and different. The most touristic and walked-on street in Barcelona, with the flower stands, the Liceu and the monument to Columbus, it is an old stream; the name comes from the Arab *ramla*, sandy spot. Bordered by outstanding spaces in the city, such as the Boqueria market or the Plaça Reial, the world-famous avenue has five different names according to the section, something that has led to it being often known by the plural of *the Rambles*: Rambla de Canaletes, with the fountain of the same name, that obliges anyone who drinks the water to return to Barcelona; the Rambla dels Estudis, where the university was until King Felip V suppressed it; the Rambla de les Flors, for obvious reasons, also known as Sant Josep, due to an old convent; Rambla dels Caputxins, also named after a now disappeared convent, or Centre; and Rambla de Santa Mònica, after the church of the same name.

Barcelona
La Rambla

La Rambla es la arteria central de Barcelona, que enlaza la Plaza de Catalunya con el mar y bombea noche y día flujos interminables de ebullición y sangre, de personas, siempre viva y diferente. La calle más turística y pisada de Barcelona, la de los puestos de flores, el Liceu y el monumento a Colón, es un antiguo torrente; el nombre proviene del árabe *ramla*, «arenal». Bordeado de espacios destacados de la ciudad, como el mercado de la Boqueria o la Plaza Reial, el conocidísimo paseo tiene cinco nombres diferentes según el tramo, cosa que ha dado pie a que se le conozca a menudo por el plural, *las Ramblas*: rambla de Canaletes, con la fuente de este nombre, que obliga a quien bebe de su agua a regresar a Barcelona; la rambla dels Estudis, dónde había la universidad hasta que el rey Felipe V la suprimió; la rambla de les Flors, por razones evidentes, conocida también como de Sant Josep, por un antiguo convento; la rambla dels Caputxins, igualmente por un convento desaparecido, o del Centre; y la rambla de Santa Mònica, por la iglesia de este nombre.

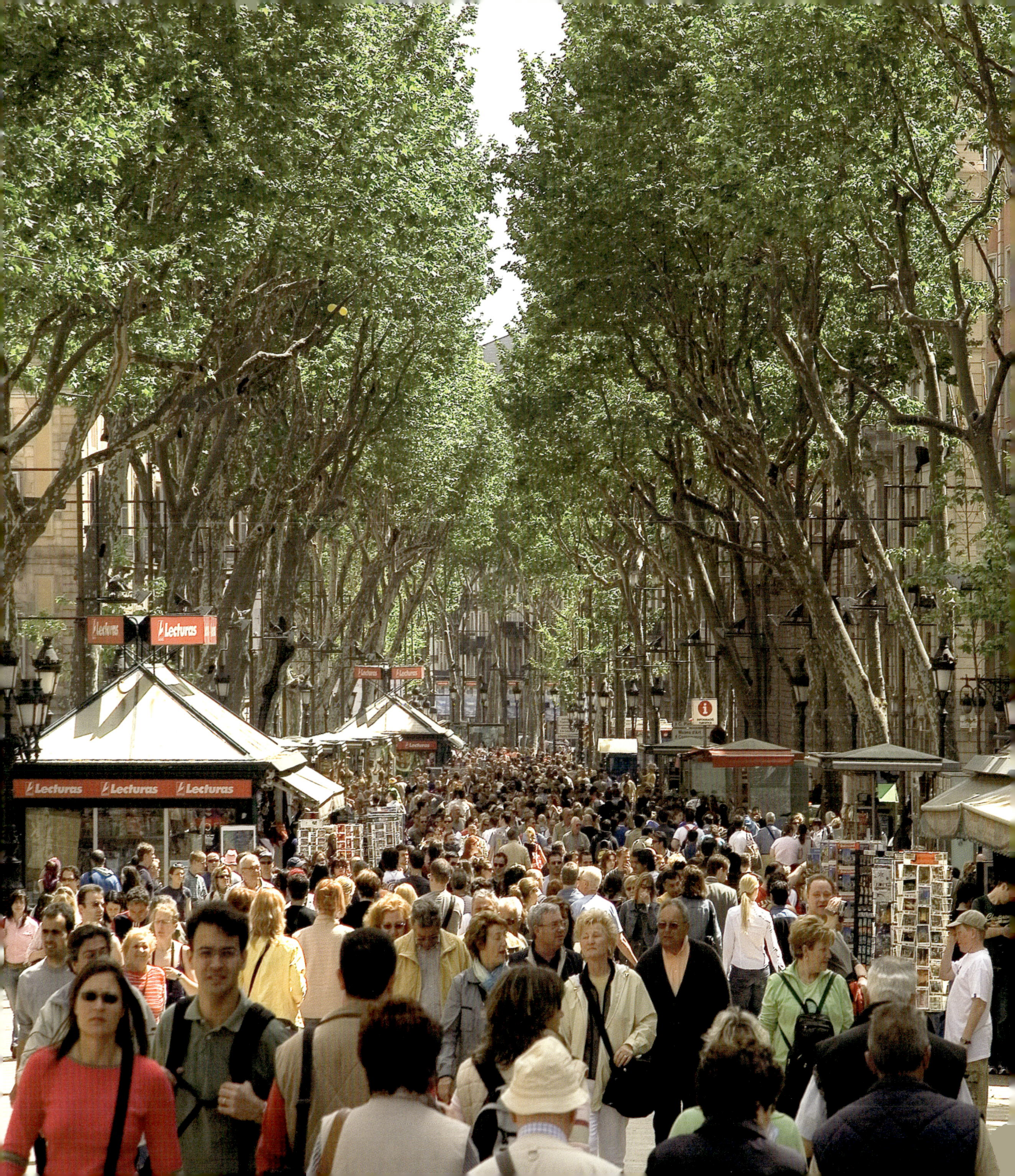
Lecturas
Lecturas
Lecturas Lecturas Lecturas

De tots els edificis, l'efecte més espectacular és el que produeix el Palau de la Música. Els qui s'hi acosten s'aturen per contemplar el grup escultòric que decora la façana i, de cop i volta, senten la necessitat irrefrenable de taral·lejar alguna melodia.

SERGI PÀMIES, *La gran novel·la sobre Barcelona*

Of all the buildings, the most spectacular effect is that created by the Palau de la Música. Those who approach it stop to take in the group of sculptures that decorates the façade and, all of a sudden, they feel the unstoppable urge to hum a tune.

La gran novel·la sobre Barcelona, Sergi Pàmies

De todos los edificios, el efecto más espectacular es el que produce el Palau de la Música. Los que se acercan se detienen para contemplar el grupo escultórico que decora la fachada y de pronto sienten la necesidad irrefrenable de tararear alguna melodía.

La gran novel·la sobre Barcelona, Sergi Pàmies

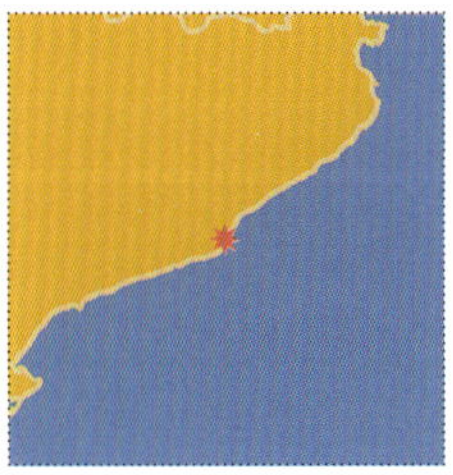

BARCELONA
EL PALAU DE LA MÚSICA

El Palau de la Música Catalana, construït entre 1905 i 1908 al centre de Barcelona, al barri de Sant Pere, va ser inclòs per l'UNESCO el 1997 en el catàleg de Patrimoni Comú de la Humanitat. Projectat per l'arquitecte barceloní Lluís Domènech i Montaner, és una obra d'estil modernista, que acull una de les més destacades sales de concerts de Catalunya, tant de música orquestral i instrumental com coral, oberta a diversos gèneres musicals. L'entitat propietària és l'Orfeó Català. El Palau ha vist passar per l'escenari i la platea concerts i fets històrics. La decoració, pel que fa a escultures, mosaics, vidre i peces arquitectòniques, és molt rica. Molts elements, tant de l'interior com de l'exterior, fan referència al món de la música, i l'escenari, per exemple, és flanquejat per bustos de Beethoven i del compositor català Clavé. Fa pocs anys que ha estat ampliat amb una nova ala, obra de l'arquitecte Òscar Tusquets, que allotja una altra sala de concerts.

BARCELONA
THE PALAU DE LA MÚSICA

The Palau de la Música Catalana, built between 1905 and 1908 in the centre of Barcelona, in the Sant Pere district, was included by UNESCO in 1997 in the catalogue of World Heritage Sites. Planned by the Barcelona architect Lluís Domènech i Montaner, it is a work in Modernist style that houses one of the most outstanding concert halls in Catalonia, for both orchestral and instrumental and choral music, open to diverse musical genres. It is owned by the Orfeó Català, and has seen historic concerts and events take place on its stage and stalls. The decoration, with sculptures, mosaics, glasswork and architectural pieces, is very rich. Many elements, both inside and outside, refer to the world of music, and as an example the stage is flanked by busts of Beethoven and the Catalan composer Clavé. Just a few years ago it was enlarged with a new wing, work of the architect Òscar Tusquets, which houses another concert hall.

BARCELONA
EL PALAU DE LA MÚSICA

El Palau de la Música Catalana, construido entre 1905 y 1908 en el centro de Barcelona, en el barrio de Sant Pere, fue incluido por la UNESCO en 1997 en el catálogo de Patrimonio Común de la Humanidad. Proyectado por el arquitecto barcelonés Lluís Domènech i Montaner, es una obra de estilo modernista que acoge una de las más destacadas salas de conciertos de Cataluña, tanto de música orquestal e instrumental como coral, abierta a varios géneros musicales. La entidad propietaria es el Orfeó Català, y ha visto pasar por su escenario y platea conciertos y hechos históricos. La decoración, con respecto a esculturas, mosaicos, vidrio y piezas arquitectónicas, es muy rica. Muchos elementos, tanto del interior como del exterior, hacen referencia al mundo de la música, y, por ejemplo, el escenario está flanqueado por bustos de Beethoven y del compositor catalán Clavé. Hace pocos años que ha sido ampliado con una nueva ala, obra del arquitecto Òscar Tusquets, que aloja otra sala de conciertos.

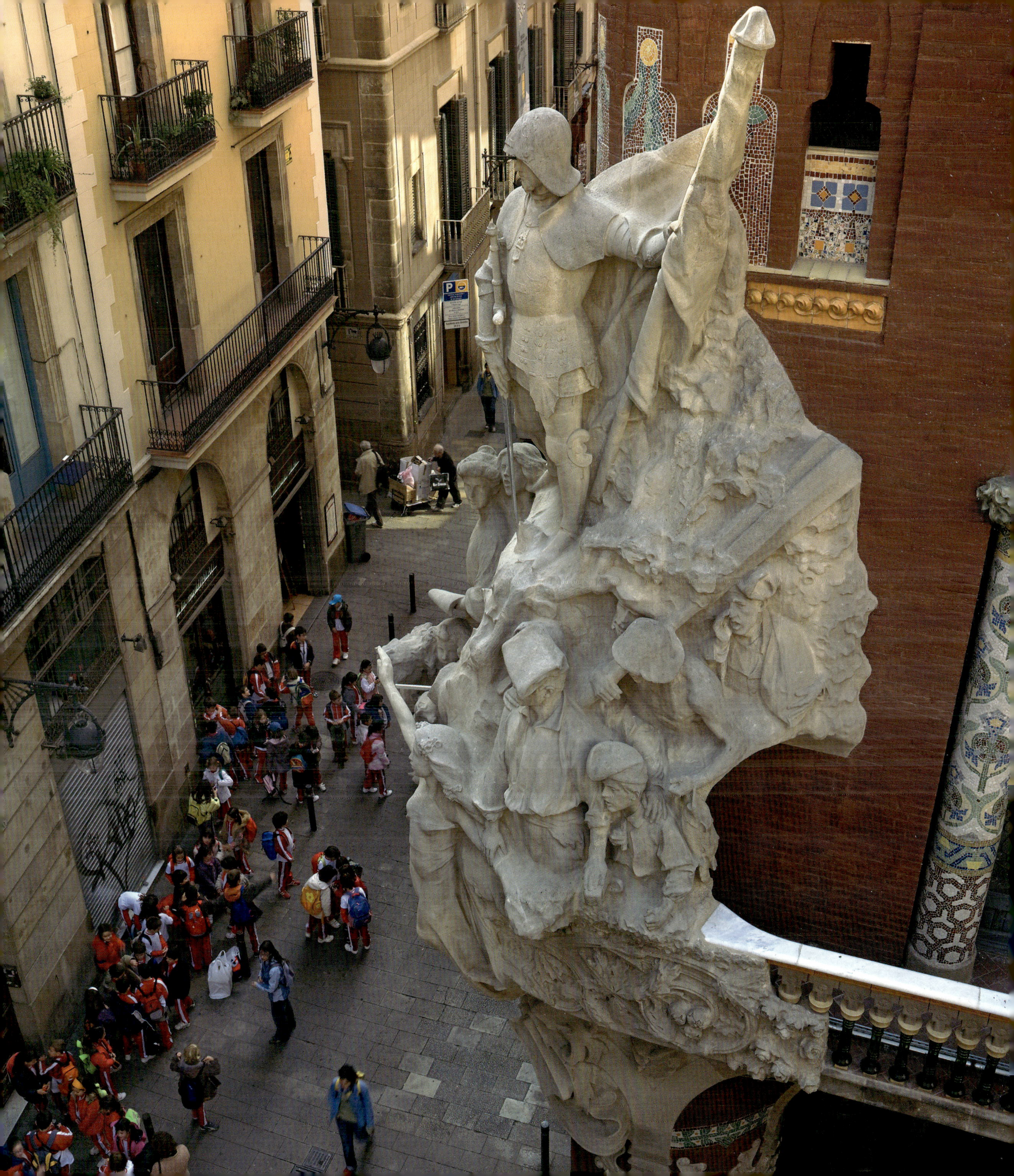

Corre enllà, corre enllà, corre enllà, Barcelona,
que ja et cal ésse' un altra per ésser la que deus;
perquè ets alta i airosa i fas molta planta,
però bé et fa falta encara molt més del que téns.

JOAN MARAGALL, *Oda nova a Barcelona*

Run there, run there, run there, Barcelona, / Now you have to be another, to be what you should be; because you are tall and graceful and you look fine, / but you still lack much more than you have.

Oda nova a Barcelona,
Joan Maragall

Corre, corre, corre, Barcelona, / que te hace falta ser otra para ser la que debes; / porque eres alta y airosa y tienes buena planta, / pero bien te falta aún mucho más de lo que tienes.

Oda nova a Barcelona,
Joan Maragall

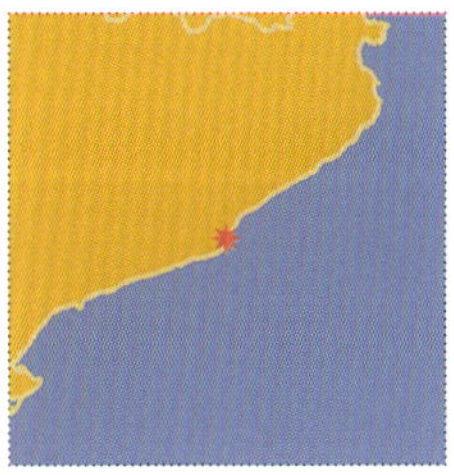

**BARCELONA
PARK GÜELL**

Es podria dir que ja s'ha escrit tot sobre el modernisme, l'estil artístic desenvolupat entre finals del segle XIX i la segona dècada del XX. Part d'un moviment europeu, el modernisme català, de l'arquitectura a les arts decoratives, la música i la literatura, s'ha convertit en una de les seves millors cartes de presentació internacional. En literatura, ha llegat grans noms, com Joan Maragall, Santiago Rusiñol –també pintor–, Narcís Oller, Víctor Català, Puig i Ferreter... En arquitectura, hi ha exemples d'importants edificis modernistes, en ciutats com Barcelona, Reus o d'altres; i qualsevol persona del nostre país o que el visiti coneix de memòria noms destacats d'aquest estil, com ara Antoni Gaudí, Puig i Cadafalch, o Domènech i Montaner. Tanmateix, no tot és escrit encara, perquè queden molts arquitectes per reivindicar o descobrir al món, com el tarragoní Josep Maria Jujol, per qui s'ha interessat el cineasta John Malkovich, o el barceloní Manuel Sayrach, autor de la Casa Sayrach, a l'avinguda Diagonal de Barcelona.

**BARCELONA
PARK GÜELL**

It could be said that everything has already been written about Modernism, the artistic style developed between the end of the 19th and first two decades of the 20th century. Part of a European movement, Catalan Modernism, in architecture and the decorative arts, music and literature, has become one of its best international visiting cards. In literature, it has left great names such as Joan Maragall, Santiago Rusiñol –also a painter–, Narcís Oller, Víctor Català, Puig i Ferreter... In architecture the examples, in cities such as Barcelona or Reus, and the triad formed by Puig i Cadafalch, Domènech i Montaner and Antoni Gaudí could be recited by heart by any inhabitant or visitor of our country. Moreover, not everything has been written yet, because there are many architects remaining to reclaim or to be discovered in the world, such as Josep Maria Jujol from Tarragona, who has interested the filmmaker John Malkovich, or Manuel Sayrach from Barcelona, author of the Casa Sayrach in Avinguda Diagonal in Barcelona.

**BARCELONA
PARK GÜELL**

Se podría decir que ya se ha escrito todo sobre el modernismo, el estilo artístico desarrollado entre finales del siglo XIX y la segunda década del XX. Parte de un movimiento europeo, el modernismo catalán, de la arquitectura a las artes decorativas, la música y la literatura, se han convertido en una de sus mejores cartas de presentación internacionales. En literatura, ha legado grandes nombres como Joan Maragall, Santiago Rusiñol –también pintor–, Narcís Oller, Víctor Català, Puig i Ferreter... En arquitectura, existen ejemplos de importantes edificios modernistas en ciudades como Barcelona, Reus y otras; cualquier persona de nuestro país, incluso la mayoría de visitantes, conoce de memoria autores destacados de este estilo, como Antoni Gaudí, Puig i Cadafalch o Domènech i Montaner. Aun así, no todo está escrito todavía, porque quedan muchos arquitectos por reivindicar o descubrir al mundo, como el tarraconense Josep Maria Jujol, por quien se ha interesado el cineasta John Malkovich, o el barcelonés Manuel Sayrach, autor de la Casa Sayrach, en la avenida Diagonal de Barcelona.

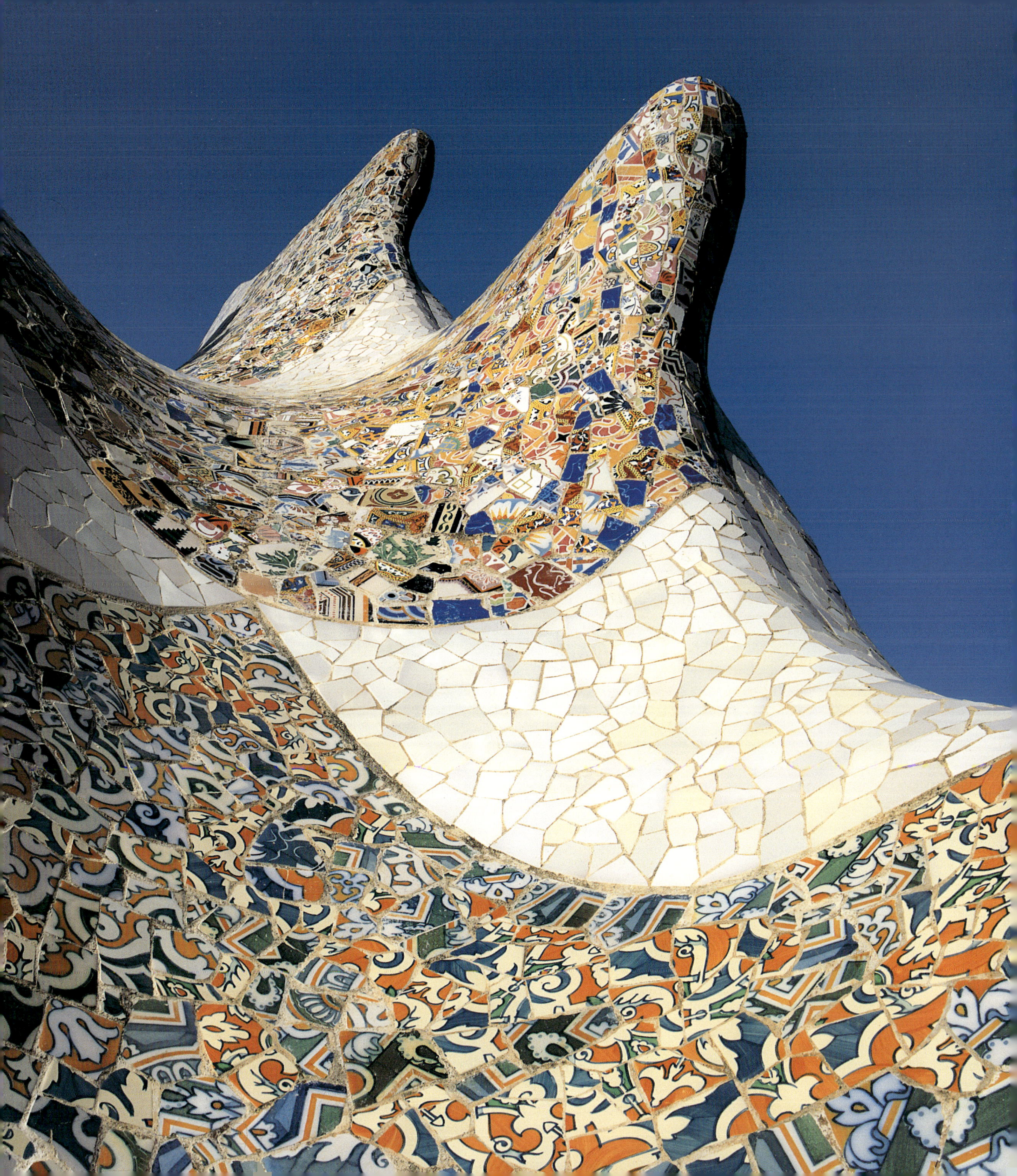

A l'Eixample, des de sempre,
els carrers són uns camins
més amens que les dreceres
de la selva, les forests,
de Brasil o d'Indonèsia...

Miquel Bauçà, *El canvi: des de l'Eixample*

In Eixample, it has always been so,
the streets are paths
more alive than the short cuts
of the jungle, the forests,
of Brazil or Indonesia...

El canvi: des de l'Eixample,
Miquel Bauçà

En el Ensanche, desde siempre,
las calles son caminos
más amenos que los senderos
de la selva, los bosques
de Brasil o de Indonesia...

El canvi: des de l'Eixample,
Miquel Bauçà

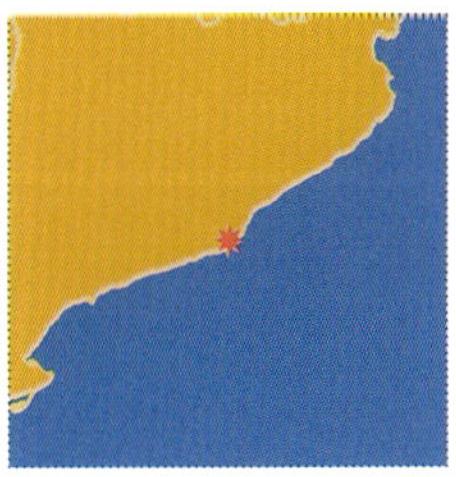

Barcelona L'Eixample i la Sagrada Família

L'Eixample, amb la seva trama regular d'illes octogonals, és un dels districtes més identificatius de Barcelona, que conté alguns dels carrers i places més recognoscibles de la ciutat, com el passeig de Gràcia, la rambla de Catalunya o la plaça de Catalunya. Es va començar a edificar a la segona meitat del segle XIX, quan van ser enderrocades les muralles, que impedien el creixement demogràfic i industrial de la ciutat. A finals d'aquell segle, el 1884, el jove arquitecte Antoni Gaudí era encarregat de construir la Sagrada Família, en terrenys situats en aquest districte. El temple expiatori, que ocupà en exclusiva els últims anys de la vida de l'arquitecte, el qual fins i tot vivia al recinte de l'obra, és de ben segur el monument més visitat de Catalunya. La UNESCO n'ha declarat Patrimoni de la Humanitat la cripta i la façana del Naixement, que va ser pràcticament completada en vida de Gaudí, al costat d'altres obres de l'arquitecte.

Barcelona Eixample and the Sagrada Família

Eixample, with its regular layout of octagonal islands, is one of the most identifiable districts of Barcelona, which possesses some of the most recognisable streets and squares in the city, such as Passeig de Gràcia, Rambla de Catalunya or Plaça de Catalunya. Building the area began in the second half of the 19th century, when the city walls were knocked down, as they were restricting the demographic and industrial growth of the city. Towards the end of that century, in 1884, the young architect Antoni Gaudí was entrusted to build the Sagrada Família, on land located in this district. The expiatory temple, to which the architect dedicated exclusively the latter years of his life, and who even lived on the site of the work, is in all probability the most-visited monument in Catalonia. UNESCO declared the crypt and the Nativity Façade a World Heritage Site, the latter being almost completed in Gaudí's lifetime, alongside other works by the architect.

Barcelona El Ensanche y la Sagrada Familia

El Ensanche, con su trama regular de manzanas octogonales, es uno de los distritos más identificativos de Barcelona, que contiene algunas de las calles y plazas más reconocibles de la ciudad, como el paseo de Gràcia, la Rambla de Catalunya o la plaza de Catalunya. Se empezó a edificar durante la segunda mitad del siglo XIX, cuando fueron derrocadas las murallas, que impedían el crecimiento demográfico e industrial de la ciudad. A finales de aquel siglo, en 1884, el joven arquitecto Antoni Gaudí recibía el encargo de construir la Sagrada Familia, en terrenos situados en este distrito. El templo expiatorio, que ocupó en exclusiva los últimos años de vida del arquitecto, que vivía incluso en el recinto de la obra, es con toda probabilidad el monumento más visitado de Cataluña.
La UNESCO ha declarado Patrimonio de la Humanidad la cripta y la fachada del Nacimiento (que fue prácticamente completada en vida de Gaudí), junto con otras obras del arquitecto.

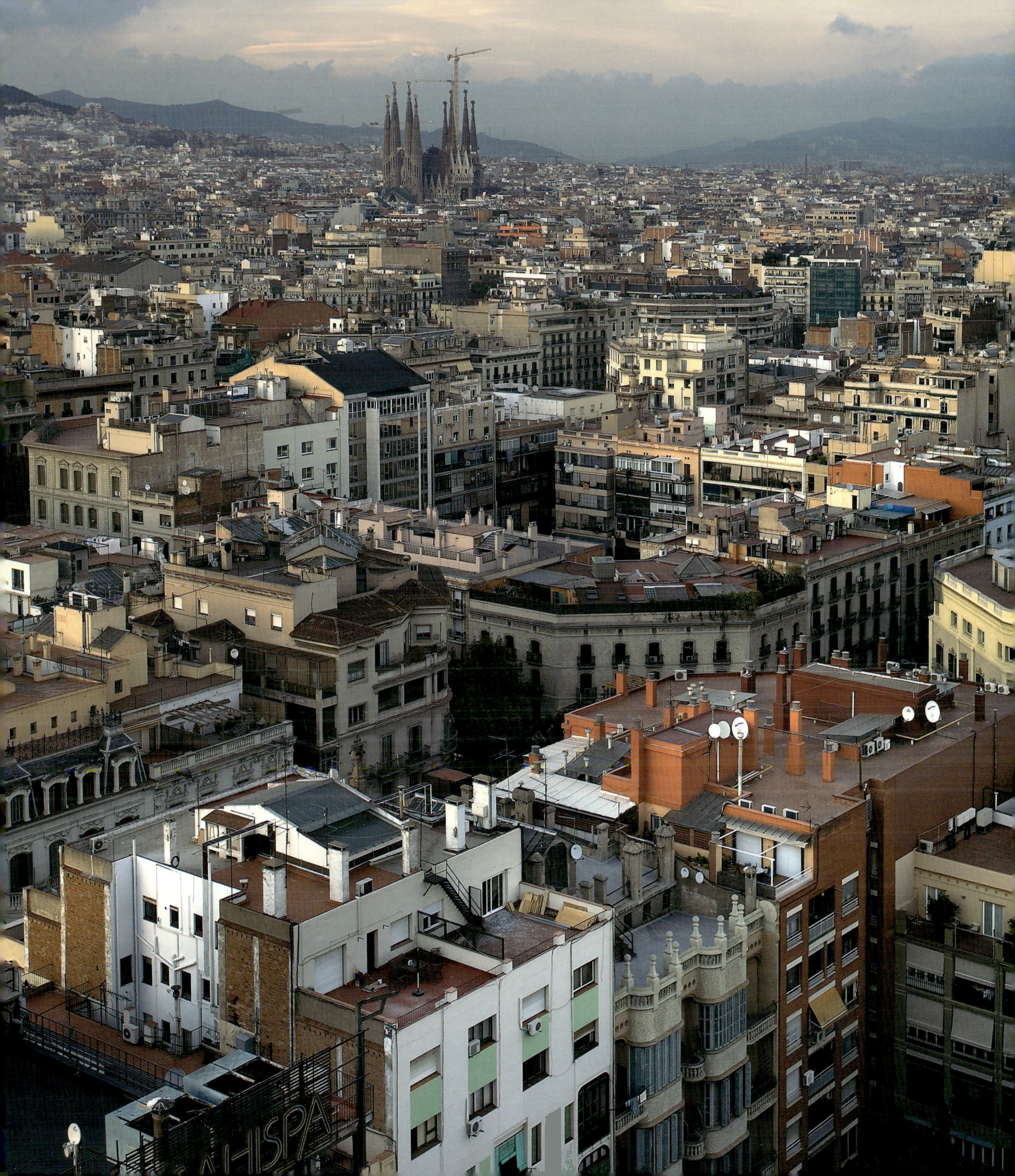

El propietari únic del «Cu-cut!» era un borsista, Josep Bagunyà. [...] fundat a primers de segle, era catalanista burgès cent per cent, incondicional de la Lliga Regionalista.

Gaziel, *Tots els camins duen a Roma*

The sole owner of the "Cu-cut!" was a stockbroker, Josep Bagunyà [...] Founded at the turn of the century, it was one hundred percent nationalist bourgeois, an absolute must for the people of the Lliga Regionalista.

Tots els camins duen a Roma
Gaziel

El propietario único del «Cu-cut!», fundado a principios de siglo, era un bolsista, Josep Bagunyà [...] catalanista burgués al cien por cien, incondicional de la Lliga Regionalista.

Tots els camins duen a Roma
Gaziel

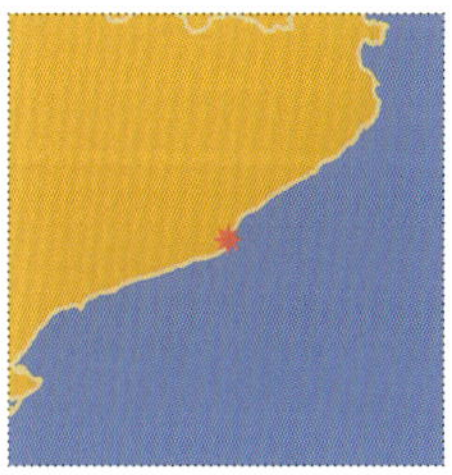

Barcelona
Nan Cu-cut

Bestiari, gegants i diables són tres de les moltes manifestacions de la cultura tradicional de les terres de parla catalana. Conformen una imatgeria que identifica i cohesiona els habitants de pobles i ciutats, i surten a les festes populars. Les parelles de gegants són, amb els nans o capgrossos, un dels elements simbòlics de les festes principals, i molts porten els noms dels patrons de la població. El Cu-cut de la plaça Nova, al barri gòtic de Barcelona, és un dels nans de la ciutat. Basat en el personatge que representava la popular revista satírica catalana de la primeria del segle xx, un pagès amb barretina –gorra tradicional del Principat–, la figura original es va construir a Olot el 1907. Aquella, que participava en les festes de Sant Roc de la plaça Nova, es va fer malbé l'any 1924, i l'actual és de 1986. La revista que li dóna nom va editar-se entre 1902 i 1912, i la seva redacció va ser destruïda per un grup de militars ofesos per un acudit que ridiculitzava les seves derrotes.

Barcelona
Nan Cu-cut

Bestiary, giants and devils are three of the many manifestations of the traditional culture of the Catalan-speaking lands. They make up an imagery that identifies and brings together the inhabitants of towns and cities, and arise from the popular festivals. The pairs of giants are, along with the *nans* or bigheads, one of the symbolic elements of the main festivals, and many carry the names of the patron saints of the town. The Cu-cut of Plaça Nova, in the Gothic quarter of Barcelona, is one of the *nans* of the city. Based on the character that represented the popular Catalan satirical magazine from the first half of the 20th century, a peasant with *barretina* –traditional Catalan cap–, the original figure was built in Olot in 1907. That one, which took part in the festivals of Sant Roc in the Plaça Nova, was damaged in 1924 and the current one dates from 1986. The magazine that gave it its name was published between 1902 and 1912, and its offices were destroyed by a group of soldiers, offended by a joke that ridiculed their defeats.

Barcelona
Nan Cu-cut

Bestiario, gigantes y diablos son tres de las muchas manifestaciones de la cultura tradicional de las tierras de habla catalana. Conforman una imaginería que identifica y cohesiona los habitantes de pueblos y ciudades, y salen en las fiestas populares. Las parejas de gigantes son, con los cabezudos, uno de los elementos simbólicos de las fiestas principales, y muchos llevan los nombres de los patronos de la población. El Cu-cut de la plaza Nova, en el barrio gótico de Barcelona, es uno de los cabezudos de la ciudad. Basado en el personaje que representaba la popular revista satírica catalana de principios del siglo xx, un labrador con barretina –gorra tradicional del Principado–, la figura original se construyó en Olot en 1907. Aquella, que participaba en las fiestas de Sant Roc de la plaza Nova, se estropeó en el año 1924 y la actual es de 1986. La revista que le da nombre se editó entre 1902 y 1912, y su redacción fue destruida por un grupo de militares ofendidos por un chiste que ridiculizaba sus derrotas.

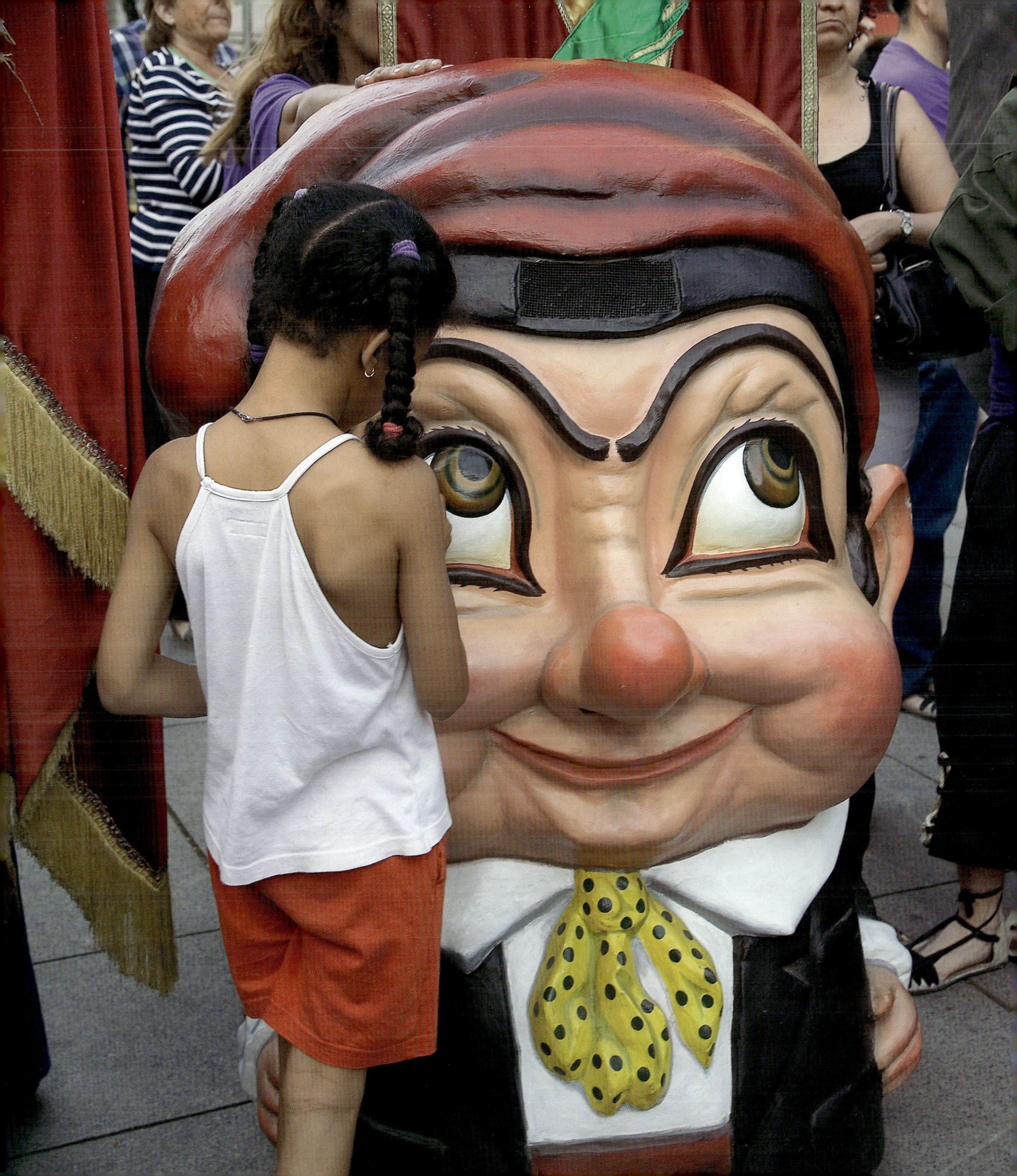

Fill del Camp de Tarragona, com Joan Miró, i com ell enamorat de la natura, Antoni Gaudí la va sotmetre minuciosament a la seva observació i en va extreure les lleis que la configuren orgànicament.

Joan Perucho, *Teoria de Catalunya*

Native of Camp de Tarragona, like Joan Miró, and like him in love with nature, Antoni Gaudí subjected it meticulously to his observation and extracted the laws that shape it organically.

Teoria de Catalunya,
Joan Perucho

Hijo del Camp de Tarragona, como Joan Miró, y como él enamorado de la naturaleza, Antonio Gaudí la sometió a su minuciosa observación y dedujo las leyes que la configuran orgánicamente.

Teoria de Catalunya,
Joan Perucho

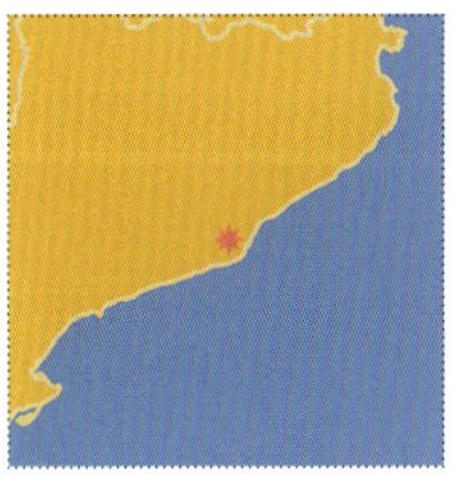

Santa Coloma de Cervelló Cripta de la Colònia Güell

El 1898, Eusebi Güell, mecenes d'Antoni Gaudí, per a qui havia dissenyat el Park Güell i el Palau Güell, li va encarregar un edifici religiós per als treballadors de la seva colònia industrial, situada a Santa Coloma de Cervelló i començada a construir el 1890. Gaudí va projectar una església, de la qual només es va construir la part inferior, la Cripta de la Còlonia Güell, declarada Patrimoni de la Humanitat el 2005. Gaudí va abandonar-ne la construcció el 1914. L'obra, inacabada, li va servir per a provar solucions que després aplicaria a la Sagrada Família. Güell va establir la seva colònia, formada per recinte industrial i habitatges, al municipi de Santa Coloma de Cervelló, pròxim a Barcelona, a la comarca del Baix Llobregat. L'edifici de Gaudí singularitza arquitectònicament el conjunt urbà, avui barri de la població. El 2002 l'arquitecte Antoni González Moreno-Navarro va fer-ne una restauració, força discutida aleshores.

Santa Coloma de Cervelló. Crypt of the Colònia Güell

In 1898, Eusebi Güell, Antoni Gaudí's patron, who had him design the Park Güell and the Palau Güell for him, entrusted him to build a religious building for the workers of his industrial village, located in Santa Coloma de Cervelló, work on which started in 1890. Gaudí planned a church, of which only the lower part was ever completed, the Crypt of the Còlonia Güell, declared a World Heritage Site in 2005. Gaudí abandoned the construction project in 1914. The unfinished work served him to test solutions that he would later apply to the Sagrada Família. Güell set up his village, made up of an industrial zone and housing, in the municipality of Santa Coloma de Cervelló, close to Barcelona, in the county of Baix Llobregat. Gaudí's building architecturally singularises the urban whole, today a district of the town. In 2002 the architect Antoni González Moreno-Navarro undertook a restoration, highly controversial at the time.

Santa Coloma de Cervelló Cripta de la Colonia Güell

En 1898, Eusebi Güell, mecenas de Antoni Gaudí, para quien había diseñado el Park Güell y el Palacio Güell, le encargó un edificio religioso para los trabajadores de su colonia industrial, situada en Santa Coloma de Cervelló y empezada a construir en 1890. Gaudí proyectó una iglesia, de la cual sólo se construyó la parte inferior, la Cripta de la Colonia Güell, declarada Patrimonio de la Humanidad en 2005. Gaudí abandonó la construcción en 1914. La obra, inacabada, le sirvió para probar soluciones que después aplicaría en la Sagrada Familia. Güell estableció su colonia, formada por un recinto industrial y viviendas, en el municipio de Santa Coloma de Cervelló, próximo a Barcelona, en la comarca del Baix Llobregat. El edificio de Gaudí singulariza arquitectónicamente el conjunto urbano, hoy barrio de la población. En 2002 el arquitecto Antoni González Moreno-Navarro hizo una restauración, bastante discutida entonces.

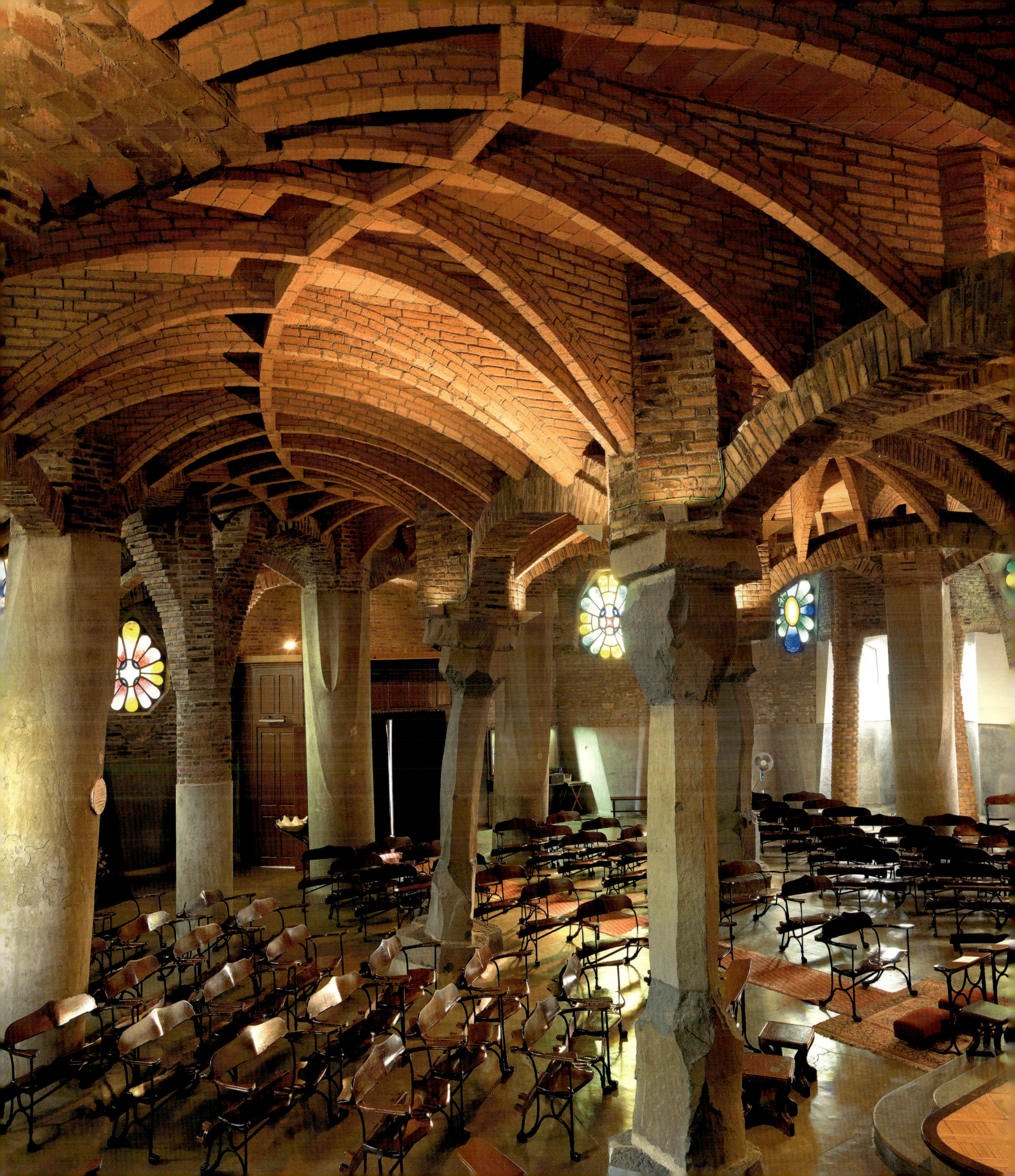

Caldrà que un dia anem a Sitges
i prop les barques, ajaguts, veurem l'església blanca;
no tot és mort. Fes-me el favor de creure,
no pas en mi, de creure
que les coses per mi són per ser dites.

JOAN VINYOLI, *Algú que ve de lluny*

We will have to go to Sitges one day / and close to the boats, lying down, we will see the white church; / not everything is dead. Do me the favour of believing, / not in me, of believing / that things for me are for being said.

Algú que ve de lluny,
Joan Vinyoli

Un día tendremos que ir a Sitges / y junto a las barcas, acostados, veremos la iglesia blanca; / no todo está muerto. Hazme el favor de creer, / no en mí, de creer / que las cosas para mí están para ser dichas.

Algú que ve de lluny,
Joan Vinyoli

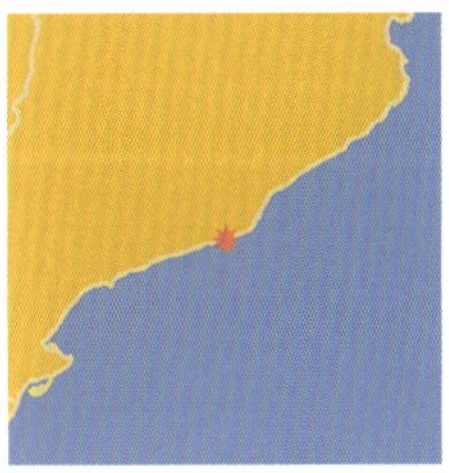

SITGES

Sitges és a la Mediterrània, però per l'aspecte blanc i lluminós podria ser, com han escrit força autors, a Cuba o Grècia, o entre Cuba i Grècia. Una de les destinacions preferides del litoral del Principat de Catalunya per persones d'arreu del món, va acumulant al nucli de sitgetans «de sempre» –tothom en pot ser, de fet– capes de nous habitants i visitants; sitgetans i sitgetanes d'adopció, que conviuen en calma i tolerància: residents il·lustres (escriptors, esportistes...), practicants d'esports d'estiu, participants en congressos, aficionats al cinema –s'hi fa un bon festival internacional–, els que hi fan escapades de cap de setmana –és a prop de la gran urbs i de l'aeroport del Prat–, públic homosexual, artistes –des que Santiago Rusiñol la va fer capital del modernisme–, etc. En tot el planeta hi trobarem algú que pot situar al mapa aquesta vila: molt poc al sud de la conurbació metropolitana de Barcelona, a la comarca del Garraf, on el massís muntanyós d'aquest nom toca la mar.

SITGES

Sitges is in the Mediterranean, but for its white and luminous appearance it could be, as many writers have stated, in Cuba or Greece, or between Cuba and Greece. One of the top seaside destinations in the Principality of Catalonia for people from all over the world, the core of "traditional" local people from Sitges –everyone can be, in fact– accumulated layers of new inhabitants and visitors. Natives of Sitges by adoption, who live alongside each other in calm and tolerance: illustrious residents –writers, sportsmen and women...– summer sports players, participants in congresses, film fans –there is an excellent international festival–, those on weekend escapades –it is close to the big city and Prat airport–, gay public, artists –since Santiago Rusiñol made it the capital of Modernism–, etc. Across the planet we will find someone who can identify this town on the map: a little to the south of the metropolitan conurbation of Barcelona, in the county of El Garraf, where the mountainous massif of the same name touches the sea.

SITGES

Sitges está en el Mediterráneo, pero por el aspecto blanco y luminoso podría estar, como han escrito bastantes autores, en Cuba o Grecia, o entre Cuba y Grecia. Uno de los destinos preferidos del litoral del Principado de Cataluña por personas de cualquier parte del mundo, va acumulando en el núcleo de sitgetanos de «siempre» –todo el mundo lo puede ser, de hecho– capas de nuevos habitantes y visitantes, sitgetanos y sitgetanas de adopción que conviven en calma y tolerancia: residentes ilustres (escritores, deportistas...), practicantes de deportes veraniegos, participantes en congresos, aficionados al cine –se celebra un buen festival internacional–, los que hacen escapadas de fin de semana –está cerca de la gran urbe y del aeropuerto del Prat–, público homosexual, artistas –desde que Santiago Rusiñol la hizo capital del modernismo–, etc. En cualquier parte del planeta encontraremos a alguien que puede situar en el mapa a esta villa: muy poco al sur de la conurbación metropolitana de Barcelona, en la comarca del Garraf, donde el macizo montañoso del mismo nombre toca al mar.

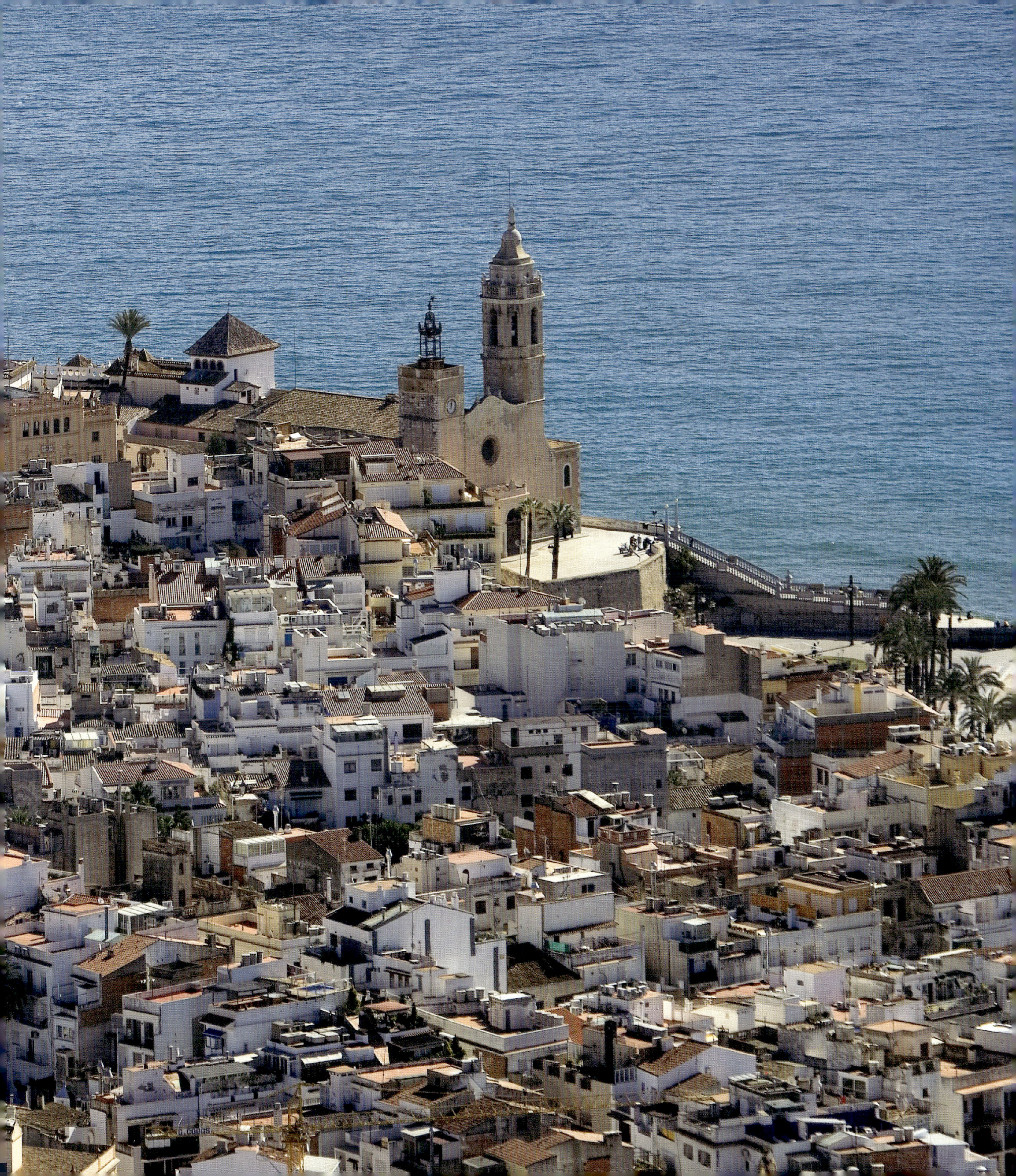

Adéu, vila regalada,
adéu, vila del Vendrell,
que fas una olor mesclada
de garrofa i vi novell.
Vibren cases blanquinoses
sota el dia solellós;
beuen les eugues, calmoses,
en els vells abeuradors.

Josep Carner, «De la vila del Vendrell», dins *Poesies escollides*.

Farewell, pleasant town,
farewell, town of Vendrell,
scented with a mixture
of carob bean and new young wine.
White houses vibrate
Beneath the sunlit day;
The mares drink, calmly,
from the old water troughs.

"De la vila del Vendrell"
Poesies escollides.
Josep Carner

Adiós, pueblo regalado,
adiós, pueblo del Vendrell,
con ese aroma mezclado
de algarroba, vino y miel.
Vibran casas blanquecinas
bajo el soleado cielo,
beben las yeguas, tranquilas,
en el viejo abrevadero.

«De la vila del Vendrell»
Poesies escollides.
Josep Carner

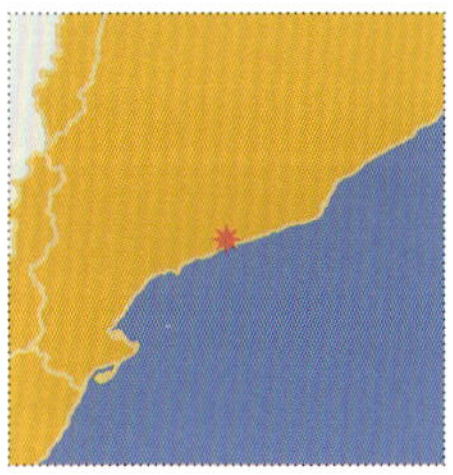

El Vendrell
Museu Pau Casals

El Vendrell és vila nadiua d'un dels més universals dels catalans universals: Pau Casals. El violoncellista i reconegut pacifista, mort a Puerto Rico el 1973, és enterrat al seu cementiri. Casals va néixer en aquesta població el 1876, i hi té dedicat un Auditori i una bellíssima Casa-Museu a la platja de Sant Salvador. El músic, de qui és molt celebrada la interpretació de la nadala popular catalana *El cant dels ocells* com a símbol mundial de pau, va compondre el 1971 l'*Himne de les Nacions Unides*. En ocasió de l'estrena, a la seu de l'ONU, va pronunciar aquestes paraules: «Jo sóc català. Catalunya avui és una província d'Espanya, però què ha estat Catalunya? Catalunya ha estat la nació més gran del món. Us explicaré per què. Catalunya va tenir el primer Parlament, molt abans que Anglaterra. Catalunya va tenir les primeres Nacions Unides. En el segle XI totes les autoritats de Catalunya es van reunir en una ciutat de França –aleshores Catalunya– per parlar de la pau, en el segle XI.»

El Vendrell
Pau Casals Museum

El Vendrell is the birthplace of one of the most universal of universal Catalans, Pau Casals. The cellist and recognised pacifist, who died in Puerto Rico in 1973, is buried in its cemetery. Casals was born in this town in 1876, and he has an Auditorium dedicated to him and a beautiful House-Museum on the beach of Sant Salvador. The musician, who was famous for his interpretation of the popular Catalan Christmas carol *El cant dels ocells*, as a symbol of word peace, composed, in 1971, the *Hymn of the United Nations*. At its premiere, in the headquarters of the UN, he spoke these words: "I am Catalan. Catalonia today is a province of Spain, but what was Catalonia? Catalonia was the biggest nation in the world. I will explain why. Catalonia had the first Parliament, well before England did. Catalonia had the first United Nations. In the 11th century all the authorities of Catalonia met in a city in France –at the time Catalonia– to speak of peace, in the 11th century."

El Vendrell
Museo Pau Casals

El Vendrell es villa natal de uno de los más universales de los catalanes universales: Pau Casals. El violoncelista y reconocido pacifista, muerto en Puerto Rico en 1973, está enterrado en su cementerio. Casals nació en esta población en 1876, y tiene dedicado un Auditorio y una bellísima Casa-Museo en la playa de Sant Salvador. El músico, de quien es muy celebrada la interpretación del villancico popular catalán *El cant dels ocells* como símbolo mundial de paz, compuso en 1971 el *Himno de las Naciones Unidas*. Con ocasión de su estreno, en la sede de la ONU, pronunció estas palabras: «Yo soy catalán. Cataluña hoy es una provincia de España, pero ¿qué ha sido Cataluña? Cataluña ha sido la nación más grande del mundo. Os explicaré porqué. Cataluña tuvo el primer Parlamento, mucho antes que Inglaterra. Cataluña tuvo las primeras Naciones Unidas. En el siglo XI todas las autoridades de Cataluña se reunieron en una ciudad de Francia –entonces Cataluña– para hablar de la paz, en el siglo XI.»

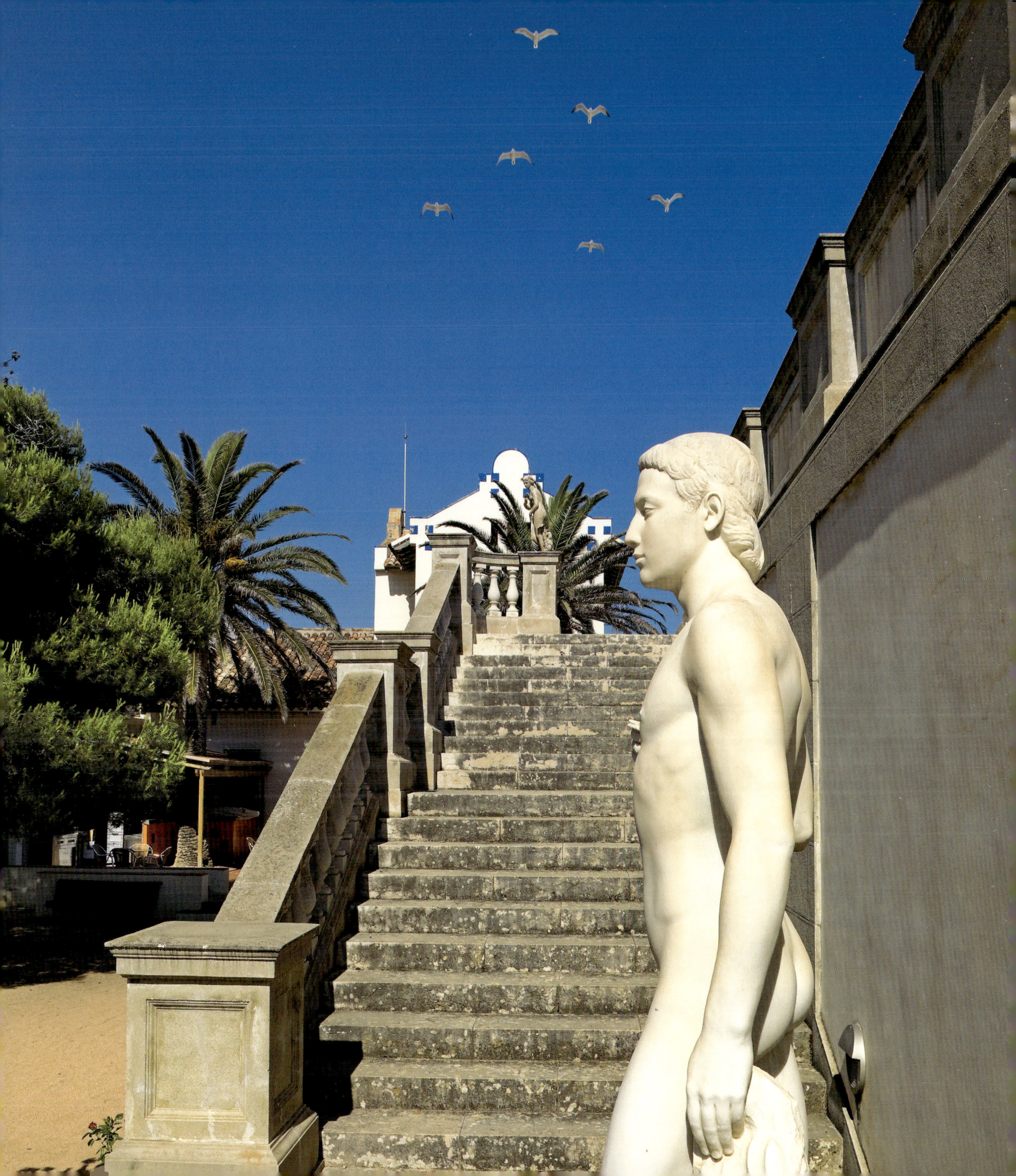

Prop del monestir de Poblet havien passat sempre la part d'estiu en que no estaven de viatge. Eren estius fructífers i tranquils. Al Cometa li agradava la casa dels avis de la Lot, el paisatge d'oliveres i ametllers, el clima.

Imma Monsó, *Un home de paraula*

Close to the monastery of Poblet, they had always spent the part of the summer when they were not travelling. They were productive and calm summers. Cometa liked Lot's grandparents' house, the scenery of olive and almond groves, the climate.

Un home de paraula,
Imma Monsó

Cerca del monasterio de Poblet habían pasado siempre los días del verano en que no estaban de viaje. Eran veranos fructíferos y tranquilos. A Cometa le gustaba la casa de los abuelos de Lot, el paisaje de olivos y avellanos, el clima.

Un home de paraula,
Imma Monsó

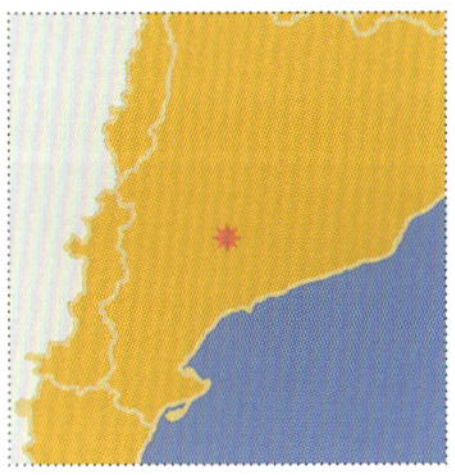

Monestir de Poblet
El Cister

El Monestir de Santa Maria de Poblet és un dels conjunts monàstics més importants d'Europa, declarat per la UNESCO el 1991 Patrimoni de la Humanitat. Situat a la comarca de la Conca de Barberà, a dins de la regió del Camp de Tarragona, es troba als peus de la serralada de les muntanyes de Prades. Poblet pertany a l'orde del Cister, el van fundar el 1150 monjos provinents de l'abadia francesa de Fontfroide i és el panteó reial de la Corona d'Aragó, amb tombes de monarques com Jaume I el Conqueridor. Des del moment de la fundació representa un lloc emblemàtic per als països que formaven part de l'antic regne. Alguns dels reis fins i tot van viure-hi, i el rei Martí l'Humà es va fer construir un palau al recinte. Josep Tarradellas, president de la Generalitat de Catalunya fins 1980, va donar el seu arxiu personal al monestir. Amb els monestirs catalans de Santes Creus i Vallbona de les Monges, Poblet forma la ruta del Cister, de caire cultural i turístic.

Monastery of Poblet
The Cistercian Order

The Monastery of Santa Maria de Poblet is one of the most important monastic complexes in Europe, declared by UNESCO in 1991 a World Heritage Site. Situated in the county of Conca de Barberà, within the region of Camp de Tarragona, it is placed at the foot of the Prades mountain. Poblet belongs to the Cistercian Order, founded in 1150 by monks from the French abbey of Fontfroide, and is the royal pantheon of the Crown of Aragon, with tombs of monarchs such as Jaume I the Conqueror. Since its founding it represented an emblematic spot for the countries that formed part of the old kingdom. Some kings even lived there, and King Martí the Humane built a palace in the precinct. Josep Tarradellas, President of the Generalitat de Catalunya until 1980, donated his personal archive to the monastery. With the Catalan monasteries of Santes Creus and Vallbona de les Monges, Poblet forms the Cistercian Route, of cultural and tourist interest.

Monasterio de Poblet
El Císter

El Monasterio de Santa Maria de Poblet es uno de los conjuntos monásticos más importantes de Europa, declarado por la UNESCO en 1991 Patrimonio de la Humanidad. Situado en la comarca de la Conca de Barberà, dentro de la región del Camp de Tarragona, se encuentra en la cordillera de las montañas de Prades. Poblet pertenece a la orden del Císter, lo fundaron en 1150 monjes provenientes de la abadía francesa de Fontfroide, y es el panteón real de la Corona de Aragón, con tumbas de monarcas como Jaime I el Conquistador. Desde el momento de su fundación representa un lugar emblemático para los países que formaban parte del antiguo reino. Algunos de los reyes incluso vivieron en él y el rey Martín el Humano se hizo construir un palacio en el recinto. Josep Tarradellas, presidente de la Generalitat de Cataluña hasta 1980, legó su archivo personal al monasterio. Con los monasterios catalanes de Santes Creus y Vallbona de les Monges, Poblet forma la ruta del Císter, de cariz cultural y turístico.

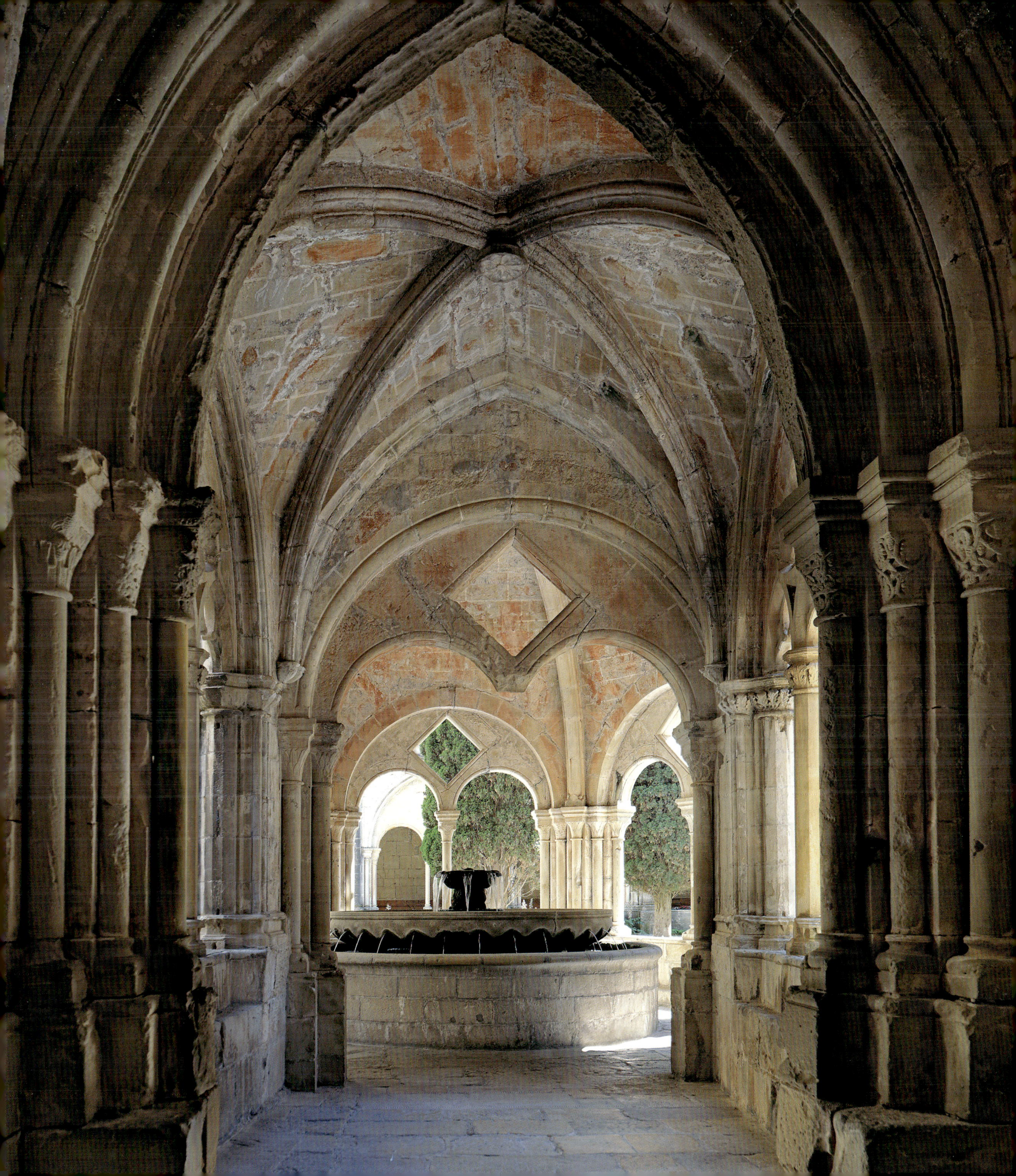

Mentre la solidaritat enfaixada i encaixada ens doni símbols transparents com aquest del nen que engega la por enlaire als quatre vents transformada en victòria dels hòmens sencers i units, considerem que la setmana ha valgut la difícil pena de treballar els uns per als altres i tots perquè els nens pugin drets.

Enric Casasses, *L'anxaneta*

While the tight-sashed solidarity provides us with transparent symbols such as the child who throws fear to the wind, transforming it into a victory of whole and united men, we think that the week has been well worth the hard task of working for each other and all together so that the children grow up straight.

L'anxaneta,
Enric Casasses

Mientras la solidaridad enfajada y encajada nos dé símbolos transparentes como éste del niño que expulsa su miedo, lanzándolo a los cuatro vientos, transformado en la victoria de los hombres sinceros y unidos, consideramos que ha valido la pena la semana, con las dificultades de trabajar los unos por los otros y todos para que los niños crezcan derechos.

L'anxaneta,
Enric Casasses

Principat

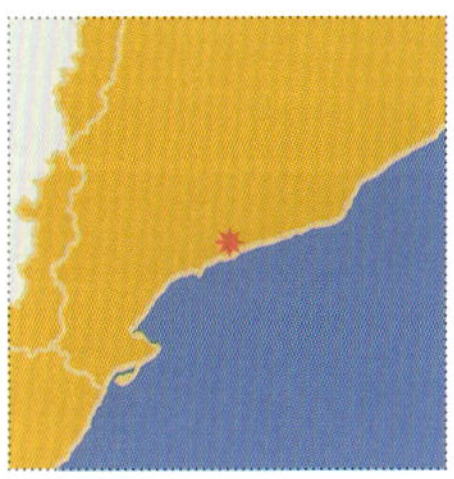

Castells
Valls

Els castells són, més que símbol, metàfora de la societat i manera de ser catalanes o, si no es vol ser tan transcendent, una tradició espectacular que fascina i emociona. És una construcció col·lectiva on cada persona és necessària i té una funció; una unió d'individus en un esforç comú, que s'identifiquen amb una camisa del color de cada colla, o grup d'una determinada població que rivalitza amb altres colles, sovint de la mateixa població. El seu lema, en paraules del poeta i compositor Josep Anselm Clavé, ha traspassat fronteres: *força, equilibri, valor i seny*, tot i que se sol oblidar la perícia, igualment imprescindible. La seva capacitat de convocatòria ha fet que, del seu bressol, a les regions del Camp de Tarragona i el Penedès, s'estengués a gairebé tot el Principat de Catalunya i més enllà: Mallorca, Catalunya del Nord... Nascut a finals del segle xviii o principis del xix, en aquest inici del segle xxi el fenomen casteller viu, o fins i tot ja ultrapassa, la seva segona edat d'or.

Castells (Human Towers)
Valls

The human towers, *castells*, are, more than a symbol, but a metaphor for Catalan society and the way of being or, if you do not want to be so transcendental, a spectacular tradition that fascinates and excites one. A group construction where every person is necessary and has their own function. A union of individuals in a shared effort, which is identified by a coloured shirt for each *colla*, or group from a specific town, which competes with other groups, often from the same town. Their slogan, in the words of the poet and composer Josep Anselm Clavé, has gone beyond frontiers: *strength, balance, courage and wisdom*, although skill is often left out, something also essential. Their capacity to mobilise people has meant that, from their birthplace in the regions of Camp de Tarragona and Penedès, they have spread to almost the entire Principality of Catalonia and beyond: Mallorca, Catalunya del Nord... Started at the end of the 18th or early 19th century, the *casteller* phenomenon is experiencing, or even surpassing, its second age of splendour.

Castells
Valls

Los *castells* son, más que un símbolo, metáfora de la sociedad y forma de ser catalanas o, si no se quiere ser tan trascendente, una tradición espectacular que fascina y emociona. Una construcción colectiva en la que cada persona es necesaria y tiene una función. Una unión de individuos en un esfuerzo común, que se identifica con una camisa del color de cada *colla*, o grupo de una determinada población, que rivaliza con otras *colles*, a menudo de la misma población. Su lema, en palabras del poeta y compositor Josep Anselm Clavé, ha trascendido fronteras: *fuerza, equilibrio, valor y buen juicio*, aun cuando se suele olvidar la pericia, igualmente imprescindible. Su capacidad de convocatoria ha hecho que, de su cuna, en las regiones del Camp de Tarragona y el Penedès, se extendiera por casi todo el Principado de Cataluña y más allá: Mallorca, Cataluña del Norte... Nacido a finales del siglo xviii o principios del xix, en este inicio del xxi el fenómeno *casteller* vive, o incluso ya ultrapasa, su segunda edad de oro.

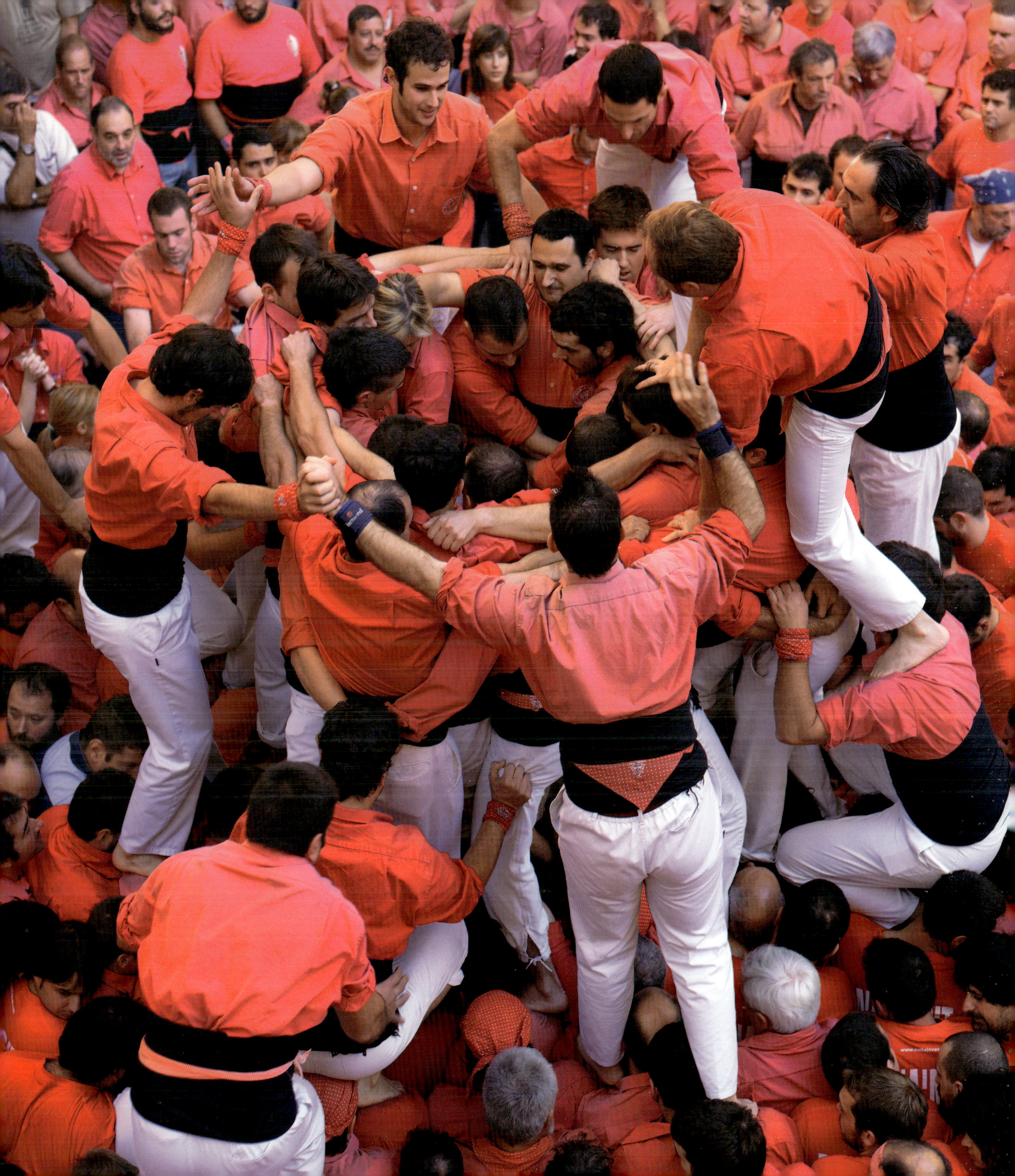

No hi ha res més, al món, i es fa de dia,
la terra és neta i els xiprers, amb urc,
fan senyals de victòria. La muralla, a l'ombra,
guarda en secret el pas de dos amants.

Olga Xirinacs, *La muralla*

There is nothing more, in the world, and day breaks, / The earth is clean and the cypress trees, with pride, / Make signs of victory. The wall, in the shade, / Guards as a secret the passing of two lovers.

La muralla,
Olga Xirinacs

No hay nada más en el mundo, y se hace de día, / la tierra es limpia y los cipreses, con orgullo / hacen signos de victoria. La muralla, a la sombra, / guarda en secreto el paso de dos amantes.

La muralla,
Olga Xirinacs

Principat

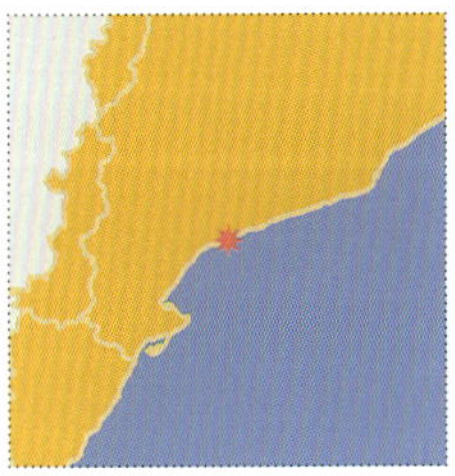

Tarragona
Muralla romana

Tarragona, fundada com a base militar de l'Imperi Romà el 218 aC, va ser la primera ciutat romana establerta fora de la Península Itàlica i de les illes pròximes a aquesta, i la capital de la província més extensa de l'imperi, la Citerior o Tarraconense. Ben a prop de la ciutat romana hi havia, al segle III aC, un dels poblaments ibèrics més importants del que és ara Catalunya, la ciutat de Kesse, pertanyent a la tribu dels cossetans. L'any 2000 la UNESCO va declarar Patrimoni Mundial el conjunt arqueològic de Tàrraco, que engloba catorze monuments de la ciutat de Tarragona i l'àrea circumdant, la comarca del Tarragonès; entre ells, la muralla, de les darreries del segle III aC, els fòrums Provincial i de la Colònia, el Circ, l'Amfiteatre, l'aqüeducte de les Ferreres, popularment «Pont del Diable», la Torre dels Escipions, la necròpolis cristiana, i, fora del municipi tarragoní, l'Arc de Berà, la vil·la dels Munts i el mausoleu de Centcelles.

Tarragona
Roman wall

Tarragona, founded as a military base of the Roman Empire in 218 BC, was the first Roman city established outside the Italian peninsula and the islands close to it, and the capital of the most extensive province of the empire, Citerior or Tarraconense. In the 3rd century BC, very close to the Roman city there had been one of the most important Iberian settlements of what is now Catalonia, the city of Kesse, belong to the Cessetan tribe. In 2000 UNESCO declared as a World Heritage Site the archaeological complex of Tárraco, which encompasses fourteen monuments of the city of Tarragona and its surrounding area, the county of Tarragonès. Among them features the wall, dating from late 3rd century BC, the Provincial and Colony Forums, the Circus, the Amphitheatre, the aqueduct of the Ferreres, popularly known as the "Devil's Bridge", the Tower of the Scipios, the Christian necropolis, and outside the city, the Arch of Berà, the town of Els Munts and the mausoleum of Centcelles.

Tarragona
Muralla romana

Tarragona, fundada como base militar del Imperio Romano en el 218 aC, fue la primera ciudad romana establecida fuera de la península Itálica y de las islas próximas a ésta, y la capital de la provincia más extensa del imperio, la Citerior o Tarraconense. Muy cerca de la ciudad romana había, en el siglo III aC, uno de los poblados ibéricos más importantes de lo que es ahora Cataluña, la ciudad de Kesse, perteneciente a la tribu de los cosetanos. En el año 2000 la UNESCO declaró Patrimonio Mundial el conjunto arqueológico de Tárraco, que engloba catorce monumentos de la ciudad de Tarragona y su área circundante, la comarca del Tarragonès; entre ellos, la muralla, de finales del siglo III aC, de la cual vemos la torre de Minerva, los Forums Provincial y de la Colonia, el Circo, el Anfiteatro, el acueducto de las Ferreres, popularmente «Pont del Diable», la Torre de los Escipiones, la necrópolis cristiana, y, fuera del municipio tarraconense, el Arco de Berà, la villa de Els Munts y el mausoleo de Centcelles.

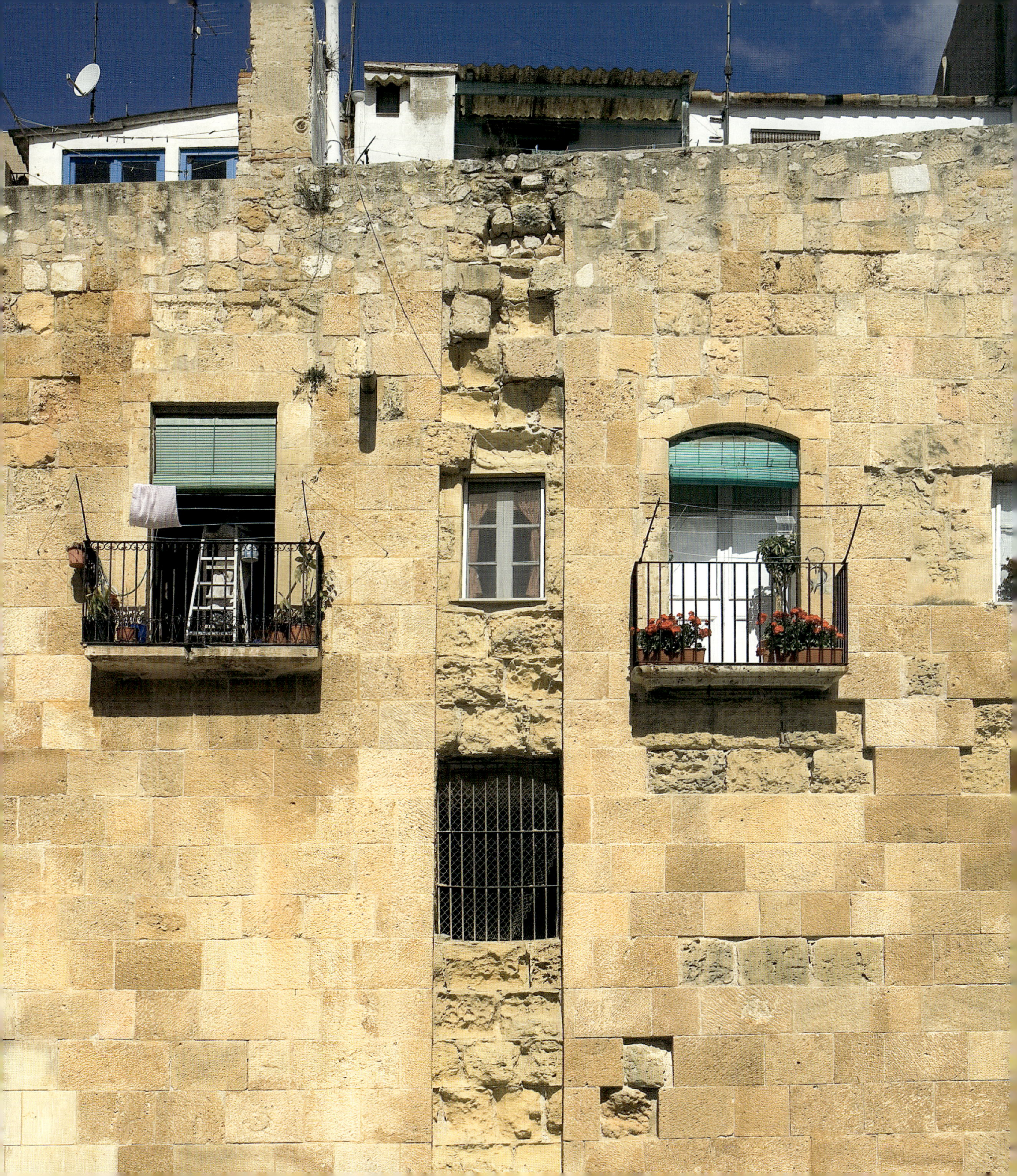

E, quan viren los de Tarragona e els de Cambrils que l'estol movia de Salou, feren vela, e faïa-ho bell veer a aquells que romanien en terra e a nós, que tota la mar semblava blanca de les veles, tan era gran l'estol.

JAUME I, *Crònica* o *Llibre dels feits*

And, when those of Tarragona and those of Cambrils saw that the fleet came from Salou, in full sail, and it was so beautiful for those still on land and myself, to see the whole sea white with sails, the fleet was so big.

Crònica or *Llibre dels feits*,
Jaume I

Y, cuando vieron los de Tarragona y los de Cambrils que la escuadra salía de Salou izaron velas, y era hermosa visión para los que permanecían en tierra y para nos toda la mar blanca de velas, de grande que era la escuadra.

Crònica o *Llibre dels feits*,
Jaume I

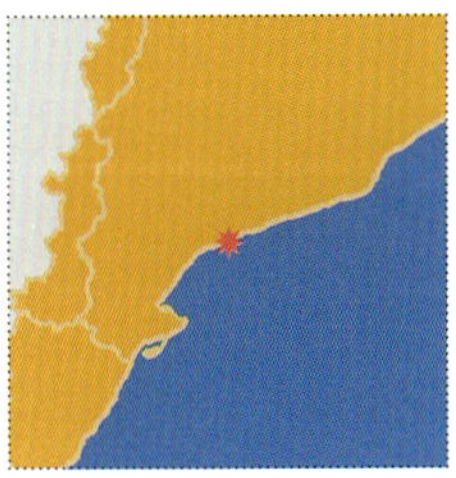

TARRAGONA
AMFITEATRE

L'Amfiteatre de Tarragona, del segle II dC, que es dreça al costat del mar, prop del parc del Miracle, feia uns 130 per poc més de 100 metres i algunes de les seves grades eren, són encara, excavades a la roca mateix. En època romana tenia capacitat per a unes 14.000 persones i, a més de combats de gladiadors, s'hi feien lluites amb feres. L'any 221 de la nostra era ja va necessitar algunes reformes, i d'aquell moment s'hi ha trobat una inscripció, la més gran descoberta en el que va ser l'Imperi de Roma, dedicada a l'excèntric emperador Heliogàbal, que és qui el va manar refer. Al mateix segle, l'any 259, hi van cremar vius el primer bisbe de Tarragona, sant Fructuós, i els seus dos diaques, Auguri i Eulogi. En memòria d'aquests màrtirs, dels quals de l'any 2008 a principis del 2009 es va commemorar a Tarragona l'Any Jubilar, es va construir a l'arena una basílica en època visigoda, als segles VI-VII, i al damunt, l'església romànica de Santa Maria del Miracle, als segles XII-XIII.

TARRAGONA
AMPHITHEATRE

The Amphitheatre of Tarragona, from the 2nd century AD, which stands beside the sea, close to the Park of the Miracle, measures some 130 by 100 metres and some of its terracing was, and still is, carved out of the rock itself. In the Roman period it had a capacity for around 14,000 people and as well as gladiators contests there were battles with wild animals. In 221 AD some reforms were required, and from that period an inscription has been found, the largest discovered in what was the Roman Empire, dedicated to the eccentric emperor Heliogabalus, who ordered its reformation. In the same century, in 259, the first bishop of Tarragona, Saint Fructuosus, along with his two deacons, Augurius and Eulogius, were burned alive. In memory of these martyrs, and of whom in 2008 and early 2009 Tarragona celebrated its Holy Year, a basilica was built in the arena in the Visigoth period, from the 6th-7th centuries, and over it the Romanesque church of Santa Maria del Miracle, in the 12th-13th centuries.

TARRAGONA
ANFITEATRO

El Anfiteatro de Tarragona, del siglo II dC, que se levanta junto al mar, cerca del parque del Miracle, hacía unos 130 por poco más de 100 metros y algunas de sus gradas estaban, y aún lo están, excavadas en la misma roca. En época romana tenía capacidad para unas 14.000 personas y, además de combates de gladiadores, se programaban luchas con fieras. En el año 221 de nuestra era ya necesitó algunas reformas, y de aquel momento se ha encontrado una inscripción, la más grande descubierta en el que fue el Imperio de Roma, dedicada al excéntrico emperador Heliogábalo, que es quien lo mandó rehacer.
En el mismo siglo, en el año 259, quemaron vivos al primer obispo de Tarragona, san Fructuoso, y a sus dos diáconos, Augurio y Eulogio.
En memoria de estos mártires (de los cuales se celebró, del año 2008 a principios del 2009, el Año Jubilar) se construyó en la arena una basílica en época visigoda, en los siglos VI-VII, y encima, la iglesia románica de Santa Maria del Miracle, en los siglos XII-XIII.

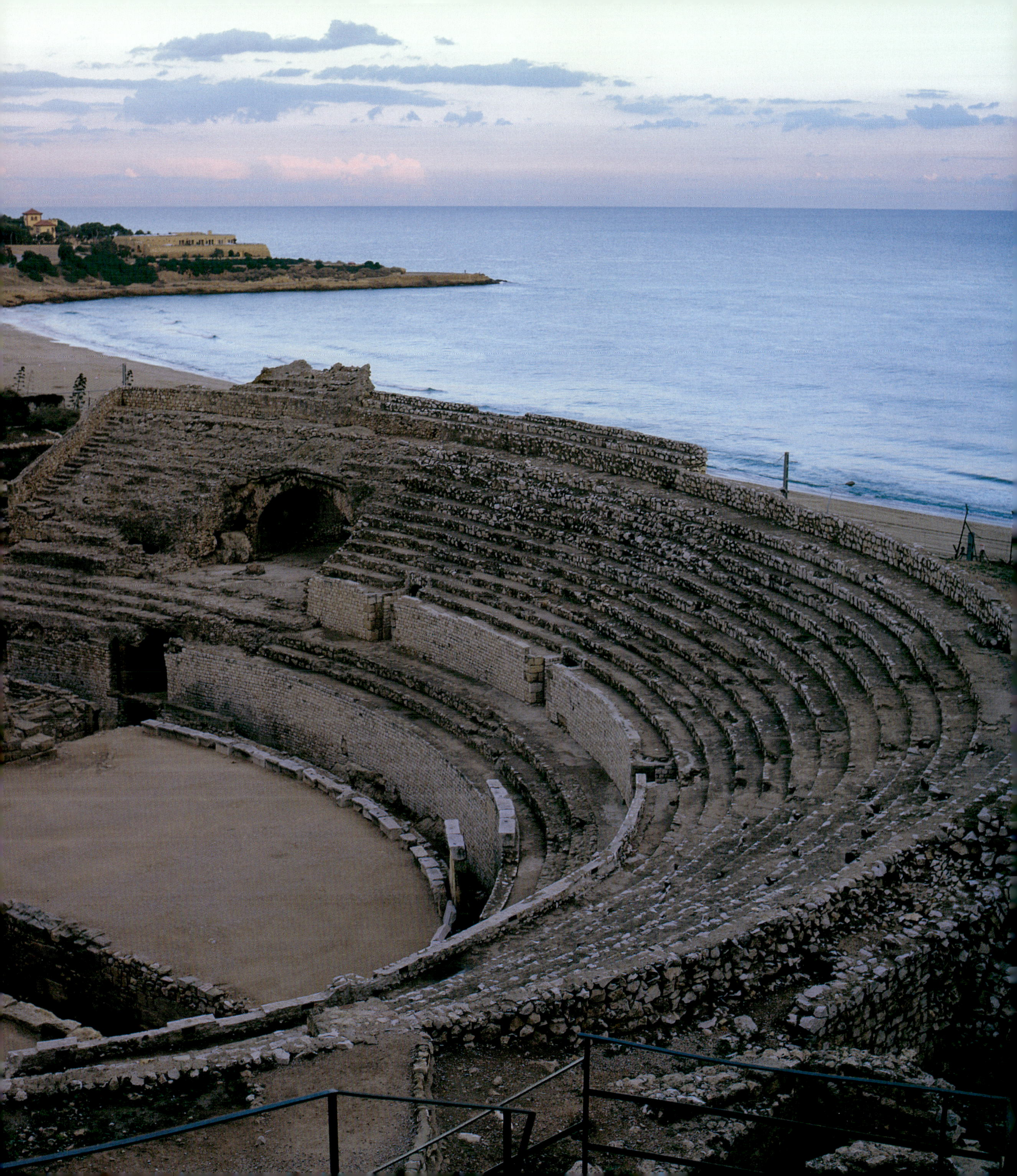

Com l'aigua que traspua
de la paret ombriva,
verda de molsa, i lenta;
es transforma en una sola gota clara.
I ara, asseguda
al llindar de casa meva
sóc amb vosaltres.

MONTSERRAT ABELLÓ, *Retorn*

Like the water that seeps through
The shady wall,
Moss green, and slowly;
It becomes one single clear drop.
And now, seated
At the door of my house
I am with you.

Retorn,
Montserrat Abelló

Como el agua que rezuma
de la pared umbría,
verde de musgo, y lenta,
se transforma en una sola gota clara.
Y ahora, sentada
en el umbral de mi casa,
estoy con vosotros.

Retorn,
Montserrat Abelló

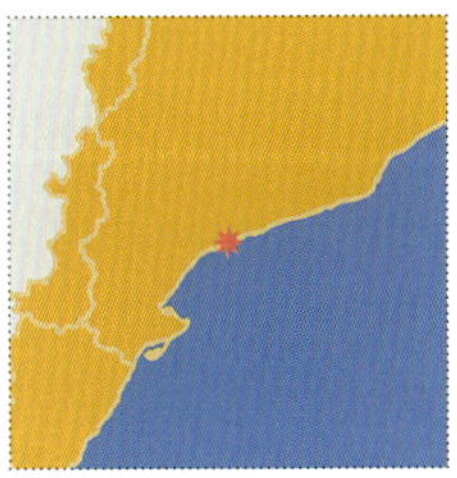

TARRAGONA CATEDRAL

La façana del Judici Final, del segle XIV, amb Crist jutjant la humanitat, és el primer que veiem en arribar a la catedral de Tarragona, el conjunt d'art, romànic i gòtic, renaixentista i barroc, més complet i ric de la ciutat. El conjunt es pot continuar descobrint plenament a l'interior, al claustre i al Museu Diocesà. La catedral, temple de creu llatina amb tres naus i creuer, és seu metropolitana i primada, i s'aixeca sobre l'antic recinte de culte romà. Importantíssima construcció de transició del romànic al gòtic, es va començar a alçar el 1171, i a meitat del segle XIV la pesta, i la consegüent falta de mà d'obra i de diners, la van deixar per acabar. Els laterals de la façana, amb portalada, són romànics, i al mur hi trobem elements fins i tot anteriors, com un sarcòfag cristià del segle IV. Presideix tot el conjunt una enorme rosassa gòtica. A l'interior hi destaca el retaule dedicat a la patrona de Tarragona, santa Tecla, obra de Pere Joan, del primer terç del segle XV.

TARRAGONA CATHEDRAL

The façade of the Final Judgement, from the 15th century, with Christ judging humanity, is the first we see on reaching the Cathedral of Tarragona, the most complete and richest complex of Romanesque and Gothic, Renaissance and Baroque art in the city. It is a complex that one can continue discovering to the full inside, in the Cloister and the Diocesan Museum. The Cathedral, a Latin cross temple with three naves and a transept, is the metropolitan see and primate and is built over the old Roman Worship Centre. An extremely significant transitional construction between Romanesque and Gothic, building work began in 1171, and in the mid-14th century the plague, and the subsequent lack of manpower and money, left it unfinished. The sides of the façade, with portal, are Romanesque, and on the wall we find even earlier elements, such as the 4th century Christian sarcophagus. Overlooking the whole complex is a huge Gothic rose window. The interior features the altarpiece dedicated to the patron saint of Tarragona, Saint Thekla, the work of Pere Joan, from the first third of the 15th century.

TARRAGONA CATEDRAL

La fachada del Juicio Final, del siglo XIV, con Cristo juzgando a la humanidad, es lo primero que vemos al llegar a la catedral de Tarragona, el conjunto de arte, románico y gótico, renacentista y barroco, más completo y rico de la ciudad. El conjunto se puede continuar descubriendo plenamente en el interior, en el claustro y en el Museo Diocesano. La catedral, templo de cruz latina con tres naves y crucero, es sede metropolitana y primada, y se levanta sobre el antiguo recinto de culto romano. Importantísima construcción de transición del románico al gótico, se empezó a levantar en 1171, y a mitad del siglo XIV la peste, y la consiguiente falta de mano de obra y de dinero, la dejaron inacabada. Los laterales de la fachada, con portada, son románicos, y en el muro encontramos elementos incluso anteriores, como un sarcófago cristiano del siglo IV. Preside todo el conjunto un enorme rosetón gótico. En el interior destaca el retablo dedicado a la patrona de Tarragona, santa Tecla, obra de Pere Joan, del primer tercio del siglo XV.

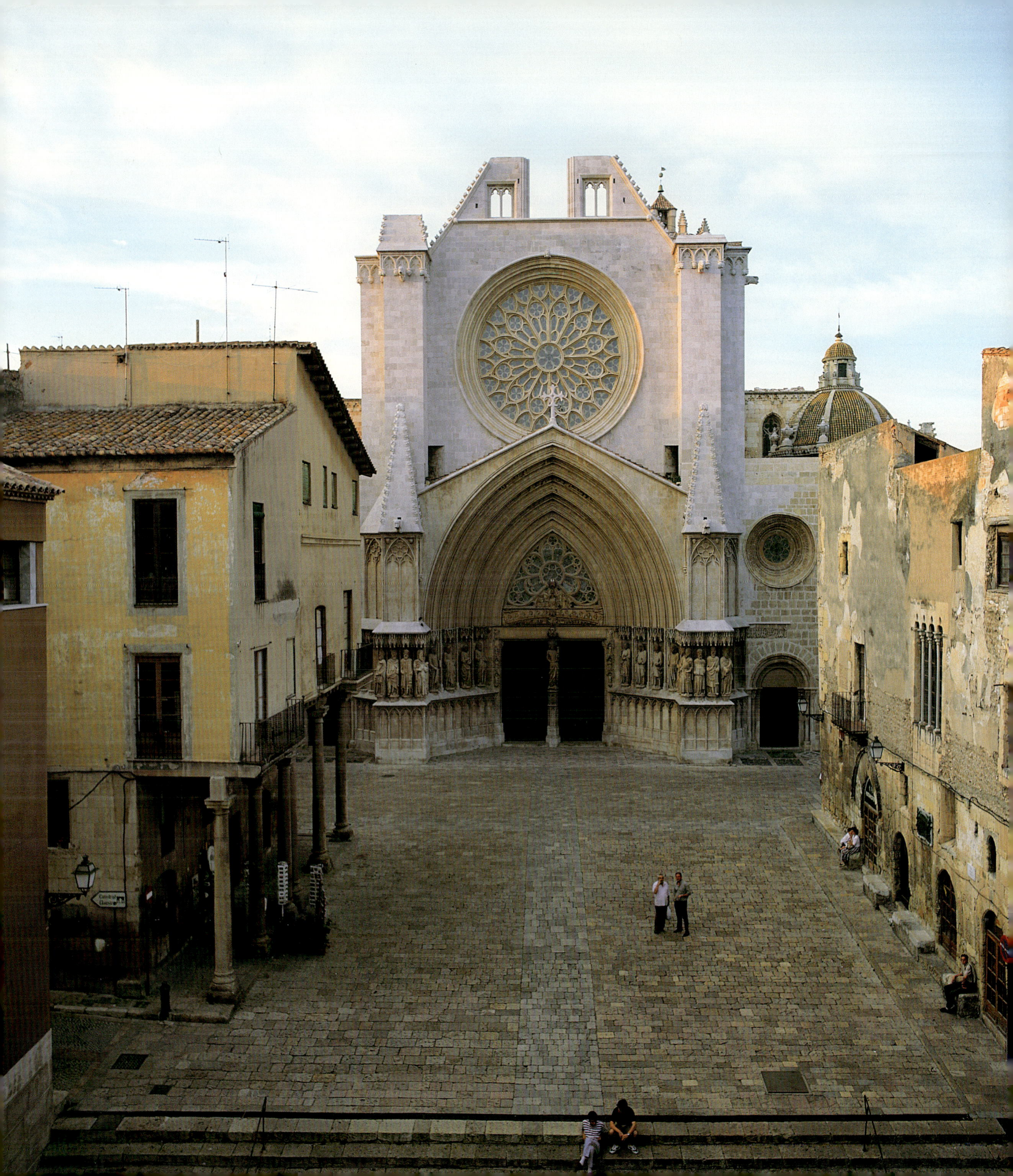

Quan entrava a la botiga algun dels literats de Reus, o simplement un aficionat a les lletres, o un aprenent d'escriptor com jo, l'Aladern [escriptor modernista] em presentava com un xicot de grans condicions [...]

Joan Puig i Ferreter, *Camins de França*

*

When one of the men of letters of Reus entered the shop, or simply a lover of literature, or an apprentice writer like myself, Aladern [Modernist writer] introduced me as a bright young lad [...]

Camins de França,
Joan Puig i Ferreter

*

Cuando entraba en la tienda alguno de los literatos de Reus, o sencillamente un aficionado a las letras o un aprendiz de escritor como yo, Aladern [escritor modernista] me presentaba como un chico de grandes dotes [...]

Camins de França,
Joan Puig i Ferreter

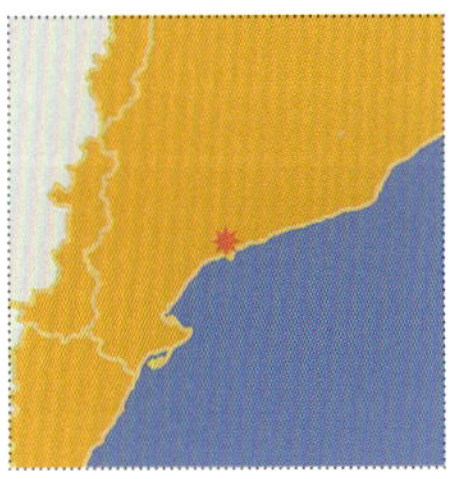

*

Reus
Casa Navàs

Reus, capital de la comarca del Baix Camp, a la regió del Camp de Tarragona, és una de les ciutats més importants de Catalunya i una de les capitals del modernisme, època en què comptava amb tertúlies literàries com la de Josep Aladern. Un dels edificis destacats d'aquest període artístic a la ciutat, al costat d'altres com l'Institut Pere Mata, és la Casa Navàs, construïda entre 1902 i 1907 per Domènech i Montaner, un dels grans noms de l'arquitectura modernista. Situada a la plaça del Mercadal, la torre que hi havia en un angle de la façana es va destruir en un bombardeig de la guerra civil i no s'ha restaurat, però l'interior, lluminós i espaiós, es conserva pràcticament com el dia de la construcció. En l'obra i els acabats, tan acurats en el modernisme, hi van intervenir alguns dels creadors més coneguts d'aquest estil: el mobiliari és de Gaspar Homar, que dissenyà arrambadors de fusta, llums de llautó, etc., i els mosaics i marbres són de l'escultor Alfons Juyol i Bach, que treballaria amb Domènech i Montaner en l'Hotel Espanya de Barcelona.

*

Reus
Navàs House

Reus, capital of the county of Baix Camp, in the region of Camp de Tarragona, is one of the most important cities in Catalonia, and one of the capitals of Modernism, a period in which there were literary talks like those of Josep Aladern. One of the outstanding buildings in the city from this period is the Casa Navàs, built between 1902 and 1907 by Domènech i Montaner, one of the great names of Modernist architecture. Situated in Plaça del Mercadal, the house that had been on the corner of the façade was destroyed in the bombing of the Civil War and has not been restored, but the interior, light and spacious, is preserved practically as it was on the day it was built. In the work and the finishes, so meticulous in Modernism, some of the best known creative artists of this style were involved: the furnishing is by Gaspar Homar, who designed wooden banisters, brass lamps, etc. and the mosaics and marbles, by the sculptor Alfons Juyol i Bach, who would work with Domènech i Montaner on the Hotel Espanya in Barcelona.

*

Reus
Casa Navàs

Reus, capital de la comarca del Baix Camp, en la región del Camp de Tarragona, es una de las ciudades más importantes de Cataluña, y una de las capitales del modernismo, época en que contaba con tertulias literarias como la de Josep Aladern. Uno de los edificios destacados de este periodo en la ciudad es la Casa Navàs, construida entre 1902 y 1907 por Domènech i Montaner, uno de los grandes nombres de la arquitectura modernista. Situada en la plaza del Mercadal, la torre que había en un ángulo de la fachada se destruyó en un bombardeo de la guerra civil y no se ha restaurado, pero el interior, luminoso y espacioso, se conserva prácticamente como el día de la construcción. En la obra y los acabados, tan esmerados en el modernismo, intervinieron algunos de los creadores más conocidos de este estilo: el mobiliario es de Gaspar Homar, que diseñó arrimadores de madera, luces de latón, etc., y los mosaicos y mármoles, son del escultor Alfons Juyol i Bach, que trabajaría con Domènech i Montaner en el Hotel España de Barcelona.

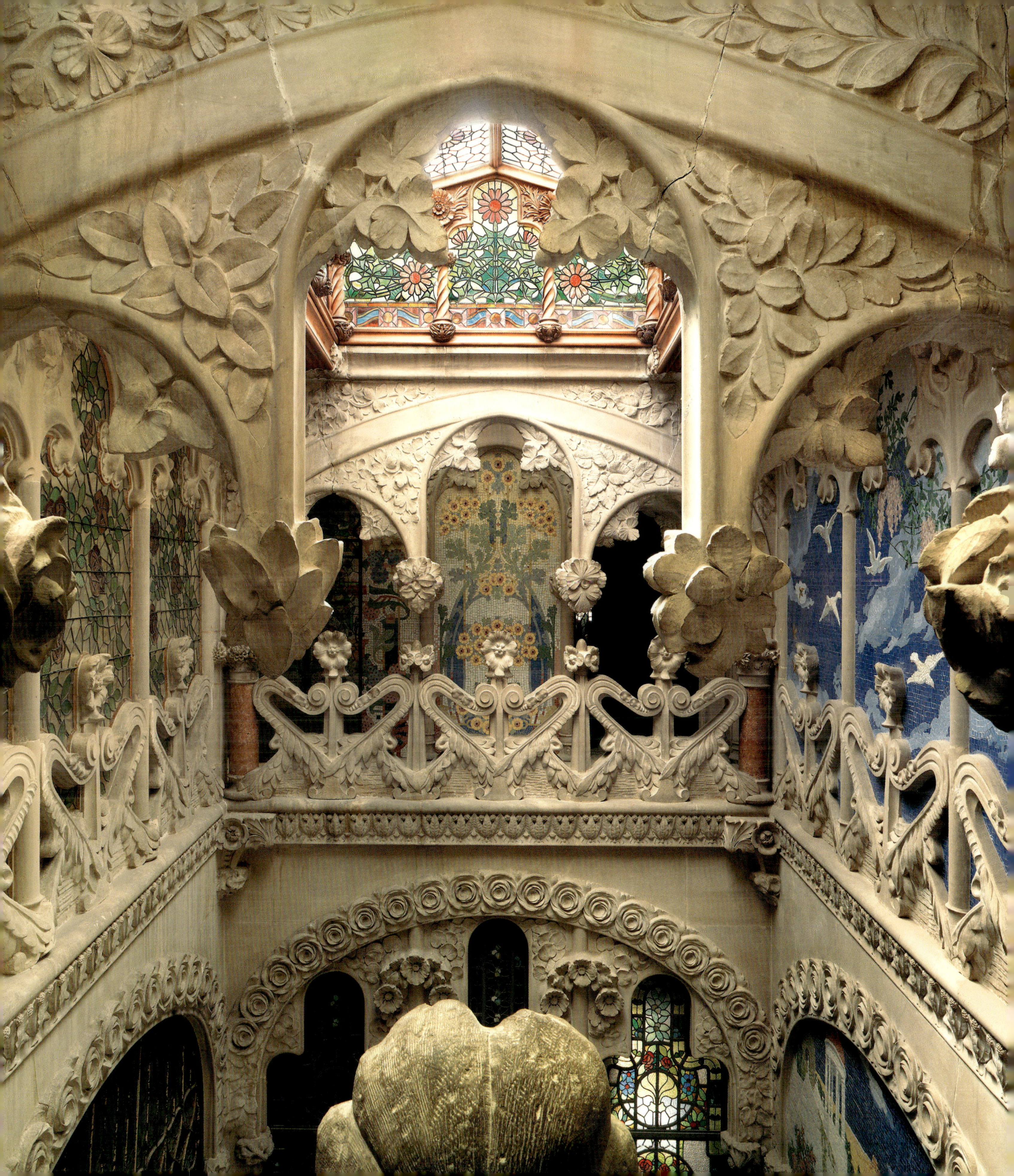

Gent forastera, arribada de tot arreu construïa una presa per tallar el riu; volien dominar-lo, lligar-lo per fer electricitat, i l'aigua de l'embassament havia de colgar el poble i l'enterraria per sempre més.

Jesús Moncada, *Històries de la mà esquerra*

Outsiders, who came from all around, built a dam to cut the river; they wanted to control it, tie it up to make electricity, and the water from the reservoir was to bury the village and bury it for evermore.

Històries de la mà esquerra,
Jesús Moncada

Forasteros llegados de todas partes construían una presa para cortar el río. Querían dominarlo, atarlo, para producir electricidad, y el agua del embalse acabaría por sumergir el pueblo y lo enterraría para siempre jamás.

Històries de la mà esquerra,
Jesús Moncada

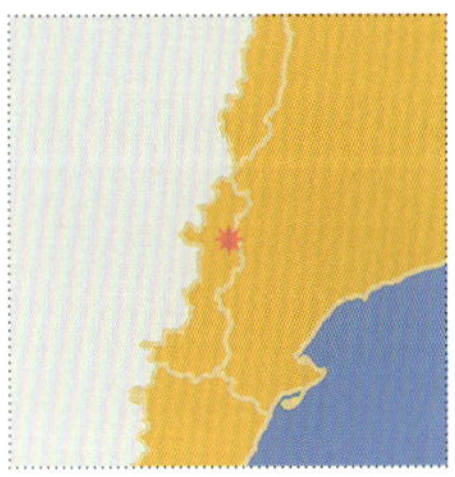

Mequinensa

Hi ha, com a mínim, tres poblacions amb el nom de Mequinensa, tres pobles que són el mateix i que no ho són, que es confonen i se superposen en la memòria: el poble actual, el que va quedar sota les aigües de l'embassament, construït als anys seixanta del segle xx, i el creat per Jesús Moncada, l'escriptor mequinensà nascut el 1941. Moncada és un dels més traduïts de la literatura catalana, a una vintena d'idiomes. En llibres com *Històries de la mà esquerra*, *El cafè de la granota* o *Camí de sirga* va fer de la seva Mequinensa natal –l'ofegada per l'embassament– un territori mític, comparable al d'altres grans autors de la literatura universal. Mequinensa és un municipi situat en l'aiguabarreig de tres rius, l'Ebre, el Segre i el Cinca, un dels més poblats de la comarca del Baix Cinca. Aquesta comarca és una de les quatre, amb la Baixa Ribagorça, la Llitera i el Matarranya, que conformen la Franja, conjunt de poblacions de parla catalana pertanyents a la comunitat autònoma de l'Aragó.

Mequinensa

There are at least three places with the name of Mequinensa, three villages that are the same but which are not the same, which confuse and are superimposed on one's memory: the current village, that which remained above the waters of the reservoir, built in the 1960s, and that created by Jesús Moncada. Moncada, a writer from Mequinensa born in 1941, is one of the most translated of Catalan literature, into some twenty languages. In books such as *Històries de la mà esquerra*, *El cafè de la granota* or *Camí de sirga* it was the Mequinensa of his birth –the one drowned by the reservoir– a mythical territory, comparable to that of other great authors of universal literature. Mequinensa is a municipality situated in the confluence of three rivers, the Ebre, the Segre and the Cinca, one of the most populated of the county of Baix Cinca. This county is one of the four, with Baixa Ribagorça, Llitera and Matarranya, which make up the Franja, the western strip, along with the Catalan-speaking towns that belong to the autonomous community of Aragon.

Mequinenza

Hay, como mínimo, tres poblaciones con el nombre de Mequinenza, tres pueblos que son el mismo y que no lo son, que se confunden y se superponen en la memoria: el pueblo actual, construido en los años sesenta del siglo xx, el que quedó bajo las aguas del embalse y el creado por Jesús Moncada, escritor de Mequinenza nacido en 1941. Moncada es uno de los autores más traducidos de la literatura catalana, a una veintena de idiomas. En libros como *Histories de la mà esquerra*, *El cafè de la granota* o *Camí de sirga* hizo de su Mequinenza natal –la ahogada por el embalse– un territorio mítico, comparable al de otros grandes autores de la literatura universal. Mequinensa es un municipio situado en la confluencia de tres ríos, el Ebro, el Segre y el Cinca, y uno de los más poblados de la comarca del Baix Cinca. Esta comarca es una de las cuatro, con la Baixa Ribagorça, la Llitera y el Matarranya, que conforman la Franja, conjunto de poblaciones de habla catalana pertenecientes a la comunidad autónoma de Aragón.

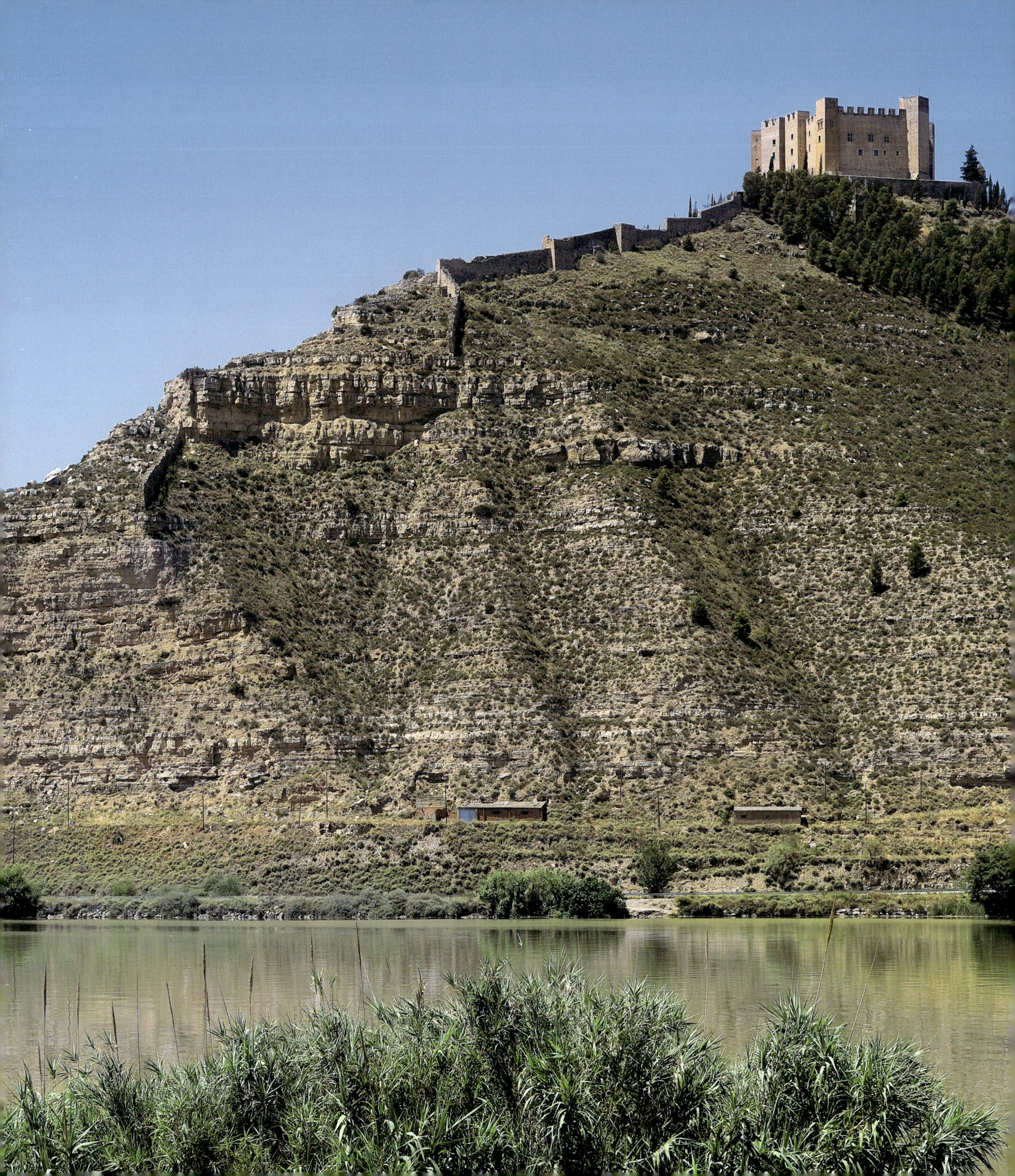

Roc va saludar pocs coneguts pel camí de la casa a la plaça del poble. Allí estave l'ajuntament i davall la llotja. Encara faltave molt per al migdia i la gent llauradora estave treballant als camps.

LLUÍS RAJADELL, *El tresor de la llotja*

Roc greeted few acquaintances on the way from the house to the town square. That was where the town hall was and down from there, the market. It was still a long time before midday and the farmers were still working in the fields.

El tresor de la llotja,
Lluís Rajadell

Roc saludó a pocos conocidos en el camino de casa a la plaza del pueblo. Allí estaba el ayuntamiento y debajo la lonja.Todavía faltaba mucho para el mediodía y la gente labradora estaba trabajando en los campos.

El tresor de la llotja,
Lluís Rajadell

LA FRANJA

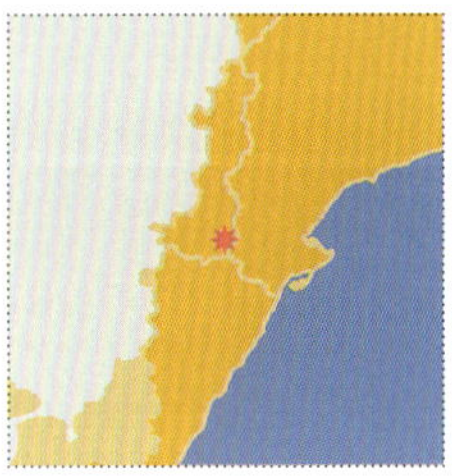

VALL-DE-ROURES

Vall-de-roures, a la vall del riu Matarranya, és el cap de la comarca d'aquest nom, a la zona catalanoparlant d'administració aragonesa. Té alguns edificis notables, com el castell, de construcció musulmana, refet als segles XII i XV, situat al capdamunt de la vila, l'església gòtica, del XV, o el pont, també gòtic, sobre el riu. Es troba entre dos tossals, un dels quals, de més de 1.000 metres d'alçada, és conegut per la seva forma com «la Caixa», que dóna nom a la rodalia de Vall-de-roures. Aquesta elevació, focus que ha generat moltes històries i llegendes, ha estat imprescindible per a la fundació de la vila: Aznar Galindo, aragonès del segle IX, investit primer comte d'Aragó per Carlemany, o els seus descendents, haurien utilitzat la Caixa com a mirador estratègic per a dirigir els atacs contra les tropes musulmanes. A Vall-de-roures hi va néixer una soprano famosa, Elvira Hidalgo, que després de triomfar en teatres d'òpera com el Liceu de Barcelona va ser professora a Atenes de Maria Callas.

VALL-DE-ROURES

Vall-de-roures, in the valley of the River Matarranya, is the capital of the county of the same name, in the Catalan-speaking part of Aragon. It possesses notable buildings such as the Muslim-built castle, rebuilt in the 12th and 15th centuries, the 15th-century Gothic church and the bridge, also Gothic, over the river. It is situated between two hills; one over 1,000 metres in height, known for its form as the Caixa (box), provides the name of the outskirts of Vall-de-roures. This hill was essential for the founding of the town: Aznar Galindo, from Aragon in the 9th century, invested as the first Count of Aragon by Charlemagne, or his descendants had used the Caixa as a viewpoint to lead the attacks against the Muslim troops. Vall-de-roures was the birthplace of a famous soprano, Elvira Hidalgo, who later triumphed in opera houses such as the Liceu in Barcelona, was a teacher in Athens of Maria Callas.

VALDEROBLES

Valderobles, en el valle del río Matarraña, es la capital de la comarca del mismo nombre, en la zona catalanohablante de administración aragonesa. Tiene edificios notables como el castillo de construcción musulmana rehecho en los siglos XII y XV, la iglesia gótica del XV o el puente, también gótico, sobre el río. Se encuentra entre dos montes; uno, de más de 1.000 metros de altura, conocido por su forma como «la Caixa», y que da nombre a los alrededores de Valderobles. Esta elevación, fuente de muchas historias y leyendas, fue imprescindible para la fundación de la villa: Aznar Galindo, aragonés del siglo IX, investido primer conde de Aragón por Carlomagno, o sus descendientes, utilizaron la Caixa como mirador para dirigir los ataques contra las tropas musulmanas. En Valderobles nació una soprano famosa, Elvira Hidalgo, que tras triunfar en teatros de ópera como el Liceu de Barcelona fue profesora en Atenas de Maria Callas.

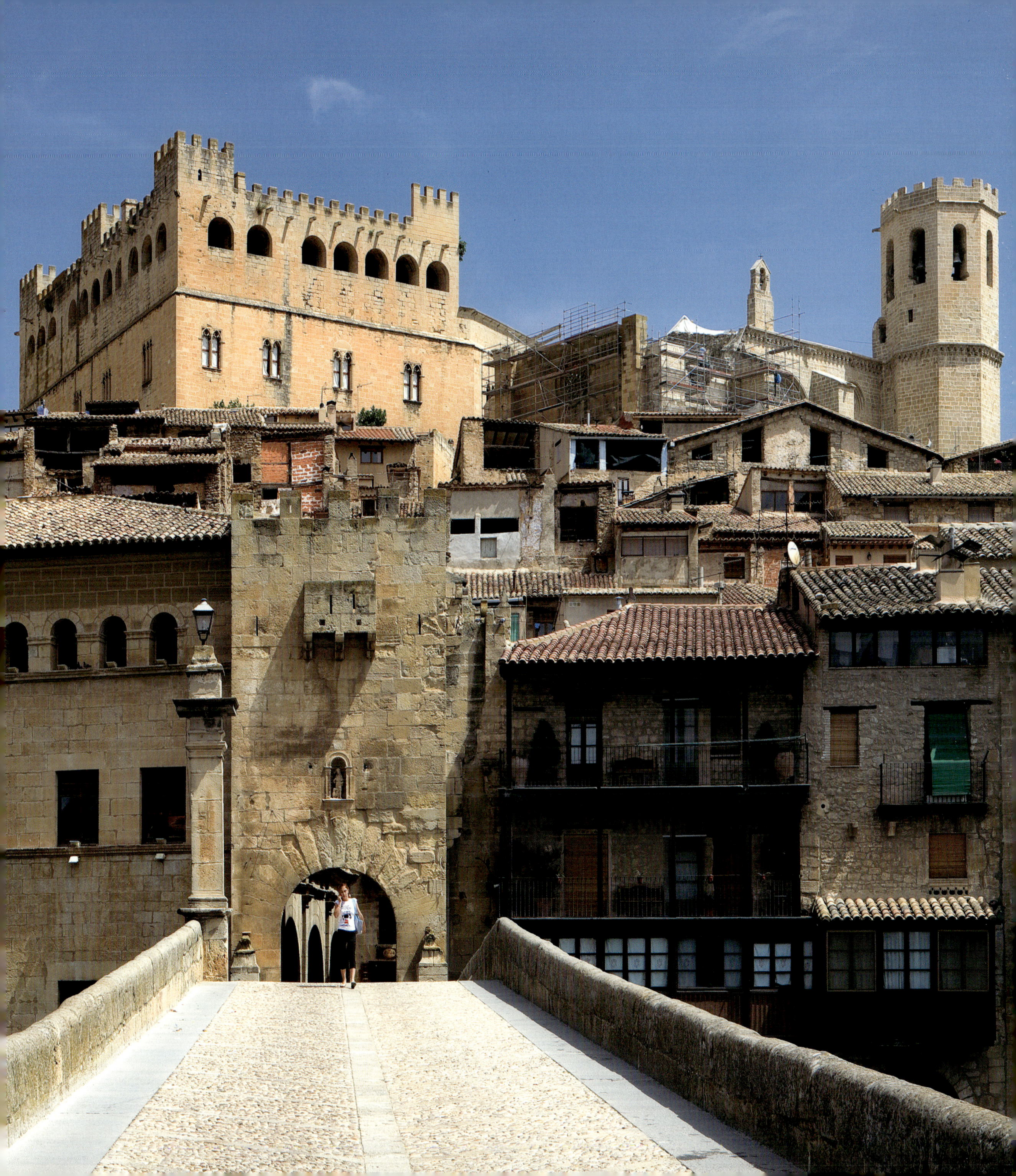

Fill dels crestalls, dels roures i les roques,
pastat amb terra roja, al cerç criat;
veí de les carrasques i dels pins,
hauria de ser fort i de pell dura.

DESIDERI LOMBARTE, *Sóc crespinell*

Son of the crest, the oaks and the rocks, / Moulded with red earth, brought up by the north wind; / Neighbour of the holm-oaks and pines, / it had to be strong and tough-skinned.

Sóc crespinell,
Desideri Lombarte

Hijo de los surcos, los robles y las rocas, / amasado en tierra roja, criado al cierzo; / vecino de las encinas y los pinos, / debería ser fuerte y de piel dura.

Sóc crespinell,
Desideri Lombarte

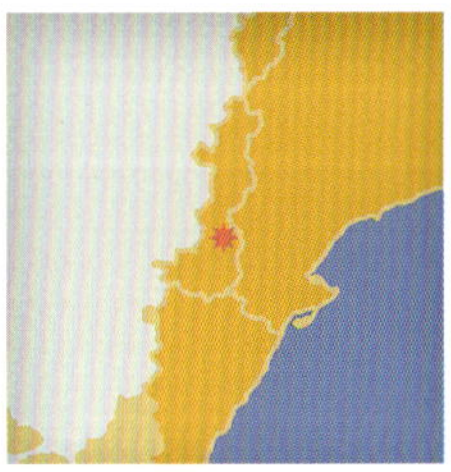

CALACEIT

Calaceit, a la comarca del Matarranya, de la Franja, és una vila situada en un lloc elevat, de més de 500 metres, al peu del turó de Sant Cristòfol, que en té gairebé 600. Des del seu serrat, on la població va néixer al voltant d'un antic castell avui desaparegut, veu els rius Matarranya i d'Algars, en un paisatge de pins, carrasques i oliveres, que han estat tradicionalment el principal conreu de la població. Els orígens de Calaceit, que té una vida cultural i associativa prou activa, amb entitats com l'Associació Cultural del Matarranya, serien d'època islàmica, d'una fortalesa, Qal'a Zeid, el castell de Zeid, que li hauria donat nom. Tanmateix, la presència humana va ser molt anterior, amb restes tan antigues com les pintures rupestres de la Vallrovira, el poblat de Vilallong, de l'edat del bronze, o un bon nombre de poblats ibèrics, com ara el de Sant Antoni, que va excavar a principis del segle xx l'arqueòleg calaceità Joan Cabré, a qui la seva vila ha dedicat un museu.

CALACEIT

Calaceit, in the county of Matarranya, in the Franja, is a town situated on a high spot, at over 500 metres altitude, at the foot of the hill of Sant Cristòfol, which reaches almost 600 metres. From its mountain range, where the town was founded around an old castle that no longer stands, you see the rivers Matarranya and Algars, in a landscape of pines, holm-oaks and olive groves, which have traditionally been the town's main cultivation. The origins of Calaceit, which possesses a very active cultural and social life, with entities such as the Cultural Association of Matarranya, date back to the Islamic period, of a fortress, Qal'a Zeid, the castle of Zeid, which gave it its name. Moreover, the human presence was much earlier, with remains as ancient as the cave paintings of Vallrovira, the settlement of Vilallong, from the Bronze Age, or a large number of Iberian settlements, such as that of Sant Antoni, which was excavated in the early 20th century by the Calaceit archaeologist Joan Cabré, to whom the town has dedicated a museum.

CALACEITE

Calaceite, en la comarca del Matarraña, de la Franja, es una villa situada en un lugar elevado, de más de 500 metros, al pie del cerro de Sant Cristòfol, que tiene casi 600. Desde su loma, donde la población nació alrededor de un antiguo castillo hoy desaparecido, se ven los ríos Matarraña y Algars, en un paisaje de pinos, carrascales y olivos, que han sido tradicionalmente el principal cultivo de la población. Los orígenes de Calaceite, que tiene una vida cultural y asociativa muy activa, con entidades como la Associació Cultural del Matarranya, serían de época islámica, de una fortaleza, Qal'a Zeid, el castillo de Zeid, que le habría dado nombre. Aun así, la presencia humana fue muy anterior, con restos tan antiguos como las pinturas rupestres de la Vallrovira, el poblado de Vilallong, de la edad del bronce, o un buen número de poblados ibéricos, como por ejemplo el de Sant Antoni, que excavó a principios del siglo xx el arqueólogo calaceitano Joan Cabré, a quien su villa ha dedicado un museo.

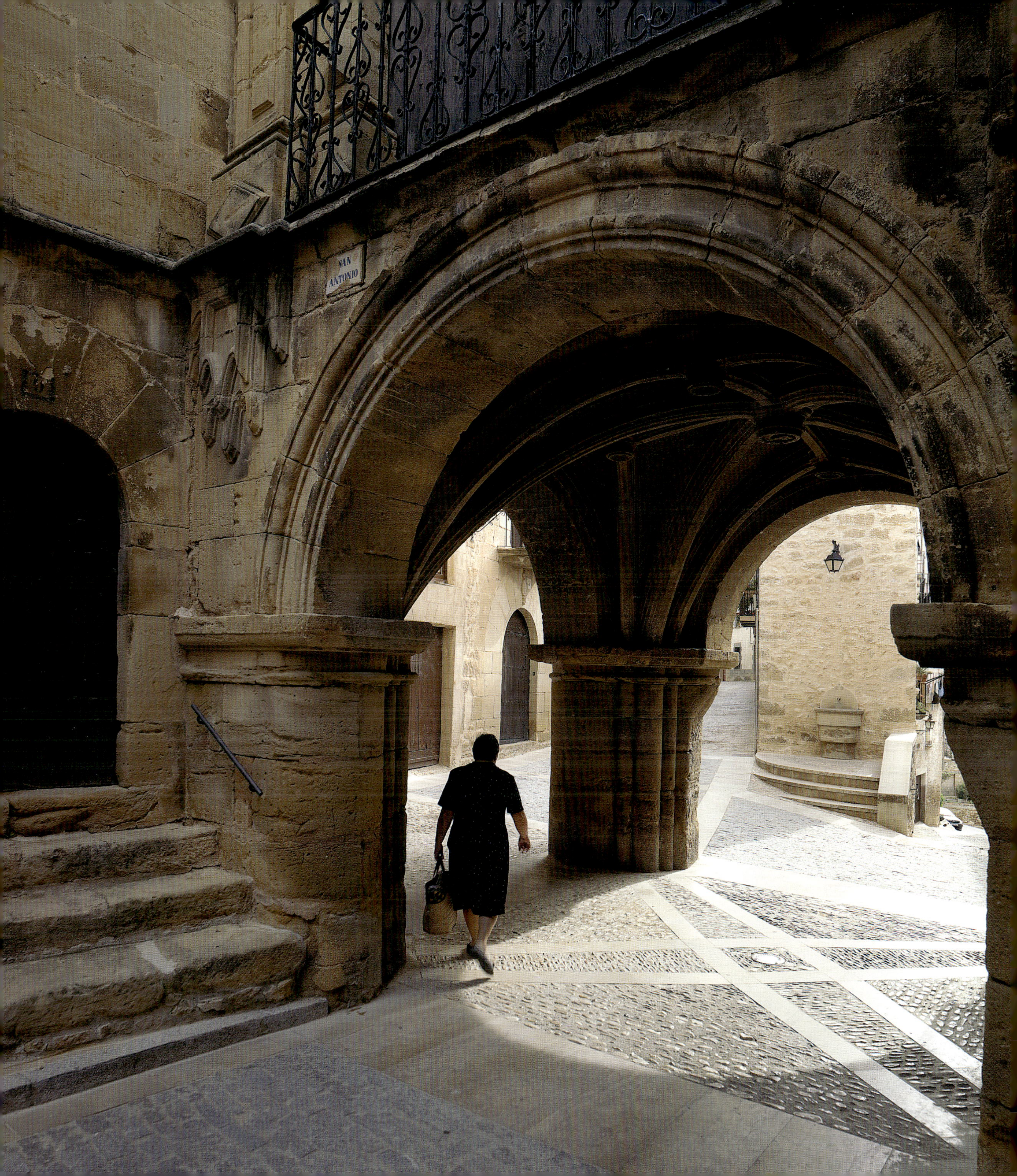
SAN ANTONIO

Bleixava la vinya, pàmpol rera pàmpol, un alè fresc. El tust del vent lleuger corria de pàmpol a pàmpol fins a fer tremolar damunt del mar una fulla de blau i una fulla de plata.

Jordi Sarsanedas, *Mite del cigne i de la vinya*

The vine panted, leaf by leaf, a fresh breath. The stroke of the light wind ran from leaf to leaf until it made a blue leaf and a silver leaf tremble before the sea.

Mite del cigne i de la vinya,
Jordi Sarsanedas

Resoplaba la viña, pámpano tras pámpano, un aliento fresco. El soplo del viento ligero corría de pámpano a pámpano hasta hacer temblar sobre el mar una hoja de azul y una hoja de plata.

Mite del cigne i de la vinya,
Jordi Sarsanedas

Principat

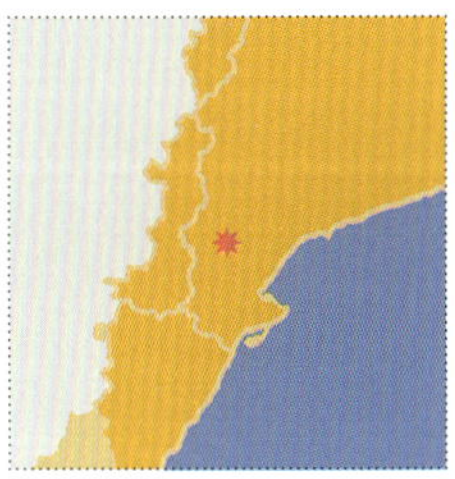

El Pinell de Brai
Celler cooperatiu

El conreu de la vinya té una tradició mil·lenària a les terres de què s'ocupa aquest llibre. A la Catalunya del Nord, regió vinícola amb gran personalitat des de l'antiguitat –hi haurien introduït el vi des de Grècia–, hi ha fins a deu denominacions d'origen controlades, entre les quals, les de vi dolç natural. Al País Valencià hi ha tres denominacions d'origen; a les Illes Balears, dues, i una a l'Alguer. Al Principat sembla que el vi també va arribar-hi amb els grecs per Empúries i que els romans el van estendre; ara hi ha onze denominacions d'origen de vi, una d'elles la Terra Alta, a la qual pertany el Pinell de Brai, en la foto, i una denominació d'origen qualificada, la del Priorat, de renom internacional. També és una marca d'èxit en el món el cava, vi escumós produït segons el mètode tradicional. Diverses parts del Principat, de gairebé 70 municipis, sobretot del Penedès, s'inclouen en la denominació d'origen cava, que agrupa diverses àrees de l'Estat espanyol, entre les quals hi ha dos municipis del País Valencià.

El Pinell de Brai
Agricultural cooperative

The cultivation of vines has a millennial history on the land of which this book is the subject. In Catalunya del Nord, a winemaking region with great personality since Antiquity –wine had been introduced from Greece–, there are as many as ten controlled D.O. wines, among which feature the natural sweet wines. In the País Valencià there are three D.O. wines; in the Balearic Islands, two; and one in Alghero. In the Principality, it appears that it also arrived with the Greeks via Empúries and the Romans spread it; now there are eleven D.O. wines, one of them the Terra Alta, to which belongs the Pinell de Brai, in the photo, and a Qualified D.O., that of Priorat, with international renown. It is also a successful brand within the world of cava, sparkling wine produced according to the traditional method. Diverse parts of the Principality, from almost 70 towns, above all in Penedès, are included in the Cava D.O., which groups together different areas of the Spanish State, among which are two towns from the País Valencià.

El Pinell de Brai
Cooperativa agrícola

El cultivo de la viña tiene una tradición milenaria en las tierras de las que se ocupa este libro. En la Cataluña del Norte, región vinícola con gran personalidad desde la antigüedad –habrían introducido el vino desde Grecia–, hay hasta diez denominaciones de origen controladas, entre las cuales las de vino dulce natural. En el País Valenciano hay tres denominaciones de origen; en las Islas Baleares, dos, y una en L'Alguer. En el Principado parece que el vino también llegó con los griegos por Empúries y que los romanos lo extendieron; ahora hay once denominaciones de origen de vino, una de ellas la Terra Alta, a la cual pertenece el Pinell de Brai, en la foto, y una denominación de origen cualificada, la del Priorat, de renombre internacional. También es una marca de éxito en el mundo, el cava, vino espumoso producido según el método tradicional. Varias partes del Principado, de casi 70 municipios, sobre todo del Penedès, se incluyen en la denominación de origen cava, que agrupa varias áreas del Estado español, entre las cuales hay dos municipios del País Valenciano.

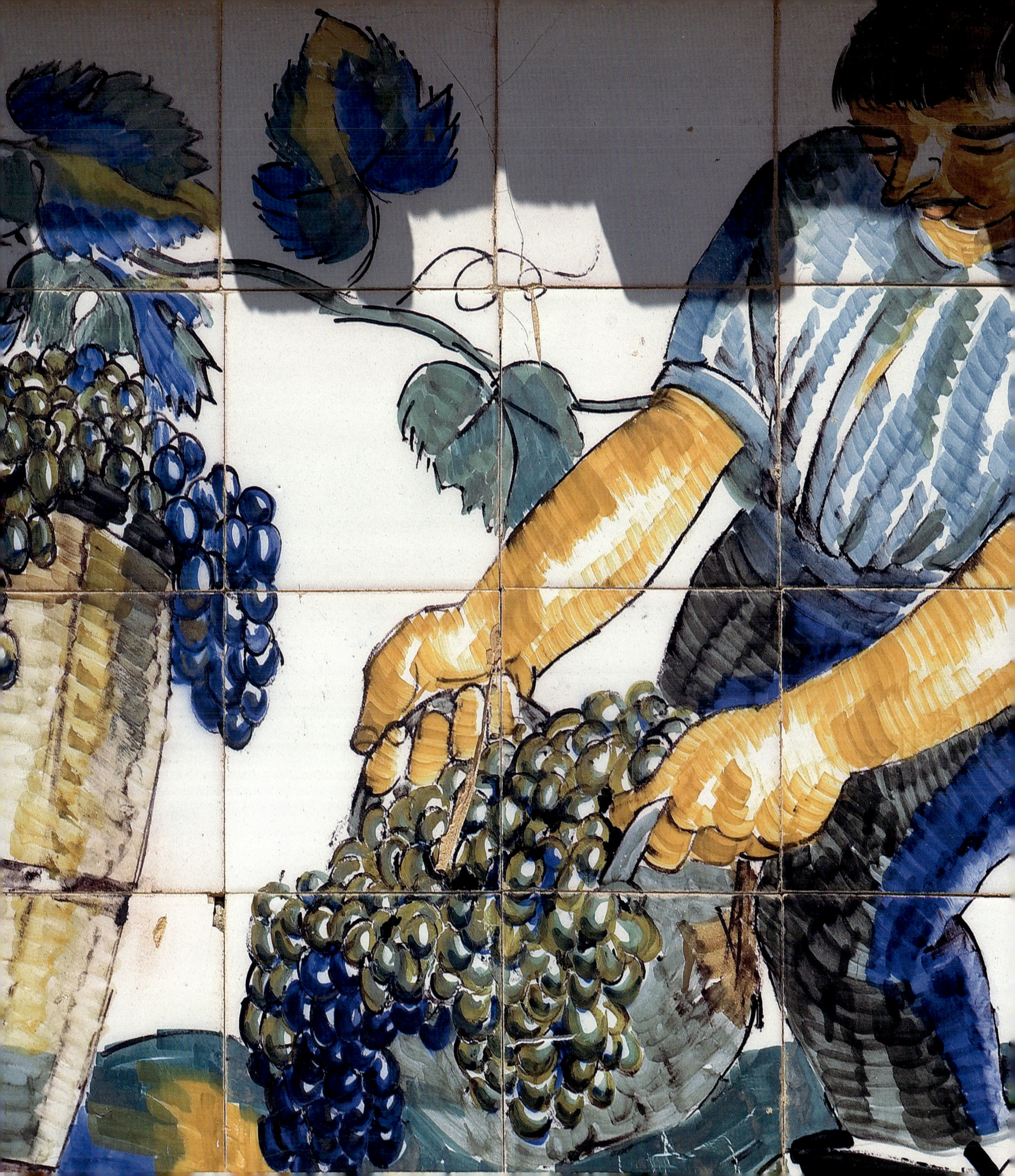

Baixant, o pujant, pel riu en llagut o en muleta, el primer que es veu de Miravet és el castell, d'aspecte encara avui, imponent, de pedres daurades, amb la silueta retallada contra un fons verd de muralles o de la blavor del cel.

ARTUR BLADÉ I DESUMVILA, *Visió de l'Ebre català*

Downstream, or upstream, along the river by catboat or by barge, the first thing you see of Miravet is the castle, with an imposing appearance, even today, of golden stones, with the silhouette standing out against a green background of walls or the blueness of the sky.

Visió de l'Ebre català,
Artur Bladé i Desumvila

Bajando o subiendo por el río en laúd o muleta, lo primero que se ve de Miravet es el castillo, de aspecto imponente todavía hoy, de piedras doradas, la silueta recortada contra un fondo verde de murallas o contra el azul del cielo.

Visió de l'Ebre català,
Artur Bladé i Desumvila

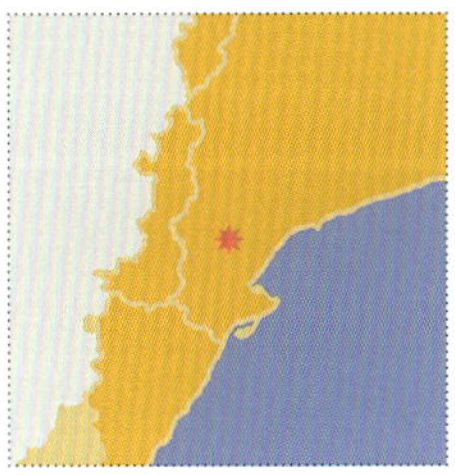

MIRAVET

A Miravet, comarca de la Ribera d'Ebre, al sud del Principat de Catalunya, es van reunir parlamentaris catalans per impulsar l'actual Estatut d'Autonomia, vigent des de l'agost de 2006. És l'última dada històrica, ara per ara, d'una població i d'un castell que en reuneixen moltes, des de ser seu de l'orde religiós i militar dels templers fins a ser escenari de les guerres carlines o de la guerra civil. Una de les maneres de descobrir aquesta vila de la riba dreta de l'Ebre seria amb el pas de barca, l'últim transbordador en aprofitar el corrent i l'ofici dels barquers per a passar el riu sense motor. Però sigui quina sigui la manera d'arribar-hi és igualment imposant la silueta del castell, una construcció templera bastida sobre una fortalesa sarraïna. La poderosa orde, dissolta el 1307 pel papa Climent V, va adaptar la fortificació a un model que ja aplicava a Terra Santa, amb dos grans recintes i un pati d'armes. Pel que fa a la vila, és també interessant el poble antic o Cap de la Vila, penjat sobre l'Ebre.

MIRAVET

In Miravet, in the county of Ribera d'Ebre, in the south of the Principality of Catalonia, Catalan parliamentarians met to draw up the current Statute of Autonomy, in force since August 2006. It is the most recent historic event of a town and a castle that has hosted many, from being the see of the religious and military order of the Templar Knights to being the battleground of the Carlist wars or the Civil War. One of the ways of discovering this town on the right bank of the River Ebre would be to cross by boat, the last form of transport to make use of the current and trade of the boatmen to cross the river without motor. Whichever way one arrives, though, the silhouette of the castle is just as imposing, a templar construction built over a Saracen fortress. The powerful order, dissolved in 1307 by Pope Clement V, adapted the fortification to a model already tried and tested in the Holy Land, with two large precincts and a parade ground. The town itself is interesting for its old centre or Cap de la Vila, hanging over the Ebre.

MIRAVET

En Miravet, comarca de la Ribera d'Ebre, al sur del Principado de Cataluña, se reunieron parlamentarios catalanes para impulsar el actual Estatuto de Autonomía, vigente desde agosto de 2006. Es el último dato histórico, por ahora, de una población y un castillo que reúne muchos, desde ser sede de la orden religiosa y militar de los templarios hasta ser escenario de las guerras carlistas o de la Guerra Civil. Una de las maneras de descubrir esta villa de la orilla derecha del Ebro sería con el paso de barca, el último transbordador que aprovecha la corriente y el oficio de los barqueros para pasar el río sin motor. Pero de cualquier forma que se llegue es igualmente imponente la silueta del castillo, una construcción templaria construida sobre una fortaleza sarracena. La poderosa orden, disuelta en 1307 por el papa Clemente V, adaptó la fortificación a un modelo que ya aplicaba en Tierra Santa, con dos grandes recintos y un patio de armas. Con respecto a la villa es también interesante el casco antiguo o Cap de la Vila, colgado encima del Ebro.

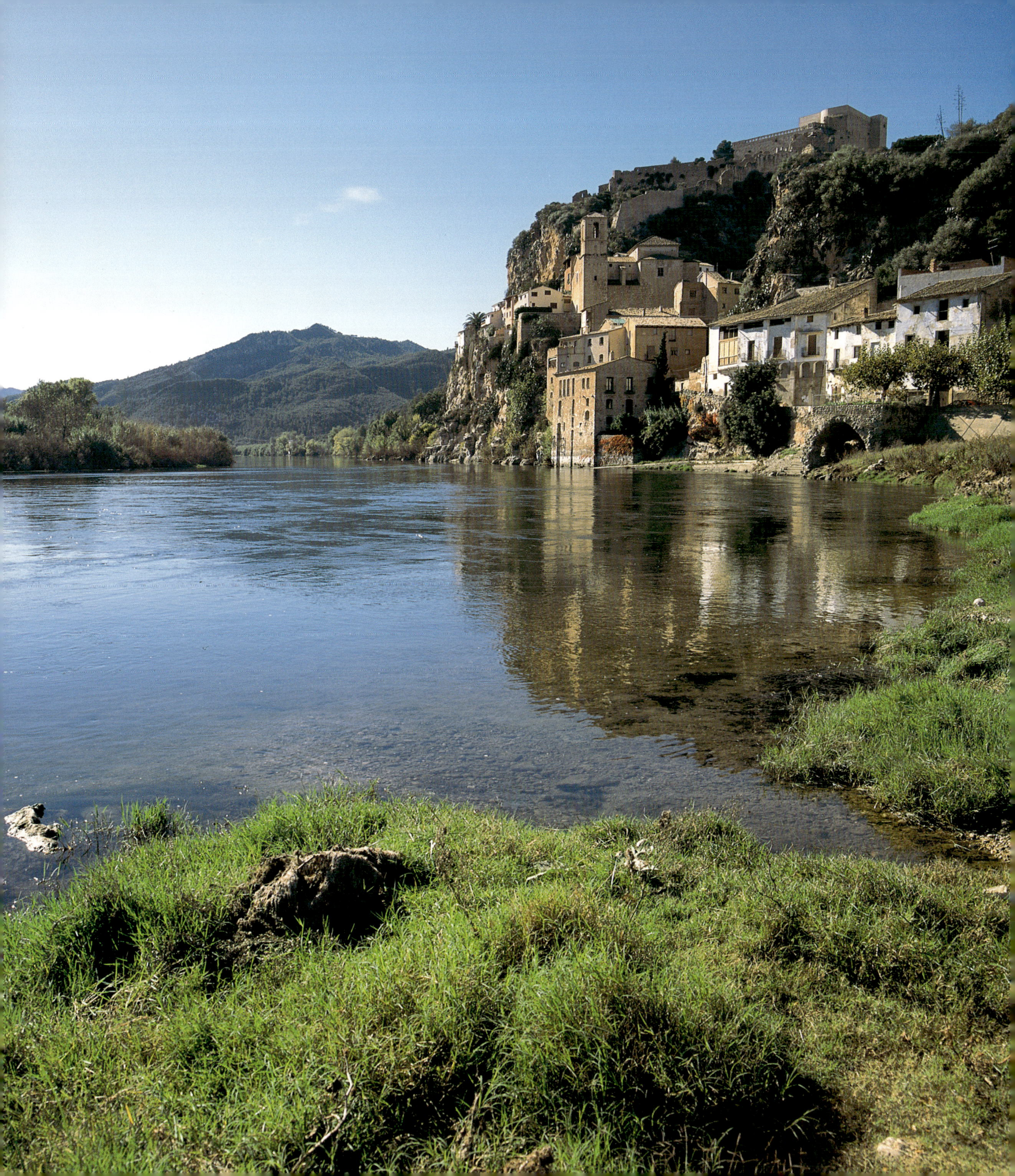

Els cims perfilen horitzons en fràgil treva,
res no assetja les el·lipses mòbils de les aus.
El vent, sense entrebancs, llissa
sobre els espills quadriculats del delta.

ZORAIDA BURGOS, *Terres d'aigua. Poemari de les Terres de l'Ebre*

The peaks outline horizons in fragile truce, / nothing threatens the moving ellipses of the birds. / The wind, free of obstacles, slides / over the square-shaped mirrors of the delta.

Terres d'aigua.
Poemari de les Terres de l'Ebre,
Zoraida Burgos

Las cumbres perfilan horizontes en frágil tregua, / nada asedia las elipses móviles de las aves. / El viento, sin estorbos, se desliza / sobre los espejos cuadriculados del delta.

Terres d'aigua.
Poemari de les Terres de l'Ebre,
Zoraida Burgos

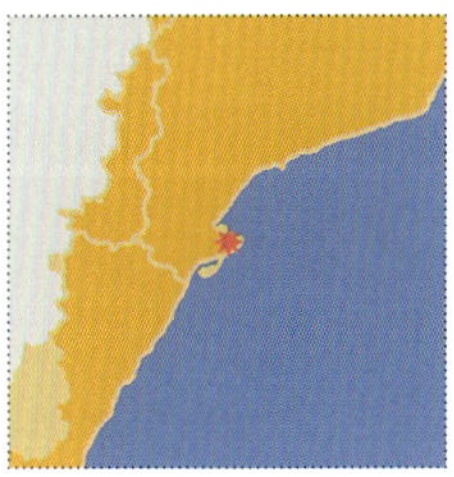

DELTA DE L'EBRE

El delta de l'Ebre, on el riu més cabalós de la península ibèrica desemboca a la Mediterrània, és un dels hàbitats aquàtics més importants de l'Europa Occidental. Al llarg de l'any veu passar més de la meitat de les espècies d'aus existents al continent, per a les quals és un enclavament vital. Parc natural des de 1983, ampliat després fins a 320 quilòmetres quadrats, el Delta es troba al sud del Principat, a les comarques del Baix Ebre i Montsià. Els sediments del riu han anat configurant un paisatge atractiu de plana immensa, llacunes, dunes i llargues platges, a més dels arrossars, que canvien el color del delta segons les estacions de l'any i que, amb la pesca, són les seves dues activitats econòmiques fonamentals. Literàriament, a més d'altres escriptors –Zoraida Burgos o Emili Rosales–, el delta i els seus pobles i ciutats, com Sant Carles de la Ràpita o Amposta, són el paisatge de Sebastià Juan Arbó, que retratà la vida dels pagesos ebrencs en novel·les com *Terres de l'Ebre*.

DELTA DE L'EBRE

The Delta de l'Ebre, where the most heavily flowing river of the Iberian Peninsula flows into the Mediterranean, is one of the most important aquatic habitats of Western Europe. Throughout the year one can see more than half the species of birds in existence on the continent pass by, a vital enclave for them. A Natural Park since 1983, enlarged later to cover 320 square kilometres, the Delta is in the south of the Principality, in the counties of Baix Ebre and Montsià. The sediments of the river have slowly shaped an attractive landscape of an immense plain, lagoons, dunes and long beaches. Rice fields as well, which change the colour of the Delta according to the seasons of the year, and which with fishing represents its two most important economic activities. Literarily, as well as other writers –Zoraida Burgos or Emili Rosales–, the Delta and its towns, such as Sant Carles de la Ràpita or Amposta, is the landscape of Sebastià Juan Arbó, who portrayed the life of the Ebre farmers in novels such as *Terres de l'Ebre*.

DELTA DEL EBRO

El delta del Ebro, donde el río más caudaloso de la península Ibérica desemboca en el Mediterráneo, es uno de los hábitats acuáticos más importantes de la Europa Occidental. A lo largo del año ve pasar a más de la mitad de las especies de aves existentes en el continente, para las cuales es un enclave vital. Parque natural desde 1983, ampliado después hasta 320 kilómetros cuadrados, el delta se encuentra al sur del Principado, en las comarcas del Baix Ebre y Montsià. Los sedimentos del río han ido configurando un paisaje atractivo de llanura inmensa, lagunas, dunas y largas playas, además de los arrozales, que cambian el color del delta según las estaciones del año y que, con la pesca, suponen sus dos actividades económicas fundamentales. Literariamente, además de otros escritores –Zoraida Burgos o Emili Rosales–, el delta y sus pueblos y ciudades, como Sant Carles de la Ràpita o Amposta, son el paisaje de Sebastià Juan Arbó, que retrató la vida de sus labradores en novelas como *Tierras del Ebro*.

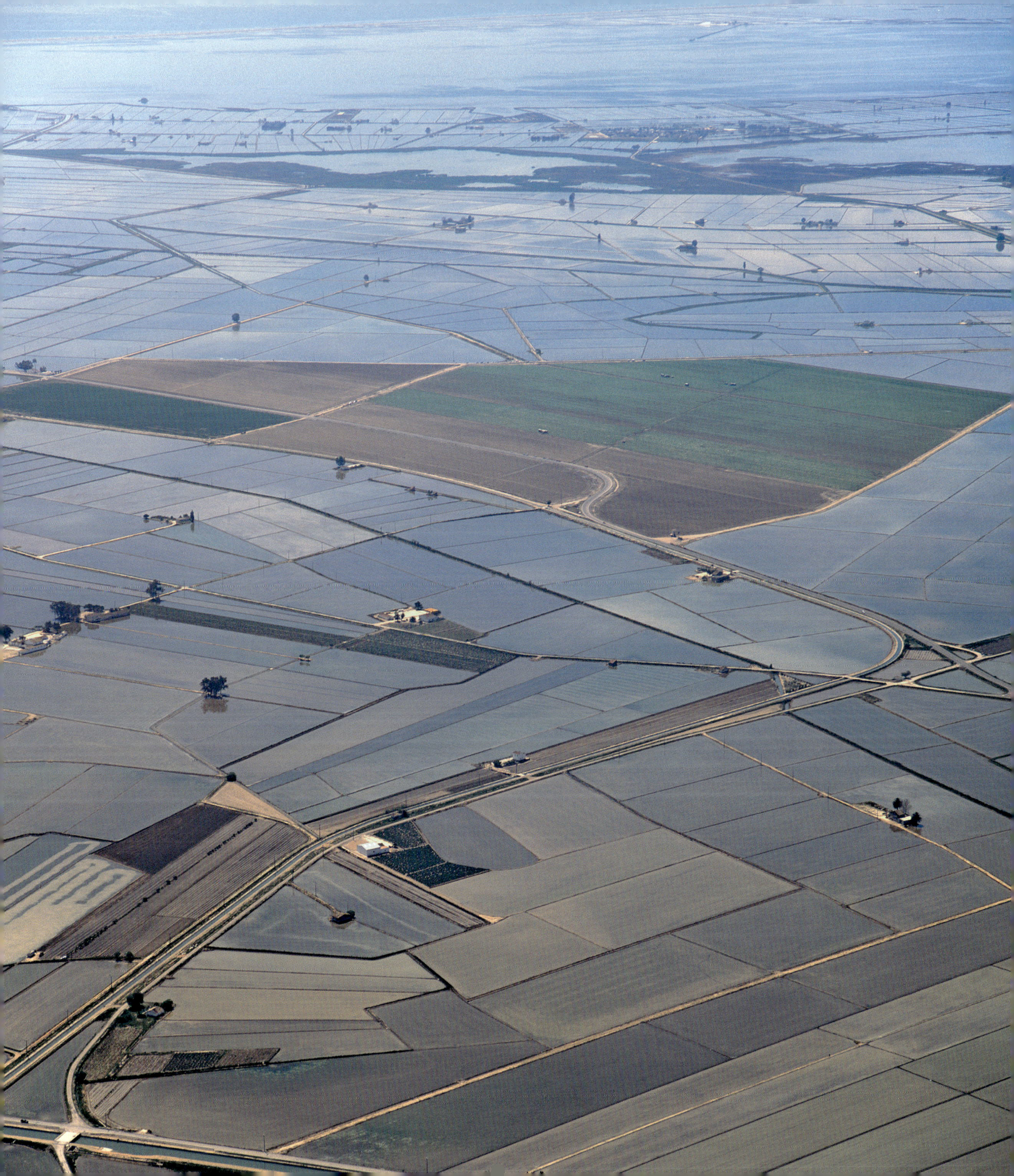

Aquí estan enterrats uns déus antics.
Uns déus cruels com solen ser-ho els déus.
Tanmateix acceptaven les pregàries.
Calia tenir-los contents per a algun possible favor.

MARIÀ VILLANGÓMEZ, *El cop a la terra*

Here are buried some ancient gods. / Some cruel gods as gods are prone to be. / They did however accept worship. / They had to be kept content for a possible favour.

El cop a la terra,
Marià Villangómez

Aquí están enterrados unos dioses antiguos. / Unos dioses crueles como suelen ser los dioses. / Sin embargo aceptaban las plegarias. / Había que contentarlos para algún posible favor.

El cop a la terra,
Marià Villangómez

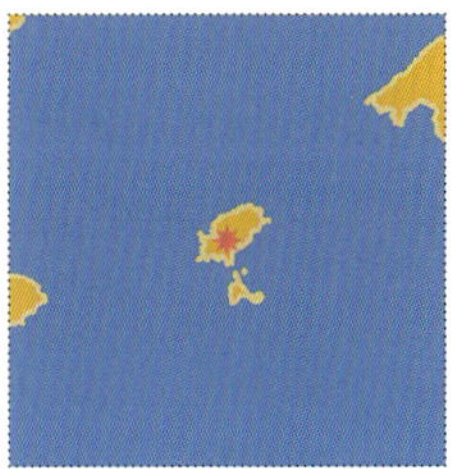

EIVISSA
DALT VILA

Eivissa, l'illa, va ser colonitzada pels cartaginesos al segle VIII AC., que dedicaren el nom al déu fenicio-cartaginès i egipci Bes. *Ibusim* voldria dir «illa de Bes». De la gran i rica ciutat que hi aixecaren, en el mateix indret on avui s'alça la vila d'Eivissa, en resta la necròpolis del puig dels Molins. Aquesta necròpolis és declarada des de 1999 Patrimoni Mundial per la UNESCO, com ho és també el recinte fortificat del centre de la capital eivissenca, anomenat Dalt Vila. Urbanitzada i ben defensada al llarg dels segles, la vila emmurallada és emmarcada des del segle XVI per les muralles construïdes durant el regnat de Felip II. El monarca espanyol les va fer bastir per defensar el seu imperi de les incursions turques i franceses. A més, la UNESCO també ha inclòs en el seu catàleg el municipi de Sant Josep de sa Talaia, el poblat fenici de sa Caleta, el primer que van establir els cartaginesos en arribar a l'illa, i les praderies submarines de posidònia del Parc Natural de ses Salines.

EIVISSA
DALT VILA

Eivissa, Ibiza, the island, was colonised by the Carthaginians in the 8th century BC., which they gave the name of the Phoenician-Carthaginian and Egyptian god Bes. Ibusim meant "island of Bes". Of the great, rich city that they built, on the same spot where today stands the town of Eivissa, there remains the necropolis of Puig dels Molins. Since 1999, this necropolis has been a UNESCO World Heritage Site, as is the fortified precinct in the centre of the island's capital, called Dalt Vila. Urbanised and well defended throughout the centuries, the walled town has been framed since the 16th century by the walls built during the reign of Felipe II. The Spanish monarch had them built to defend his empire from Turkish and French incursions. Moreover, UNESCO has also included in its catalogue the municipality of Sant Josep de Sa Talaia, the Phoenician settlement of Sa Caleta, the first the Carthaginians established on arrival, and the underwater meadows of posidonia of Ses Salines natural park.

EIVISSA
DALT VILA

Eivissa (Ibiza), la isla, fue colonizada por los cartagineses en el siglo VIII AC., que dedicaron el nombre al dios fenicio-cartaginés y egipcio Bes. *Ibusim* querría decir «isla de Bes». De la grande y rica ciudad que levantaron, en el mismo lugar donde hoy se levanta la villa de Eivissa, perdura la necrópolis del Puig dels Molins. Esta necrópolis está declarada desde 1999 Patrimonio Mundial por la UNESCO, como lo es también el recinto fortificado del centro de la capital ibicenca, denominado Dalt Vila. Urbanizada y bien defendida a lo largo de los siglos, la villa amurallada está enmarcada desde el siglo XVI por las murallas construidas durante el reinado de Felipe II. El monarca español las hizo levantar para defender su imperio de las incursiones turcas y francesas. Además, la UNESCO también ha incluido en su catálogo el municipio de Sant Josep de Sa Talaia, el poblado fenicio de Sa Caleta, el primero que establecieron los cartagineses al llegar, y las praderas submarinas de posidonia del parque natural de Ses Salines.

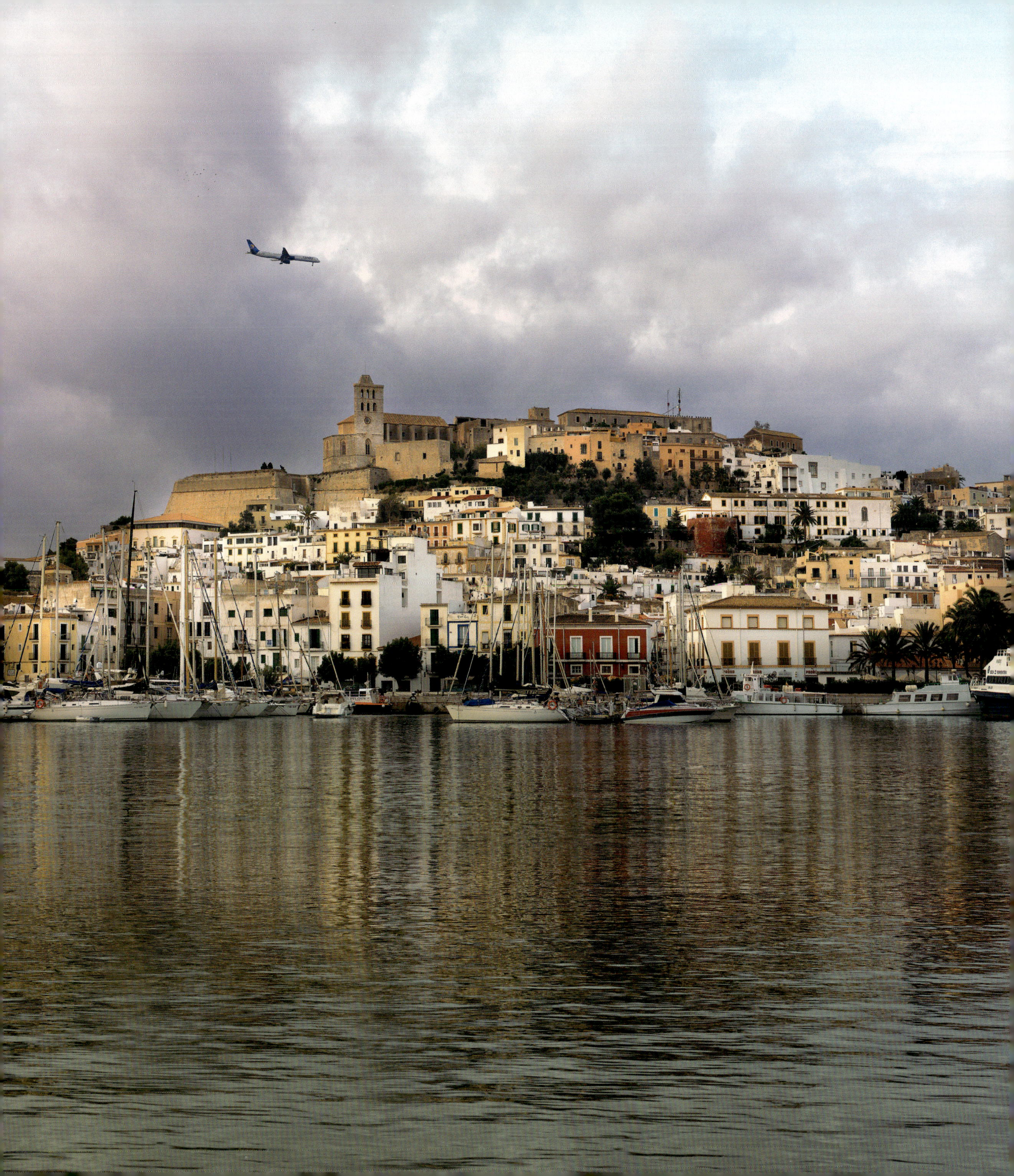

Mai no vaig poder conèixer
una santa amb gest procliu
dins el fosc de sagristia
amb armaris tots corcats,
amb arcàngels d'ulls ambigus,
disposats a recobrir
la primera clau de volta.
Una santa amb gest procliu
dins el fosc de sagristia.

Miquel Bauçà, *El noble joc*

*

I could never know / a saint of prone gesture / in the dark sacristy / with decayed cupboards,/ angels with ambiguous eyes / prepared to cover / the key of the vaulting./ Saint of prone gesture / in the dark sacristy.

El noble joc
Miquel Bauçà

*

Nunca pude conocer / santa de gesto proclive / en la oscura sacristía / con armarios carcomidos,/ ángeles de ojos ambiguos / dispuestos a recubrir / de la bóveda la clave./ Santa de gesto proclive / en la oscura sacristía.

El noble joc
Miquel Bauçà

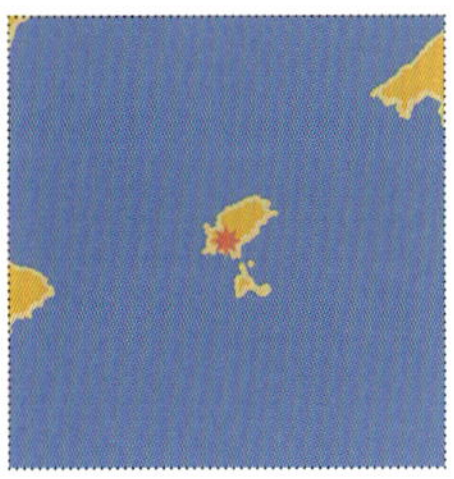

*

Eivissa
Sant Josep de sa Talaia

Sa Talaiassa o sa Talaia de Sant Josep és, amb 475 metres, el punt més alt d'Eivissa. Aquest puig dóna nom al municipi de Sant Josep de Sa Talaia, el més extens dels cinc de l'illa, situat a la seva part sud. A Sant Josep, inclòs en el catàleg UNESCO, s'hi troba la part eivissenca del parc natural de Ses Salines, espai que utilitzen moltes aus, com els flamencs, en la migració entre Europa i Àfrica, i que abasta en aquest municipi 2.000 hectàrees de les antigues explotacions de sal. És el municipi amb més platges d'Eivissa, amb més de 80 quilòmetres de costa, i s'hi troba l'aeroport de l'illa. Inclou, a més de la parròquia que du el nom del municipi, les de Sant Agustí des Vedrà, Sant Jordi de ses Salines, es Cubells i Sant Francesc de s'Estany. El municipi, creat el 1812 amb el nom de San José Obrero, es correspon amb l'antic quartó –divisió tradicional fins al 1716, amb el Decret de Nova Planta– de ses Salines i encara abans, durant la dominació musulmana, amb el districte d'Algarb.

*

Eivissa
Sant Josep de sa Talaia

Sa Talaiassa or Sa Talaia de Sant Josep is, at 475 metres, the highest point of Eivissa. This hill gives its name to the municipal district of Sant Josep de sa Talaia, the most extensive of the five on the island, located to the south. In Sant Josep, included in the UNESCO catalogue, is the Eivissa section of the Ses Salines natural park, a space used by many birds, such as flamingos, on their migration between Europe and Africa, and which covers in this area 2,000 hectares of the old salt mines. It is the district with most beaches in Eivissa, with more than 80 kilometres of coastline, and is where the island's airport is situated. It includes, as well as the parish church that gives the district its name, those of Sant Agustí des Vedrà, Sant Jordi de ses Salines, Es Cubells and Sant Francesc de s'Estany. The district, created in 1812 with the name of San José Obrero, corresponds to the old *quartó* –a traditional division of land until 1716, with the New Building Decree– of Ses Salines and even before, during Muslim domination, to the district of Algarb.

*

Eivissa
Sant Josep de sa Talaia

Sa Talaiassa o Sa Talaia de Sant Josep es, con 475 m, el punto más alto de Eivissa. Este monte da nombre al municipio de Sant Josep de sa Talaia, el más extenso de los cinco de la isla, situado en su parte sur. En Sant Josep, incluído en el catálogo UNESCO, se encuentra la parte ibicenca del parque natural de Ses Salines, espacio que utilizan muchas aves, como los flamencos, en la migración entre Europa y África, y que abarca en este municipio 2.000 hectáreas de las antiguas explotaciones de sal. Es el municipio con más playas de Eivissa, con más de 80 kilómetros de costa, y en él se encuentra el aeropuerto de la isla. Incluye, además de la parroquia que lleva el nombre del municipio, las de Sant Agustí des Vedrà, Sant Jordi de ses Salines, Es Cubells y Sant Francesc de s'Estany. El municipio creado en 1812 con el nombre de San José Obrero, se corresponde con el antiguo *quartó* –división tradicional hasta 1716, con el Decreto de Nueva Planta– de Ses Salines e incluso antes, durante la dominación musulmana, con el distrito de Algarb.

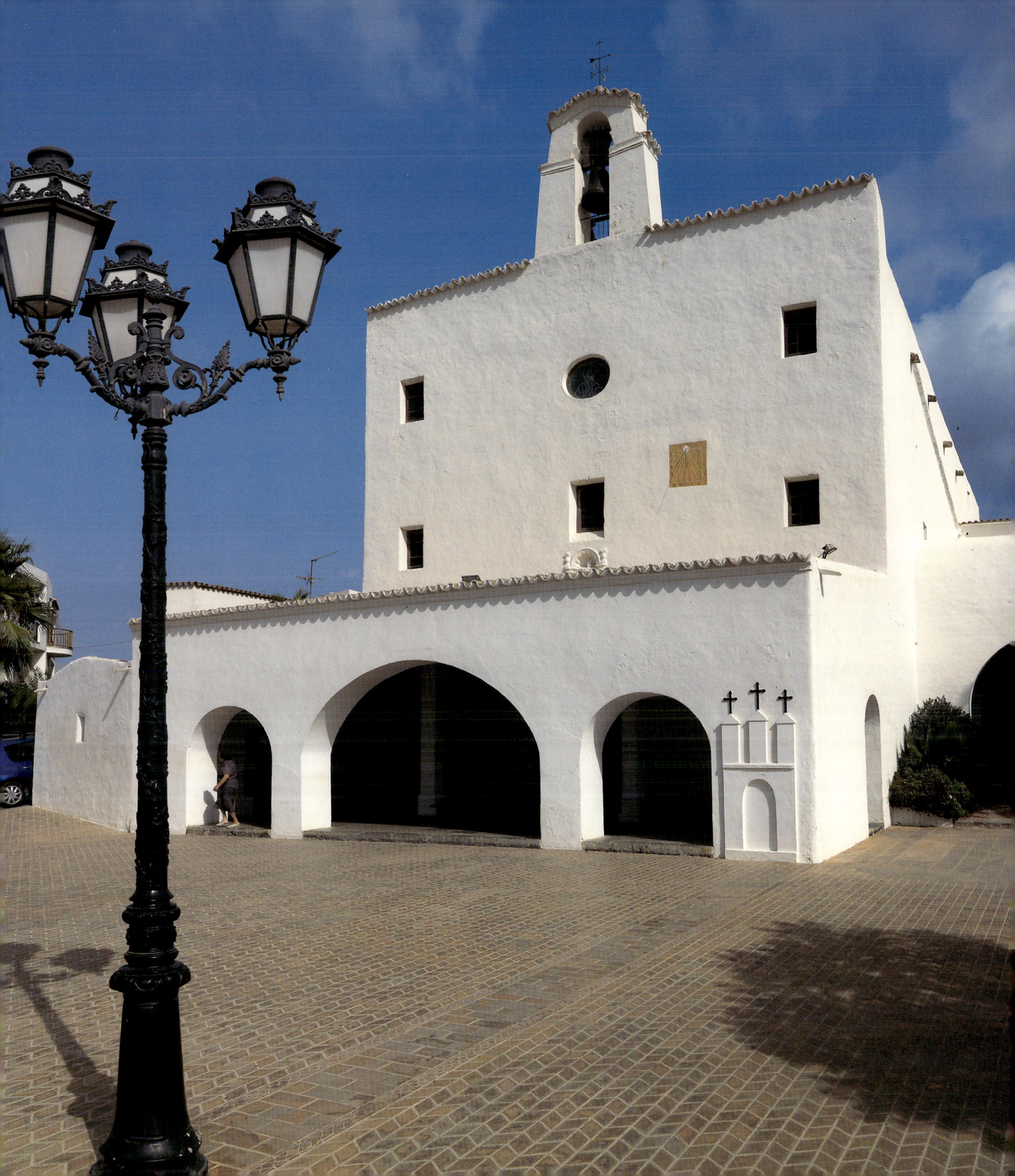

Quan arribàvem al cim, els pocs pins, recremats i polsosos, ens tapaven la vista i ens impedien de jugar a qualsevol cosa. Només hi havia una font. Això sí, d'una aigua molt fresca.

ANTONI MARÍ, *El vas de plata*

When we reached the peak, the few pine trees, burnt and dusty, blocked our view and stopped us from playing anything. There was just a spring. And it produced really cool water.

El vas de plata,
Antoni Marí

Y cuando llegábamos a la cima, los pocos pinos, requemados y polvorientos, nos tapaban la vista y nos impedían jugar a cualquier cosa. Sólo había una fuente, pero eso sí, de agua muy fresca.

El vas de plata,
Antoni Marí

ILLES BALEARS

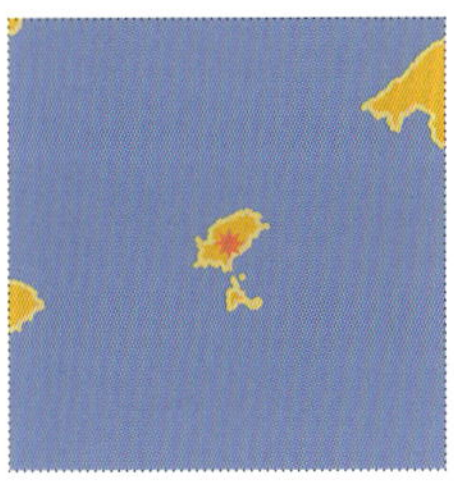

EIVISSA

L'illa d'Eivissa és, de les Balears, la més propera al continent i la més gran de les illes Pitiüses, un nom d'origen grec, donat entre els segles VII i VI aC només a aquesta illa i que faria referència a l'abundor de pins. Justament la vegetació eivissenca, de bosc mediterrani, és formada totalment per pins blancs i plantes arbustives, com el romaní i el coscoll. Amb l'aprovació el 2007 d'un nou Estatut d'Autonomia balear es va crear una nova institució d'autogovern, el Consell Insular d'Eivissa. Dividida en cinc municipis, l'illa manté dues divisions tradicionals: l'una entre Vila, el nom popular de la ciutat d'Eivissa, i Fora Vila; i l'altra, la divisió dels municipis en parròquies, unitat territorial creada a finals del segle XVIII, i véndes, que corresponen a l'organització de les zones rurals i agrupen al seu torn els casaments o cases pageses tradicionals.

EIVISSA

The island of *Eivissa*, is the closest of the Balearic Islands to the continent and the largest of the *Pitiüses*, or Pine Islands, a name of Greek origin, given in the 7th-6th century BC to only this island in reference to the abundance of pine trees. Ibiza's vegetation is precisely Mediterranean forest, made up totally of white pines and bushes, such as rosemary and kermes oak. With the passing in 2007 of a new Statute of Autonomy of the Balearics a new institution of self-government was created, the Consell Insular d'Eivissa. Divided into five municipal districts, the island preserves two traditional divisions: one between Vila, the popular name of the city of Eivissa, and Fora Vila; and the other, the division of the municipal districts into parishes, a territorial unit created at the end of the 18th century, and *véndes*, plots of land that correspond to the organisation of rural areas, and which group around them the *casaments* or traditional farm cottages.

EIVISSA

La isla de Eivissa es, de las Baleares, la más próxima al continente y la más grande de las islas Pitiusas, nombre de origen griego, dado entre los siglos VII y VI aC sólo a esta isla y que haría referencia a la abundancia de pinos. Con una extensión de unos 570 kilómetros cuadrados y más de 200 kilómetros de costa, es un destino turístico internacional. Con la aprobación en 2007 de un nuevo Estatut d'Autonomia de les Balears se creó una nueva institución de autogobierno, el Consell Insular d'Eivissa. Dividida en cinco municipios, la isla mantiene dos divisiones tradicionales: una entre Vila, nombre popular de la ciudad de Eivissa, y Fora Vila; y la otra, entre la división de los municipios en parroquias (unidad territorial creada a finales del siglo XVIII) y *véndes*, que corresponden a la organización de las zonas rurales y agrupan a su vez los *casaments* o casas rurales de campesinado tradicional.

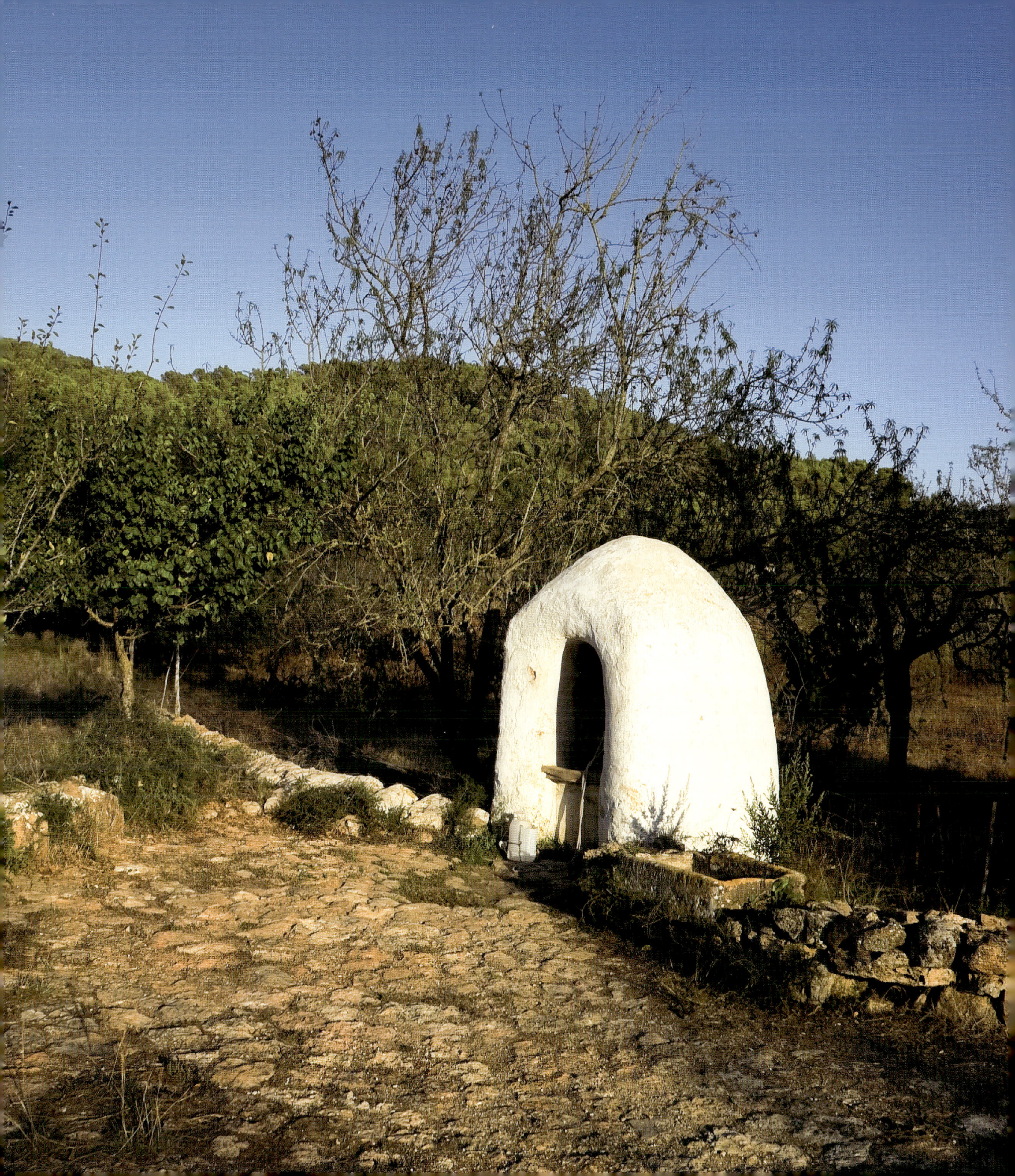

Si passeu mai per davant de casa
no deixeu d'entrar una estona:
ens ajaurem al sol sota les branques
de la més gran de les figueres
ens asseurem al sol sota les parres
sota d'un pi o d'una olivera.

Pau Riba, *Mel* (lletra de cançó)

If you ever pass by the house / don't forget to drop by for a while: / we'll lie in the sun under the boughs / of the biggest fig tree / we'll sit in the sun under the climbing vines / under a pine or under an olive tree.

Mel (song lyrics)
Pau Riba

Si alguna vez pasáis ante mi casa / no dejéis de entrar un momento: / nos tumbaremos al sol bajo las ramas / de la más grande de las higueras, / nos sentaremos al sol bajo las parras, / debajo de un pino o de un olivo.

Mel (letra de canción)
Pau Riba

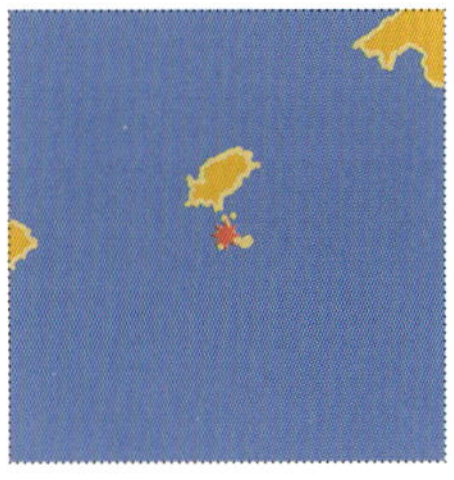

Formentera
Sant Francesc Xavier

Formentera és, de les illes habitades, la més petita de les Balears i forma part del grup de les illes Pitiüses, juntament amb Eivissa. D'aquesta illa la separen els set quilòmetres del pas des Freus. Hi ha nombroses proves que Formentera ha estat poblada, encara que fos de forma intermitent, des de l'antiguitat, tot i que el geògraf grec Estrabó l'esmentés com a *Ophiusa*, illa de les serps i suggerís que les serps verinoses feien que l'illa fos deserta. Sembla, això sí, que va quedar deshabitada a finals del segle xiv. La major seguretat contra les invasions marítimes va propiciar que es tornés a poblar a finals del xvii amb habitants provinents d'Eivissa. L'illa s'allarga entre els massissos de la Mola i el pla de Barbaria, amb una altitud màxima de prop de 200 metres a sa Talaiassa de la Mola, units per una llenca estreta i llarga, essencialment de sorra i dunes. L'església-fortalesa de Sant Francesc Xavier és l'embrió del principal nucli de l'illa, que, amb Sant Ferran de ses Roques, el Pilar de la Mola i poblats com la Savina o es Caló, conformen l'únic municipi de l'illa.

Formentera
Sant Francesc Xavier

Formentera is, of the inhabited islands, the smallest of the Balearics. It forms part of the sub-group of the Pitiüses, the Pine Islands, with Eivissa, from which it is separated by the seven kilometres of the Pas des Freus. There is a great deal of evidence that it has been populated, intermittently, since Antiquity, while the Greek geographer Strabon mentions it as *Ophiusa*, island of the snakes, suggesting that poisonous snakes turned it into a desert. It does seem, however, that it became uninhabited in the late-14th century. Greater security against invasions meant that it was repopulated towards the end of the 17th century with inhabitants from Eivissa. The island stretches between the massifs of La Mola and the Pla de Barbaria, with a maximum height of about 200 metres at Sa Talaiassa de la Mola, joined by a long and narrow belt, essentially sand and dunes. The church-cum-fortress of Sant Francesc Xavier is the embryo of the main centre of the island, which, with Sant Ferran de ses Roques, El Pilar de la Mola and towns such as Savina or Es Caló, make up the island's sole district.

Formentera
Sant Francesc Xavier

Formentera es, de las islas habitadas, la más pequeña de las Baleares y forma parte, con Eivissa, del grupo de las islas Pitiusas. De esta isla la separan los siete kilómetros del paso Des Freus. Hay numerosas pruebas de que Formentera estuvo poblada, ni que fuera de forma intermitente, desde la antigüedad, aun cuando el geógrafo griego Estrabón la mencionara como *Ophiusa*, isla de las serpientes, sugiriendo que las serpientes venenosas hacían que la isla estuviera desierta. Parece, esto sí, que quedó deshabitada a finales del siglo xiv. La mayor seguridad contra las invasiones marítimas propició que se volviera a poblar a finales del xvii con habitantes provenientes de Eivissa. La isla se alarga entre los macizos de la Mola y el Pla de Barbaria, con una altitud máxima de cerca de 200 metros en Sa Talaiassa de la Mola, unidos por una faja estrecha y larga, esencialmente de arena y dunas. La iglesia-fortaleza de Sant Francesc Xavier es el embrión del núcleo principal de la isla, que con Sant Ferran de ses Roques, el Pilar de La Mola y poblados como La Savina o Es Caló, forman el único municipio de la isla.

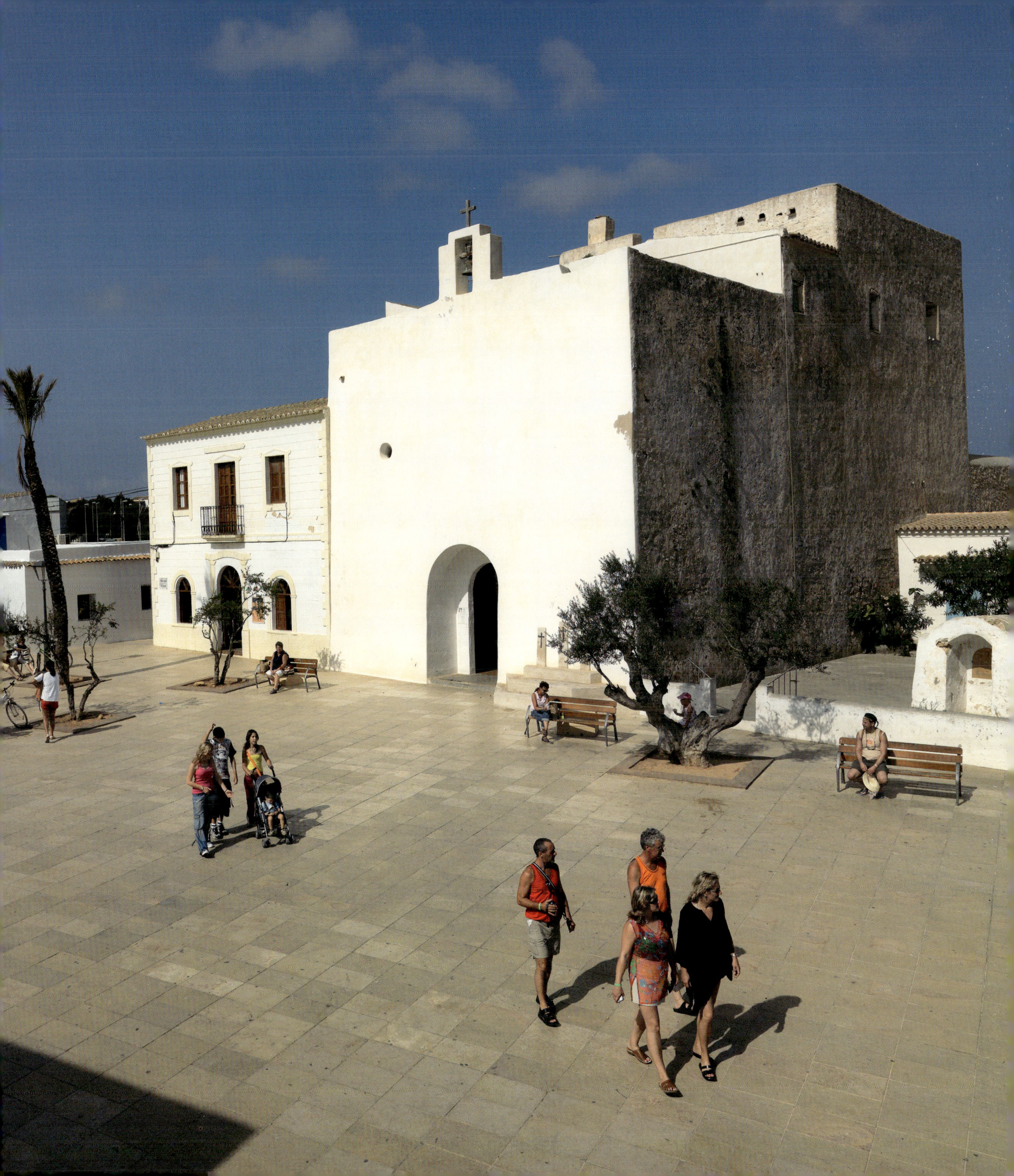

El cel aquí és molt gran, i s'hi allarga el crepuscle interminablement. Venia de les dunes, vora mar; dels quiets estanys; de les savines; les figueres i tota vegetal companyia; de l'escampada gent; dels camps de roca i feixes tancades amb parets: d'un tros de Formentera.

MARIÀ VILLANGÓMEZ, *L'altra illa*

The sky is extremely vast here, and it extends the twilight / interminably. It came from the dunes, / beside the sea; from the calm lagoons; from the savins; / the figs and all the plant life that accompanies / the disperse people; from the fields of rock and crops / closed by walls: from a piece of Formentera.

L'altra illa
Marià Villangómez

El cielo es aqui muy grande, y se alarga el crepúsculo / interminablemente. Venía de las dunas, / junto al mar; de las quietas lagunas; de las sabinas; / las higueras y toda vegetal compañía / de la dispersa gente; de los campos de roca y cultivos / encerrados entre muros: de un pedazo de Formentera.

L'altra illa
Marià Villangómez

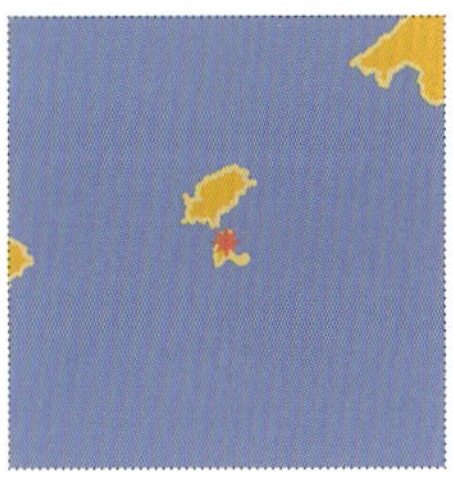

FORMENTERA
MOLÍ DES CARREGADOR

L'antic molí des Carregador, al fons de la imatge, era un molí de sal, avui un restaurant, a la zona de Ses Illetes de Formentera. La platgeta des Carregador separa aquesta zona de la platja des Cavall d'en Borràs, al sud. Ses Illetes és una part de la costa nord de l'illa, situada a ponent de la península des Trucadors. Tant Ses Illetes com aquesta segona, una estreta franja de terra formada per un conjunt de dunes, s'inclouen en el parc natural de Ses Salines. Aquest parc de les illes d'Eivissa i Formentera és un espai protegit per llei del Parlament Balear des de 2001. El nom de Ses Illetes es deu a l'existència de diversos esculls i illots, com l'escull d'en Palla, l'illa Redona o des Conills, l'escull des Pou, l'illa d'en Forn o illa des Pouet i l'illa de Tramuntana. La platja de Ses Illetes, una de les més freqüentades de les illes Balears, és, de fet, un conjunt de platges, algunes de les quals són la de Ses Xalanes i la de n'Adolf.

FORMENTERA
MOLÍ DES CARREGADOR

The old Molí des Carregador, in the background, was a salt mill, today a restaurant, in the area of Ses Illetes in Formentera. The small beach of Des Carregador separates this area from the beach of Des Cavall d'en Borràs, to the south. Ses Illetes is a part of the island's northern coast, situated to the east of the Trucadors peninsula. Both Ses Illetes and this second one, a narrow stretch of land formed by a series of dunes, is included in the Ses Salines natural park. This park on the islands of Eivissa and Formentera is a space protected by a law passed by the Balearic Parliament in 2001. The name of Ses Illetes lies in the presence of diverse protruding rocks, esculls, and islets, illes, such as the Escull d'en Palla, the Illa Redona or Conills, the Escull des Pou, the Illa d'en Forn or the Illa des Pouet and Illa de Tramuntana. The beach of Ses Illetes, one of the most frequented on the Balearic Isles, is, in fact, a series of beaches, two of which are called Ses Xalanes and Adolf.

FORMENTERA
MOLINO DES CARREGADOR

El antiguo molino Des Carregador, al fondo de la imágen, era un molino de sal, hoy restaurante, en la zona de Ses Illetes a Formentera. la pequeña playa Des Carregador separa esta zona de la playa Des Cavall d'en Borràs, al sur. Ses Illetes es una parte de la costa norte de la isla, situada a poniente de la península Des Trucadors. Tanto Ses Illetes como esta segunda, una estrecha franja de tierra formada por un conjunto de dunas, se incluyen en el parque natural de Ses Salines. Este parque de las islas de Ibiza y Formetera es un espacio protegido por ley del parlamento Balear desde 2001. El nombre de Ses Illetes se debe a la existencia de diversos escullos e islotes como el escullo de En Palla, la isla Redona o Des Conills, el escullo Des Pou, la isla de En Forn o isla Des Pouet y la isla de Tramuntana. la playa de ses Illetes, una de las más fracuentadas de las Baleares, es , de hecho un conjunto de playas, algunas de las cuales son la de Ses Xalanes y la de N'Adolf.

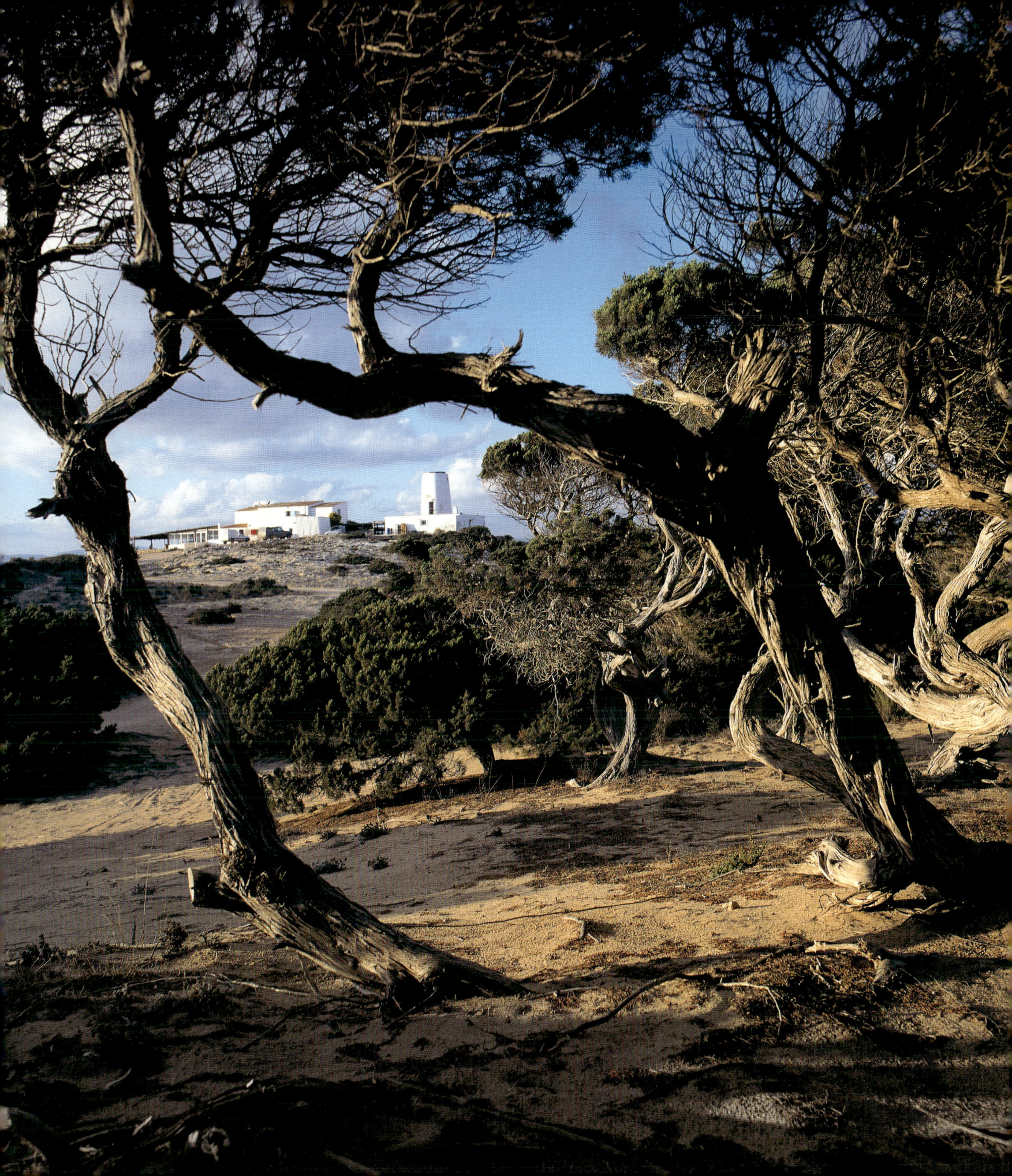

Molt més que un temple, bastiria amb les meues paraules, aspres i humils, una marjada com aquelles que vaig veure un dia a Mallorca.

Vicent Andrés Estellés, *Horacianes*

Rather than a temple, I would build / with my words, rough and / humble, a stone terrace like those / I saw one day in Mallorca.

Horacianes,
Vicent Andrés Estellés

Mucho más que un templo, erigiría con mis palabras, ásperas y humildes, un bancal como aquellos que un día vi en Mallorca.

Horacianes,
Vicent Andrés Estellés

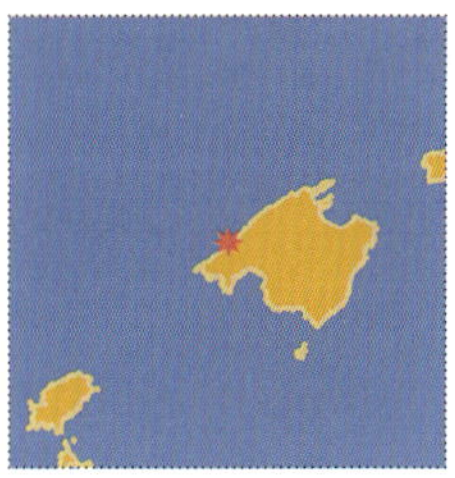

Mallorca
Banyalbufar

No hi ha dubte que Banyalbufar, situat entre la serra de Tramuntana, a l'illa de Mallorca, i la Mediterrània, va ser construït vora la mar. El nom àrab de la vila significa això, i la paraula *construcció* es podria aplicar tant al poblament com al paisatge de camps; camps de conreu construïts pam a pam a base de marjades, terrasses que aprofiten, i desafien, el pendent de la serra. Banyalbufar, com a tal, neix després de la conquesta musulmana, al segle x, quan una comunitat comença a bastir-hi una alqueria, els primers marges de pedra seca i una important xarxa hidràulica. Tanmateix, s'hi ha trobat restes d'ocupacions de les cultures pretalaiòtica i talaiòtica. Amb la conquesta catalana de Mallorca, el 1229, el municipi va ser repoblat, i el 1392 es va crear la baronia de Banyalbufar. Fins al segle xix l'economia banyalbufarina es basava en la dualitat fundacional, és a dir, pesca i agricultura, sobretot de conreu de vinya, per a elaborar la famosa malvasia.

Mallorca
Banyalbufar

There is no doubt that Banyalbufar, situated between the Serra de Tramuntana mountains, on the island of Mallorca, and the Mediterranean, was built by the sea. This means that the Arab name of the town and the word *construction* could be applied to both the town itself and the surrounding countryside. Cultivated fields placed inch by inch from the marshlands, terraces that make full use of, and defy, the mountain slop. Banyalbufar, as such, was founded after the Muslim conquest, in the 10th century, when a community began building a farmstead, the first dry stone walled fields and an important irrigation network. Furthermore, remains have been found of occupations by pre-Talayotic and Talayotic cultures. With the Catalan conquest of Mallorca, in 1229, the district was once again repopulated and in 1392 the Barony of Banyalbufar was created. Until the 19th century the local economy was based on the twofold founding activities, fishing and agriculture, above all grape harvesting, to make the famous *Malvasia* wine.

Mallorca
Banyalbufar

No hay duda que Banyalbufar, situado entre la sierra de Tramuntana, en la isla de Mallorca, y el Mediterráneo, fue construido cerca del mar. El nombre árabe de la villa significa eso, y la palabra *construcción* se podría aplicar tanto al poblado como al paisaje de campos; campos de cultivo construidos palmo a palmo a base de terrazas que aprovechan, y desafían, la pendiente de la sierra. Banyalbufar, como tal, nace tras la conquista musulmana, en el siglo x, cuando una comunidad empieza a levantar una alquería, las primeras terrazas de mampostería en seco y una importante red hidráulica. Aun así, se han encontrado restos de ocupaciones de las culturas pretalayótica y talayótica. Con la conquista catalana de Mallorca, en 1229, el municipio fue repoblado, y en 1392 se creó la Baronía de Banyalbufar. Hasta el siglo xix su economía se basaba en la dualidad fundacional, es decir, pesca y agricultura, sobre todo de cultivo de la viña, para elaborar la famosa Malvasía de Banyalbufar.

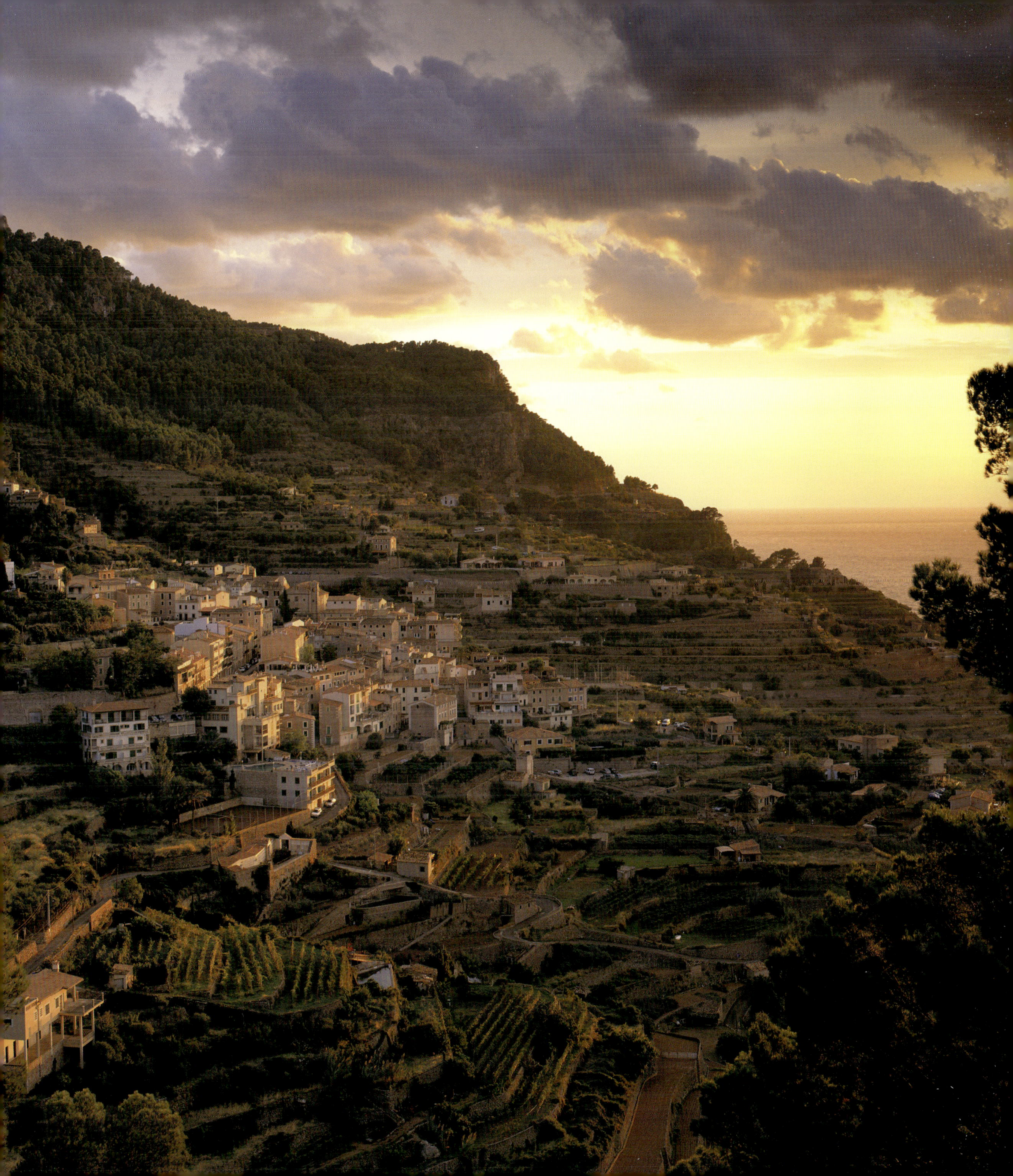

Són creat e ésser m'és dat
a servir Déu que fos honrat,
e són caüt en mant pecat
e en ira de Déu fui pausat.
Jesús me venc crucificat,
volc que Déus fos per mi amat.

Ramon Llull, *Cant de Ramon*

I was created, my being was
to serve and honour God,
I committed many sins
And the wrath of God I incurred.
Jesus came to me crucified,
wanting God to be loved by me.

Cant de Ramon,
Ramon Llull

He sido creado, se me ha dado el ser
para servir a Dios y honrarlo,
cometí muchos pecados,
caí en la ira de Dios.
Jesús me vino crucificado
queriendo que Dios fuera por mí amado.

Cant de Ramon,
Ramon Llull

Illes Balears

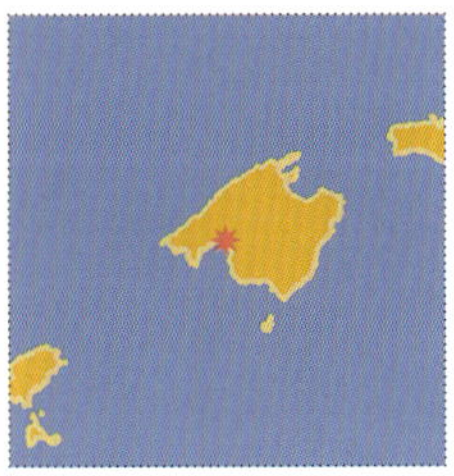

Palma Catedral

La catedral de Palma, o la Seu, com és coneguda, d'estil gòtic i situada en un indret privilegiat, es va començar a construir a la darreria del segle xiii, després de l'arribada, el 1229, del rei Jaume I. El monarca catalanoaragonès va desembarcar a l'illa i va assetjar la ciutat, *«la més bella vila que mai haguéssim vist»*, com escriu ell mateix en el *Llibre dels feits*. L'origen de Palma o Ciutat de Mallorca, capital de la comunitat autònoma de les Illes Balears, se situa en l'any 123 aC, quan el cònsol romà Quint Cecili Metel va vèncer els pobladors de les illes. A principis del segle xx un personatge de fama mundial, Antoni Gaudí, amb la col·laboració d'altres arquitectes, va emprendre reformes en aquesta catedral de sòlida presència. El mural ceràmic de la capella del Santíssim, obra de l'artista mallorquí reconegut internacionalment, Miquel Barceló, és l'última gran intervenció artística a la catedral. El mural, de 2006, representa la multiplicació dels pans i els peixos.

Palma Cathedral

The Cathedral of Palma, or La Seu, as it is known, in Gothic style and situated in an outstanding spot, began to be built in the late-13th century, after the arrival, in 1229, of King Jaume I. The Catalan-Aragonese monarch landed on the island and laid siege to the city, "the most beautiful city that I have ever seen", as he wrote in the *Llibre dels feits*. The origin of Palma or Ciutat de Mallorca, capital of the autonomous community of the Balearic Islands, dates back to 123 BC, when the Roman Consul Quintus Caecilius Metellus defeated the settlers of the islands. In the early-20th century, a world-famous name, Antoni Gaudí, with the collaboration of other architects, embarked on reforms in this cathedral with a solid appearance. The ceramic mural of the Holy Chapel, work of the internationally recognised Mallorca artist, Miquel Barceló, is the most recent artistic intervention in the Cathedral. The mural, produced in 2006, represents the miracle of the loaves and fish.

Palma Catedral

La catedral de Palma, o la Seu, como es conocida, de estilo gótico y situada en un lugar privilegiado, se empezó a construir a finales del siglo xiii, tras la llegada, en 1229, del rey Jaime I. El monarca catalanoaragonés desembarcó en la isla y sitió la ciudad, *«la más bella villa que nunca hubiéramos visto»*, como escribe él mismo en el *Llibre dels feits*. El origen de Palma o Ciutat de Mallorca, capital de la comunidad autónoma de las Islas Baleares, se sitúa en el año 123 aC, cuando el cónsul romano Quinto Cecilio Metelo venció a los pobladores de las islas. A principios del siglo xx un personaje de fama mundial, Antoni Gaudí, con la colaboración de otros arquitectos, emprendió reformas en esta catedral de sólida presencia. El mural cerámico de la capilla del Santísimo, obra del artista mallorquín reconocido internacionalmente, Miquel Barceló, es la última gran intervención artística en la catedral. El mural, de 2006, representa la multiplicación de los panes y los peces.

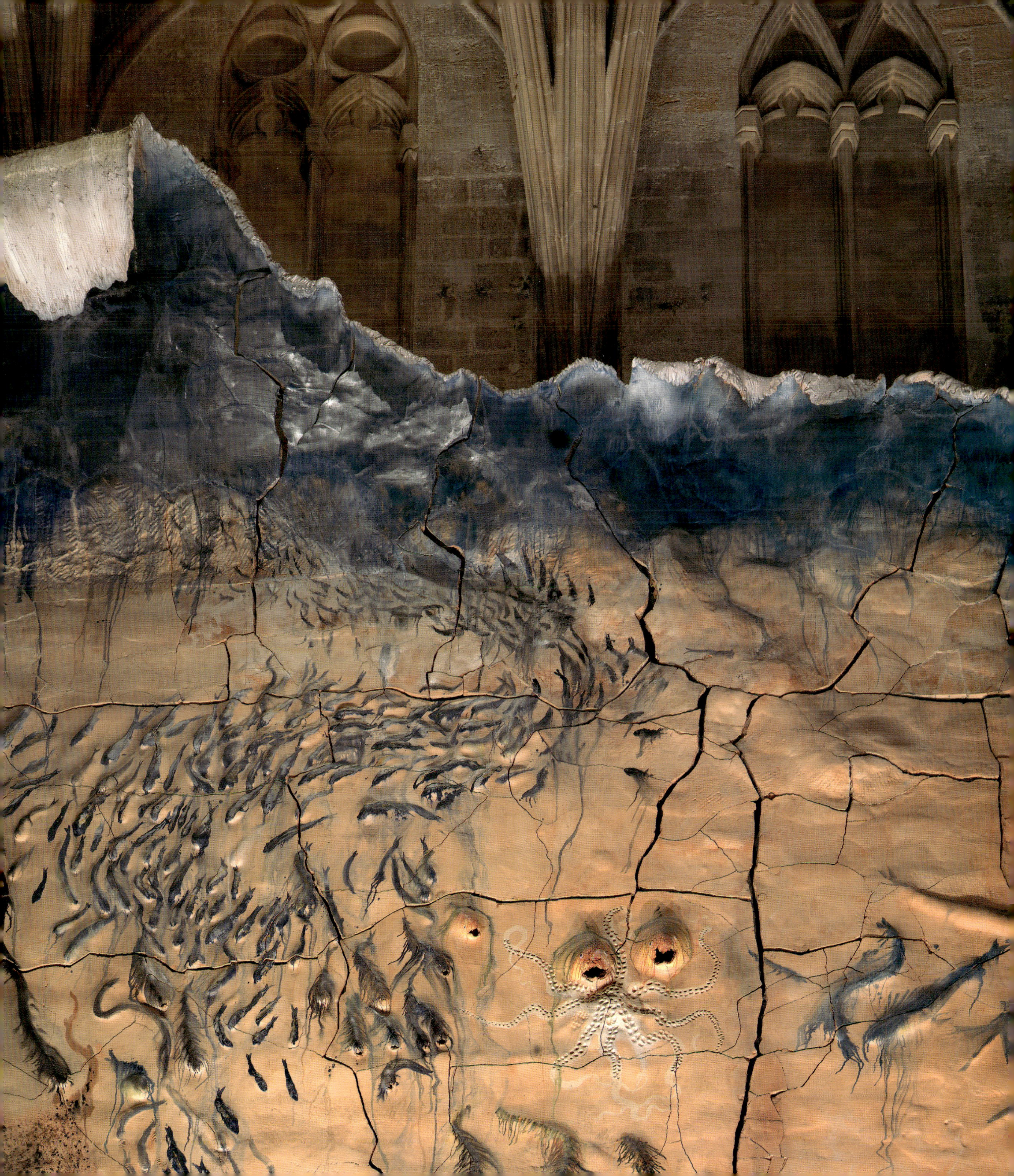

Joan Miró fa la impressió d'un home segur, reservat, d'una intuïció i d'una tenacitat radicals, que ha laborat els seus grans salts pictòrics anant, sí, amb peus de plom.

BALTASAR PORCEL, *Joan Miró o l'equilibri fantàstic*

*

Joan Miró gives the impression of a reliable, reserved man, with intuition and a radical tenacity, who has achieved his great pictorial leaps, in fact, with careful, delicate steps.

Joan Miró o l'equilibri fantàstic,
Baltasar Porcel

*

Joan Miró da la impresión de ser un hombre seguro, reservado, de una intuición y una tenacidad radicales, que ha elaborado sus grandes saltos pictóricos andando, sí, con pies de plomo.

Joan Miró o l'equilibri fantàstic,
Baltasar Porcel

ILLES BALEARS

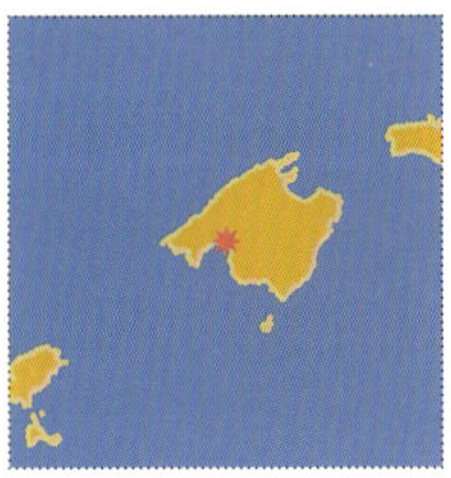

*

MALLORCA
FUNDACIÓ PILAR I JOAN MIRÓ
MUSEU I TALLERS DE MIRÓ

Joan Miró, un dels artistes catalans més internacionals, difícil d'adscriure en cap escola, va néixer a Barcelona el 1893 i va morir a Palma, el 1983. Interessat en el subconscient, en els elements d'un món poètic arrelat en la infantesa i en el seu país. De jove, una malaltia li va fer passar una temporada en una casa familiar de Mont-roig del Camp, al Camp de Tarragona. Miró deia que els seus dos pols d'inspiració eren Mont-roig, la terra per a trepitjar-hi fort, i Mallorca, el cel on construir el somni. Als anys cinquanta s'instal·la en aquesta illa amb la seva dona, Pilar Juncosa. El 1981 Pilar i Joan Miró donen a la ciutat de Palma bona part de l'obra de l'artista i els tallers on l'havia creada, com la possessió de Son Boter o el taller construït per l'arquitecte Josep Lluís Sert. El 1992 s'hi va afegir la nova seu de la Fundació, de l'arquitecte Rafael Moneo. El 1975, també gràcies a una donació, s'havia obert a Barcelona la Fundació Joan Miró.

*

MALLORCA
FUNDACIÓ PILAR I JOAN MIRÓ
MUSEUM AND STUDIOS OF MIRÓ

Joan Miró, one of the most international Catalan artists, difficult to subscribe to any school, was born in Barcelona in 1893 and died in Palma, in 1983. Interested in the subconscious, in the elements of a poetic world rooted in childhood and his country, as a young man, an illness forced him to spend some time in a family house in Mont-roig del Camp, in Camp de Tarragona. Miró said that his two poles of inspiration were Mont-roig, the land for stamping on hard, and Mallorca, the heaven in which to build the dream. In the 1950s he settled on this island, with his wife, Pilar Juncosa. In 1981, Pilar and Joan Miró gave the city of Palma a large part of the artist's work and the studios where it had been created, such as the property of Son Boter or the studio built by the architect Josep Lluís Sert. In 1992 the new art centre of the Fundació was added, by the architect Rafael Moneo. Earlier, in 1975, also thanks to a donation, the Fundació Joan Miró opened in Barcelona.

*

MALLORCA
FUNDACIÓ PILAR I JOAN MIRÓ
MUSEO Y TALLERES DE MIRÓ

Joan Miró, uno de los artistas catalanes más internacionales, difícil de adscribir a ninguna escuela, nació en Barcelona en 1893 y murió en Palma, en 1983. Miró se interesó por el subconsciente, por los elementos de un mundo poético arraigado en la niñez y en su país. De joven, una enfermedad le hizo pasar una temporada en una casa familiar de Mont-roig del Camp, en el Camp de Tarragona. Miró decía que sus dos polos de inspiración eran Mont-roig, la tierra para pisar firme, y Mallorca, el cielo donde construir los sueños. En los años cincuenta se instala en esta isla con su mujer, Pilar Juncosa. En 1981 Pilar y Joan Miró dan a la ciudad de Palma buena parte de la obra del artista y los talleres donde la había creado, como el predio de Son Boter o el taller construido por el arquitecto Josep Lluís Sert. En 1992 se añadió la nueva sede de la Fundació, del arquitecto Rafael Moneo. En 1975, también gracias a una donación, se abrió en Barcelona la Fundació Joan Miró.

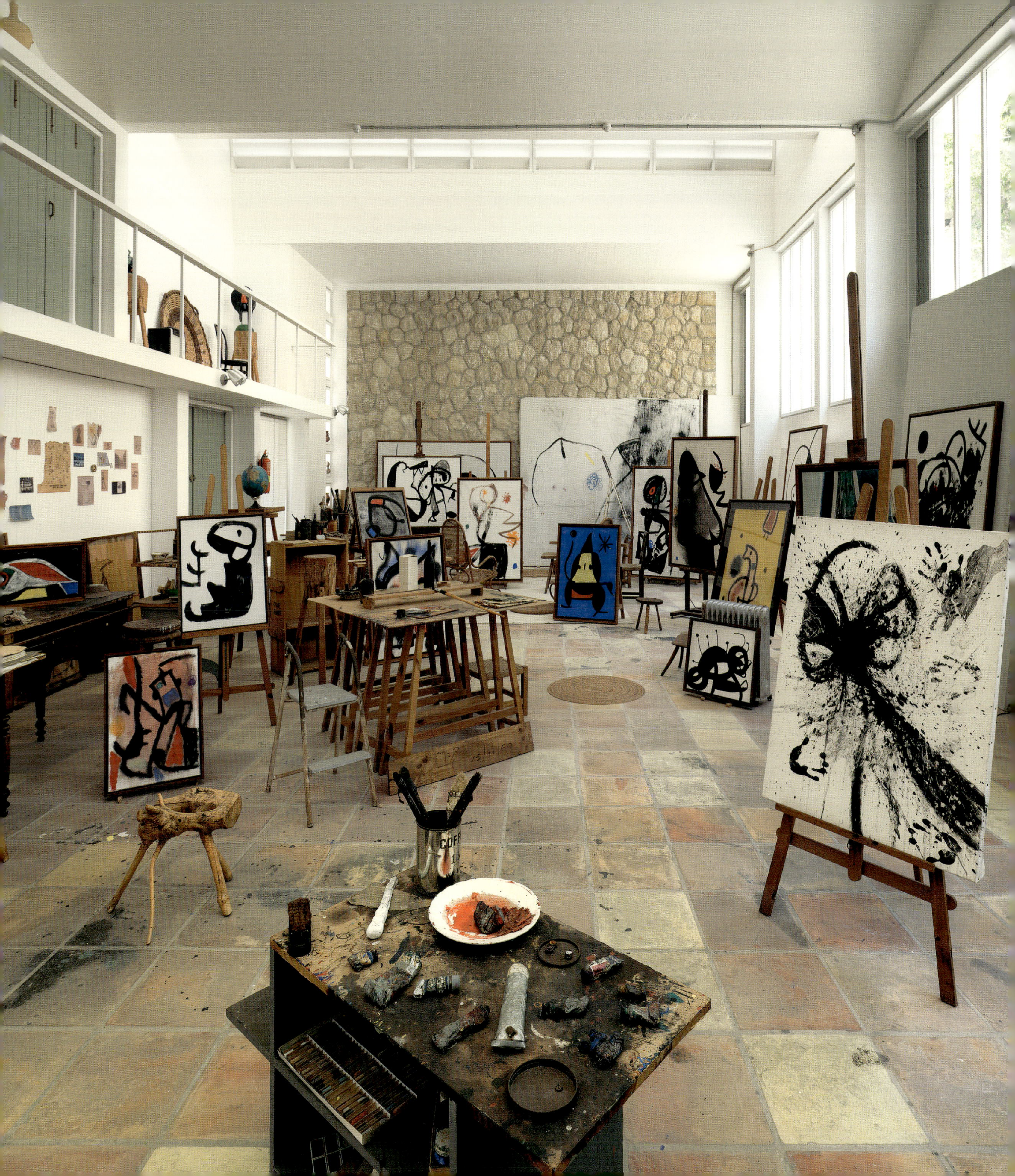

Endevino la llum i la tonada
del cel i el bosc que novament retrobo.
Clemència de les pedres i les fulles!
El meu nom estranger torna a ésser vostre,
en un càntic recent de nova gràcia!

Bartomeu Rosselló-Pòrcel, *«Castell de Bellver»*, dins *Imitació del foc*

I make out the light and the shade / Of the sky and the wood that I find once again. / Clemency of the stones and leaves! / My strange name is yours again, / In a recent song of new charm!

"Castell de Bellver" within *Imitació del foc*, Bartomeu Rosselló-Pòrcel

Adivino la luz y la tonada / del cielo y bosque que de nuevo encuentro. / ¡Clemencia de las piedras y las hojas! / Mi nombre extranjero vuelve a ser vuestro, / en un cántico reciente de gracia nueva.

«Castell de Bellver» dentro de *Imitació del foc*, Bartomeu Rosselló-Pòrcel

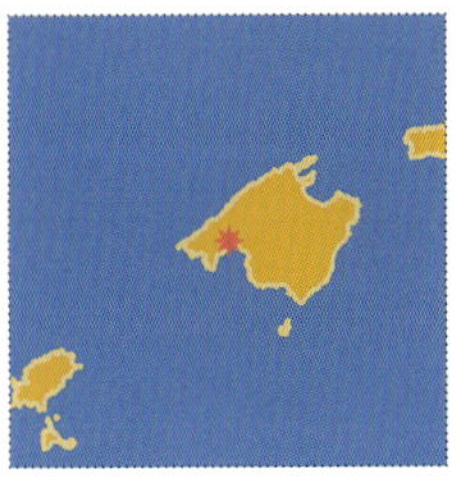

Palma
Castell de Bellver

El castell de Bellver, encimbellat dalt d'un puig, sobre Palma, a Mallorca, a uns tres quilòmetres del centre de la ciutat, és una de les poques fortaleses europees de planta circular. Les seves vistes privilegiades de Palma, la mar, la serra de Tramuntana i el pla central de l'illa, li donen nom, que en català medieval significa «bona» o «bella vista». D'estil gòtic català, construït a partir del 1300 per l'arquitecte Pere Salvà i concebut amb funcions de residència dels reis de Mallorca, hi van fer estada els monarques Jaume II, Sanç, Jaume III de Mallorca i Joan I d'Aragó. Bellver ha esdevingut amb el temps una imatge simbòlica de la ciutat.
El 1931, després d'haver estat utilitzat com a presó, la República Espanyola el va cedir a l'Ajuntament de Palma, que el va destinar a museu. Allotja el Museu d'Història de la Ciutat i la col·lecció Despuig d'escultura clàssica, i s'utilitza per a activitats protocol·làries i culturals, com cicles de música clàssica.

Palma
Castle of Bellver

The Castle of Bellver, hanging over a hill, above Palma, in Mallorca, is some three kilometres from the city centre, and is one of the few European fortresses of a circular ground plan. Its wonderful views, of the sea, the Tramuntana mountain range and the central plain of the island, gives it its name, which in medieval Catalan meant "lovely" or "beautiful view". In Catalan Gothic style, built from 1300 by the architect Pere Salvà and designed as a residence for the kings of Mallorca, the monarchs Jaume II, Sanç, Jaume III of Mallorca and Joan I of Aragon all stayed there. Bellver has become over time a symbolic image of the city. In 1931, after having been used as a prison, the Spanish Republic gave it to the Palma City Council, which turned it into a museum. It houses the City History Museum and the Despuig collection of classical sculpture and is used for protocol and cultural activities, such as classical music cycles.

Palma
Castillo de Bellver

El castillo de Bellver, encaramado encima de un monte, sobre Palma, en Mallorca, a unos tres kilómetros del centro de la ciudad, es una de las pocas fortalezas europeas de planta circular. Sus vistas privilegiadas de Palma, del mar, de la sierra de Tramuntana y del llano central de la isla, son las que le dan nombre, que en catalán medieval significa «buena» o «bella vista». De estilo gótico catalán, construido a partir de 1300 por el arquitecto Pere Salvà y concebido con funciones de residencia para los reyes de Mallorca, aquí residieron los monarcas Jaime II, Sancho, Jaime III de Mallorca y Juan I de Aragón. Bellver se ha convertido con el tiempo en una imagen simbólica de la ciudad. En 1931, después de haber sido utilizado como prisión, la República Española lo cedió al Ayuntamiento de Palma, que lo destinó a museo. Aloja el Museo de Historia de la Ciudad y la colección Despuig de escultura clásica, y se utiliza para actividades protocolarias y culturales, como ciclos de música clásica.

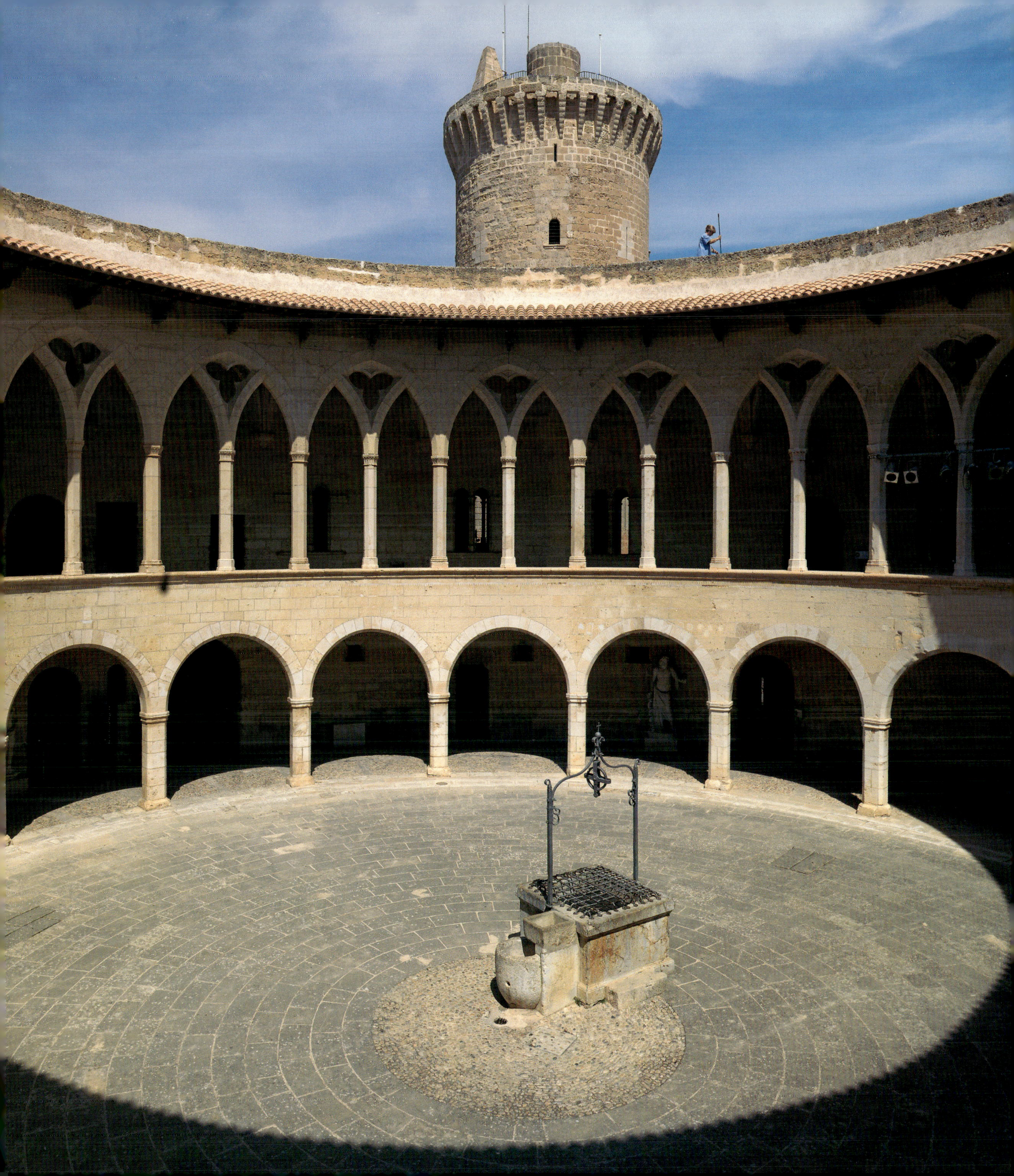

Així que, com que m'havia informat que la millor cala d'aquella zona de costa era sa Calobra, cap a sa Calobra que vaig decidir d'anar-me'n. L'única manera possible era fent dit, és a dir, en autoestop.

JOSEP PIERA, *Puta postguerra*

So, as I had been told that the best cove of the area was Sa Calobra, towards Sa Calobra was where I decided to head for. The only way to do so was by thumbing it, that is, by hitchhiking.

Puta postguerra, Josep Piera

Así que, como me habían dicho que la mejor cala de aquella zona de la costa era Sa Calobra, hacia Sa Calobra decidí marchar. La única manera posible era haciendo dedo, es decir, en autoestop.

Puta postguerra, Josep Piera

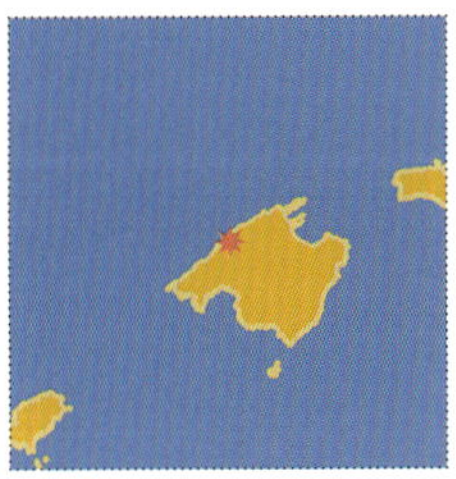

MALLORCA SA CALOBRA

La cala de sa Calobra, al municipi mallorquí d'Escorca, té un accés difícil per una carretera plena de revolts que duu fins a aquesta osca blava a la serra de Tramuntana. La cala, pròxima al nucli del mateix nom, s'obre entre els morros de ses Felles i sa Vaca. En un extrem hi desemboca el torrent de Pareis, curs d'aigua que neix a l'indret de s'Entreforc, on es troben el torrent del Gorg Blau i de Lluc. El torrent de Pareis és un dels punts més especials de la serra de Tramuntana. Aquesta, que ressegueix la costa nord-occidental de Mallorca, és l'espai natural més gran de les Balears. La Serra, com és coneguda, és llarga, d'uns 90 quilòmetres entre el cap de Formentor i l'illa de sa Dragonera, i ampla, d'uns 20 quilòmetres al centre. Hi ha una quinzena de cims que passen de 1.000 metres: el més alt és el Puig Major, de més de 1.400 metres. La part més elevada correspon al tram central, i la costa és alta i escarpada, amb penya-segats que arriben a 500 metres.

MALLORCA SA CALOBRA

The cove of Sa Calobra, in the Mallorcan district of Escorca, is difficult to reach along a road full of bends, which leads to this blue niche in the Tramuntana range. The cove, close to the town of the same name, opens up between the promontories of Ses Felles and Sa Vaca. At one end the Pareis torrent flows out, a watercourse that springs from the spot of Entreforc, where the torrents of Gorg Blau and Lluc are found. The Pareis torrent is one of the special places on the Serra de Tramuntana. This range, which follows the line of the northwest coast of Mallorca, is the largest natural space in the Balearic Islands. The Serra, as it is known, extends for 90 kilometres between Cap de Formentor and the islet of Sa Dragonera, and is some 20 kilometres wide in the centre. There are fifteen peaks that are higher than 1,000 metres: the highest is Puig Major, at over 1,400 metres. The highest part corresponds to the central section, and the coast is high and rugged, with cliffs that reach a height of 500 metres.

MALLORCA SA CALOBRA

La cala de Sa Calobra, en el municipio mallorquín de Escorca, tiene un acceso difícil por una carretera llena de curvas, que lleva hasta este desfiladero azul en la sierra de Tramuntana. La cala, próxima al núcleo del mismo nombre, se abre entre las puntas de Ses Felles y Sa Vaca. En un extremo desemboca el torrente de Pareis, curso de agua que nace en el lugar de S'Entreforc, donde se encuentran el torrente del Gorg Blau y el del Lluc. El torrente de Pareis es uno de los puntos más especiales de la sierra de Tramuntana. Ésta, que resigue la costa noroccidental de Mallorca, es el espacio natural más grande de las Baleares. La Serra, como se la conoce, se alarga unos 90 kilómetros entre el cabo de Formentor y la isla de Sa Dragonera, y, en el centro, tiene unos 20 kilómetros de anchura. Hay una quincena de cumbres que pasan de 1.000 metros: el más alto es el Puig Major, de más de 1.400 metros. La parte más alta corresponde al tramo central, y la costa es alta y escarpada, con acantilados que llegan hasta los 500 metros.

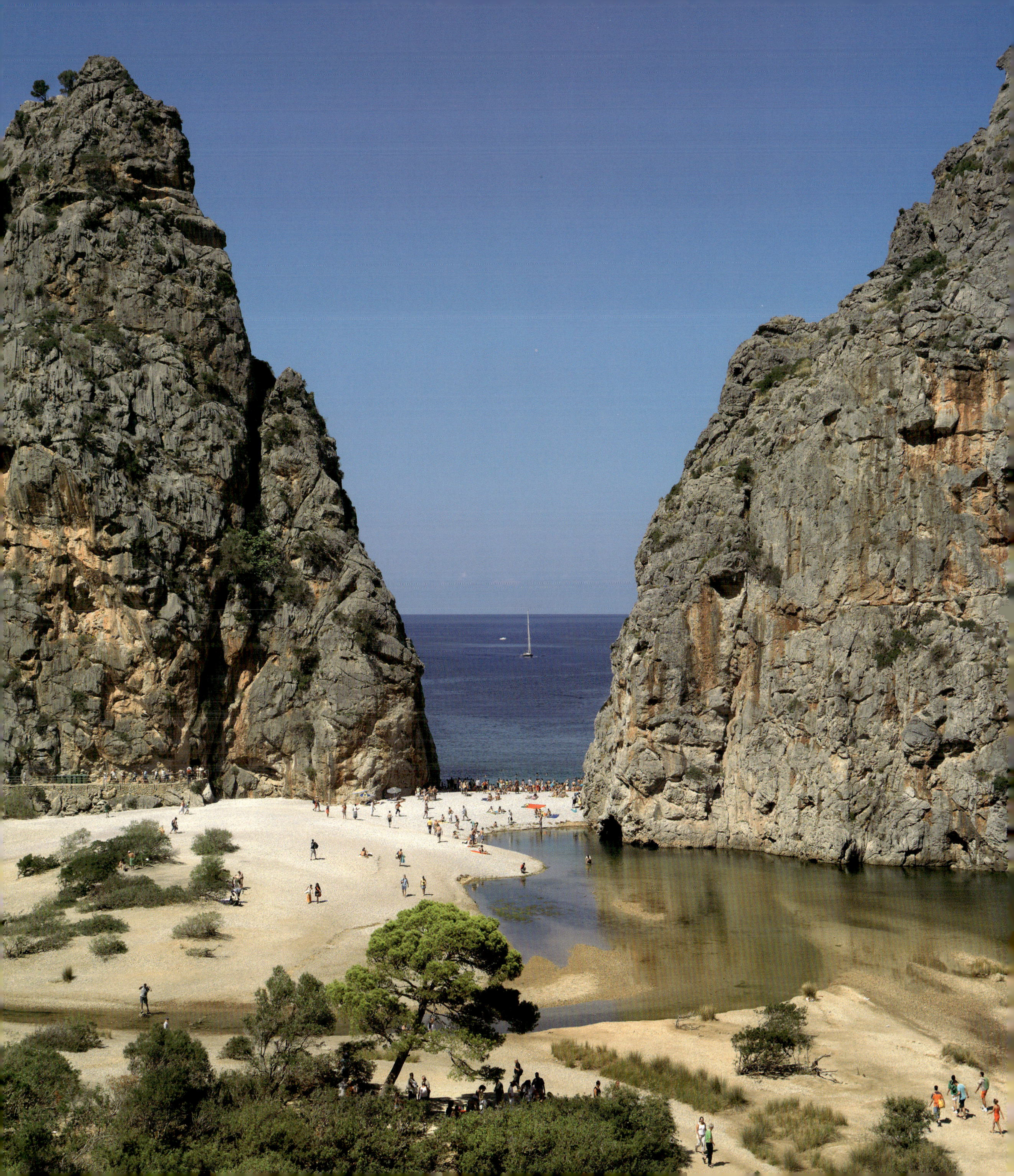

Quan lluny, damunt les ones, renaix la llum divina,
no canta per ses branques l'aucell que encativam;
lo crit sublim escolta de l'àguila marina,
o del voltor que puja sent l'ala gegantina
remoure son fullam.

MIQUEL COSTA I LLOBERA, *Lo pi de Formentor*

When far away, above the waves, the divine light is reborn, / the bird that we captured does not sing from the branches; / it listens to the sublime cry of the sea eagle, / or hears the gigantive wing of the vulture / moving the foliage.

Lo pi de Formentor,
Miquel Costa i Llobera

Cuando sobre las olas nace la luz divina, / no canta por sus ramas ningún ave cautiva; / ese grito sublime del águila marina / o del buitre que sube como ala dragontina / remueve su espesor.

Lo pi de Formentor,
Miquel Costa i Llobera

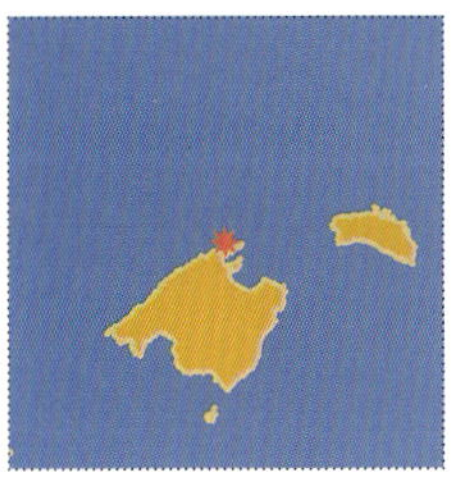

MALLORCA
FORMENTOR

Al cap de Formentor s'hi troben els vents. De vegades, de forma encalmada; d'altres, amb tota la fúria. No debades el poeta mallorquí Miquel Costa i Llobera, la família del qual era propietària de la península de Formentor, va escriure en el conegut poema *Lo pi de Formentor* (1875): *«lluita amb les ventades que atupen la ribera, que cruixen lo terrer.»*
No debades tampoc, aquí s'acaba la serra de Tramuntana, que pren el nom d'un vent. La península de Formentor fa 12 quilòmetres de llargada i uns 3 d'amplada, i se situa al municipi de Pollença. En la seva espectacular costa s'alternen les cales sorrenques, com la del Pi de la Posada, que inclou l'illa de Formentor, i els caps, com el de Formentor, el més oriental, culminat pel far d'aquest nom.
La carretera que uneix el port de Pollença amb el cap de Formentor la va construir l'enginyer Parietti. En morir el poeta Costa i Llobera, part de la propietat va ser comprada per a construir-hi, el 1928, l'Hotel Formentor.

MALLORCA
FORMENTOR

The Cap de Formentor is where the winds are. Sometimes, a calm breeze, and on other occasions, with all their fury. Not in vain, the Mallorca poet Miquel Costa i Llobera, whose family owned the Formentor peninsula, wrote in the famous poem *Lo pi de Formentor* (1875): *"struggling against the gusts of wind that hit the banks, that crack the land"*. It is also not in vain that here the Serra de Tramuntana ends, the name of a wind. The Formentor peninsula is 12 kilometres long and 3 wide and is located in the district of Pollença. Along its spectacular coast alternate sandy coves, such as those of Pi de la Posada, which includes the islet of Formentor, and capes, such as that of Formentor, the easternmost, culminating in the lighthouse of the same name. The road that joins Port de Pollença with Cap de Formentor was built by the engineer Parietti. On the death of the poet Costa i Llobera, part of the property was bought to build, in 1928, the Hotel Formentor.

MALLORCA
FORMENTOR

En el cabo de Formentor se citan los vientos. A veces, con calma, a veces, con toda su furia. No en balde, el poeta mallorquín Miquel Costa i Llobera, cuya familia era propietaria de la península de Formentor, escribió en el conocido poema *Lo pi de Formentor* (1875): *«lucha con las ventadas que golpean la ribera, que hacen crujir al terruño.»* No en balde tampoco, aquí termina la sierra de Tramuntana, que toma el nombre de un viento. La península de Formentor tiene 12 kilómetros de largo y unos 3 de ancho, y se sitúa en el municipio de Pollença. En su espectacular costa se alternan las calas arenosas, como la del Pi de la Posada, que incluye la isla de Formentor, y los cabos, como el de Formentor, el más oriental, culminado por el faro del mismo nombre. La carretera que une el Puerto de Pollença con el cabo de Formentor la construyó el ingeniero Parietti. Al morir el poeta Costa i Llobera, parte de la propiedad fue comprada para construir, en 1928, el Hotel Formentor.

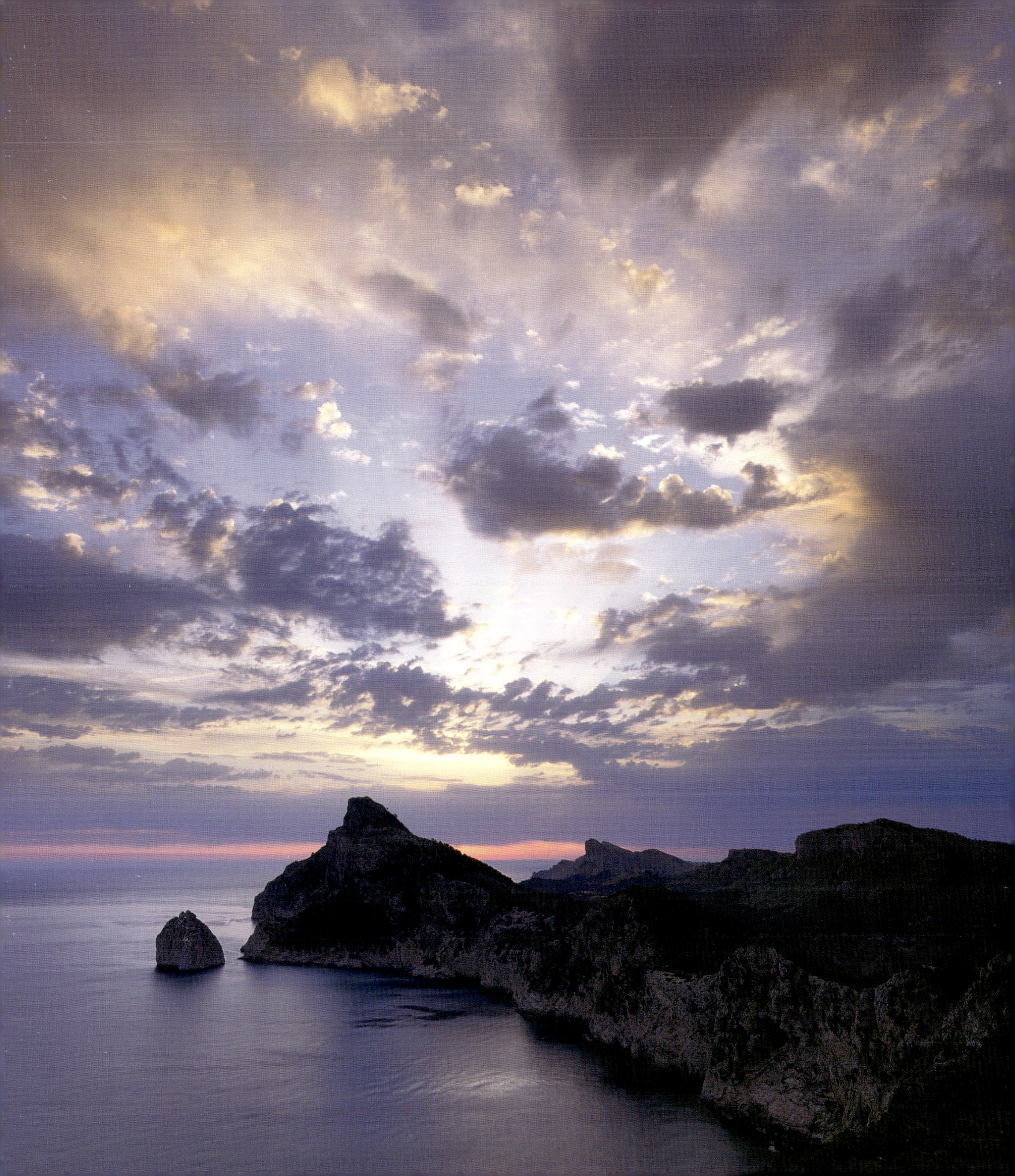

Recordo que els cavalls negres i suats entraven a casa i que quan gairebé eren a la cuina, on feien la volta per sortir, jo els veia com unes bèsties altes i amples, i que els cavallers es prenien un glopet de gin que els donava la iaia [...]

JORDI COCA, *La noia del ball*

*

I remember that the black and sweating horses entered the house and when they were almost in the kitchen, where they turned to leave, I saw them as tall wide beasts, and that the riders drank a gulp of gin that grandma gave them [...]

La noia del ball,
Jordi Coca

*

Recuerdo que los caballos negros y sudados entraban en casa y que cuando ya casi estaban en la cocina daban la vuelta para salir. Yo los veía como unas bestias altas y grandes. Y que los caballeros se tomaban un trago de ginebra que les daba la abuela [...]

La noia del ball,
Jordi Coca

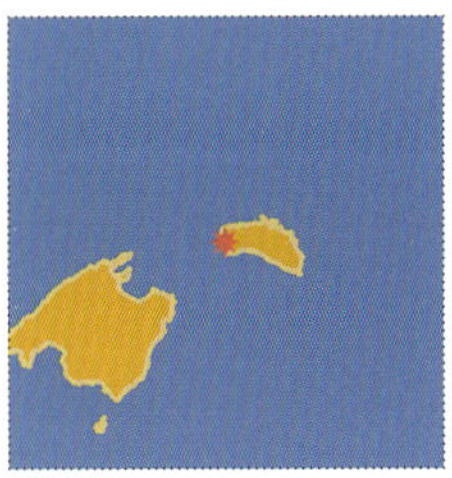

*

CIUTADELLA DE MENORCA FESTES DE SANT JOAN (S'ENSORTILLA)

La vibrant ensortilla és un dels jocs des Pla que se celebren el dia de Sant Joan a Ciutadella de Menorca. En aquesta ciutat, la festa de Sant Joan té els cavalls i els cavallers com a protagonistes, juntament amb la gernació que l'omple els tres dies principals: el Dia des Be, el dissabte de Sant Joan i el dia de Sant Joan. S'ensortilla consisteix a encertar una anella penjada amb l'asta que porta el cavaller, que corre al galop. Qui l'encerta guanya una canya verda amb una cullera d'argent. Els altres dos jocs des Pla són el de ses carotes i el de córrer abraçats: tots dos es fan entre dos cavallers al galop, i en el primer un d'ells para amb un escut que té una cara grotesca pintada els cops que li dóna l'altre, mentre que en el segon tots dos cavallers corren junts i en el tram final s'han d'abraçar. La festa de Sant Joan ciutadellenca s'ha celebrat sense interrupcions des de fa segles. Té un origen possiblement religiós, al qual s'han anat afegint els elements que la fan única.

*

CIUTADELLA DE MENORCA FESTIVAL OF SANT JOAN (S'ENSORTILLA)

The vibrant *ensortilla* is one of the equastrian sports of Des Pla which are held on Saint John's Day in Ciutadella de Menorca. In this city horses are the stars of the Saint John's festival, along with the crowd that fill it over the three main days: the *Dia des Be* (Sheep Day), the Saturday of Saint John and Saint John's Day itself. The *ensortilla* consists of aiming the lance that the horserider carries while riding at a gallop and getting it into the hanging ring. Whoever reaches the target wins a green reed with a silver spoon. The other two equastrian games of Des Pla are the *ses carotes*, a form of jousting, and riding arm in arm, *córrer abraçats*: both are performed by two riders galloping, and in the first, one of them has a shield with a grotesque face painted on it that he uses to protect himself from the blows that the other gives him, whereas in the second the two riders gallop together and in the final stretch must go arm in arm. The Ciutadella Saint John's festival has been held without interruptions for several centuries. Its origin may be religious, to which the factors that make it quite unique have been added over time.

*

CIUTADELLA DE MENORCA FIESTAS DE SAN JUAN (S'ENSORTILLA)

La vibrante *ensortilla* es uno de los juegos Des Pla que se celebran el día de San Juan en Ciutadella de Menorca. En esta ciudad, la fiesta de San Juan tiene como protagonistas a los caballos y sus caballeros, junto con la multitud que la abarrota los tres días principales: el *Dia des Be* (del cordero), el sábado de San Juan y el mismo día de San Juan. *S'ensortilla* consiste en acertar una anilla suspendida con el asta que lleva el caballero, que corre al galope. Quien acierta gana una caña verde con una cuchara de plata. Los otros dos juegos Des Pla son el de *ses carotes* y el de *córrer abraçats*: los dos se hacen entre dos caballeros al galope, y en el primero uno de ellos para con un escudo, que tiene una cara grotesca pintada, los golpes que le da el otro, mientras que en el segundo los dos caballeros corren juntos y en el tramo final se tienen que abrazar. Esta fiesta de San Juan se ha celebrado sin interrupciones desde hace siglos. Tiene un origen posiblemente religioso, al cual se han ido añadiendo los elementos que la hacen única.

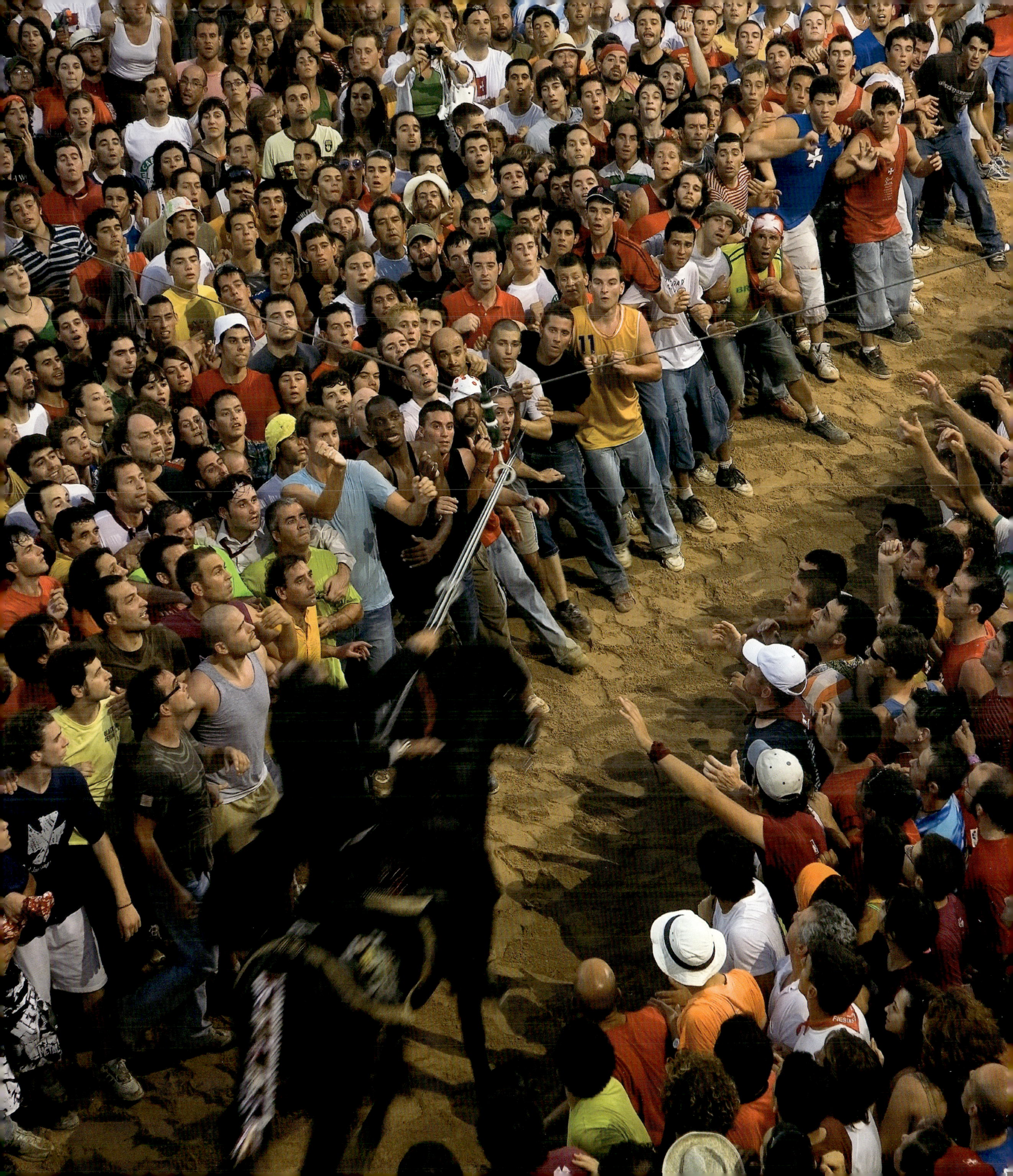

Vull salvar amb cada mot els fragments enrunats d'aquest món menorquí on comença la mar i s'acaba una terra d'ullastres i pins. Els miratges no són sempre un paradís ni els poemes un simple artefacte verbal.

Ponç Pons, *Insulària*

I want to save with each word the ruined fragments / of this Menorcan world where the sea starts / and a land of wild olive trees and pines ends. / Mirages are not always a paradise / and neither is a simple verbal device.

Insulària,
Ponç Pons

Quiero salvar con cada palabra los fragmentos caídos / de este mundo menorquín donde comienza el mar / y se acaba una tierra de acebuches y pinos. / Los espejismos no siempre son paraísos / ni los poemas un simple artefacto verbal.

Insulària,
Ponç Pons

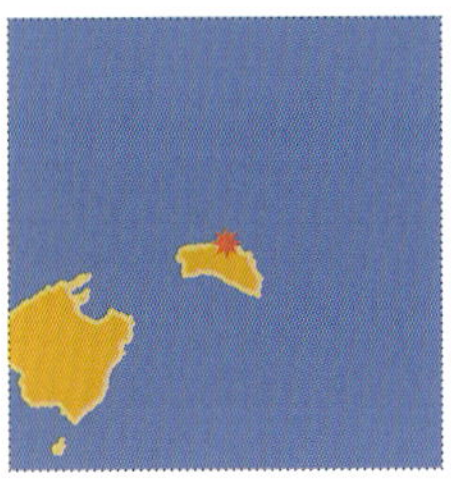

Menorca
Fornells

La badia, el port, sa Mola, el cap i el poble de Fornells se situen al centre de la costa nord de Menorca. Fornells, el poble, és el nucli de població més important d'aquesta costa. Entre el cap de Fornells, a l'oest, i sa Mola, a l'est, s'obre la badia, una petita mar d'uns quatre quilòmetres de llarg i d'uns dos d'ample. En aquesta badia, un dels ports naturals de l'illa, hi ha fins i tot, com si fos un mapa reduït d'escala, tres illes, la Gran o de ses Sargantanes, la des Revells i la Petita o des Porros. La badia, deshabitada durant segles, era un refugi per a embarcacions que escapaven dels temporals de tramuntana, i per a naus pirates, fins que s'hi va construir una fortalesa el 1625. Alhora que es construïa el castell, s'anava poblant un raval amb els constructors i les seves famílies. Aquest raval va ser l'origen del poble, que es va estendre pel port, avui d'esplai i pesca, conegut per la llagosta, amb què es cuina l'especialitat gastronòmica, la caldereta.

Menorca
Fornells

The bay, the port, Sa Mola, the cape and the town of Fornells are located in the centre of the north coast of Menorca. Fornells, the town, is the most densely populated part of this coastline. Between the Cap de Fornells, to the west, and Sa Mola, to the east, the bay opens out, a tiny sea of some four kilometres' length and some two kilometres wide. In this bay, one of the island's natural harbours, there are even, as if it were a reduced scale map, three islets, the Gran or Ses Sargantanes, the Des Revells and the Petita or Des Porros. The bay, uninhabited for centuries, was a refuge for boats escaping from the tramuntana storms, and from pirate vessels, until a fortress was built in 1625. As the castle was being built, a neighbourhood was gradually populated with the builders and their families. This neighbourhood was the origins of the town, which extended to the harbour, today for recreation and fishing, famous for the lobster, with which the gastronomic speciality is made, the *caldereta*, fish stew.

Menorca
Fornells

La bahía, el puerto, Sa Mola, el cabo y el pueblo de Fornells se sitúan en el centro de la costa norte de Menorca. Fornells, el pueblo, es el núcleo de población más importante de esta costa. Entre el cabo de Fornells, al oeste, y Sa Mola, al este, se abre la bahía, un pequeño mar de unos cuatro kilómetros de largo y unos dos de ancho. En esta bahía, uno de los puertos naturales de la isla, hay incluso, como si fuera un mapa reducido a escala, tres islas, la Gran o de Ses Sargantanes, la de Ses Revells y la Petita o Des Porros. La bahía, deshabitada durante siglos, era un refugio para embarcaciones que escapaban de los temporales de tramontana, y para naves piratas, hasta que se construyó una fortaleza en 1625. A la vez que se construía el castillo, se iba poblando un arrabal con los constructores y sus familias. Este arrabal fue el origen del pueblo, que se extendió por el puerto, hoy de esparcimiento y pesca, conocido por sus langostas, con las que se cocina su especialidad gastronómica, la *caldereta* (un guiso de pescado).

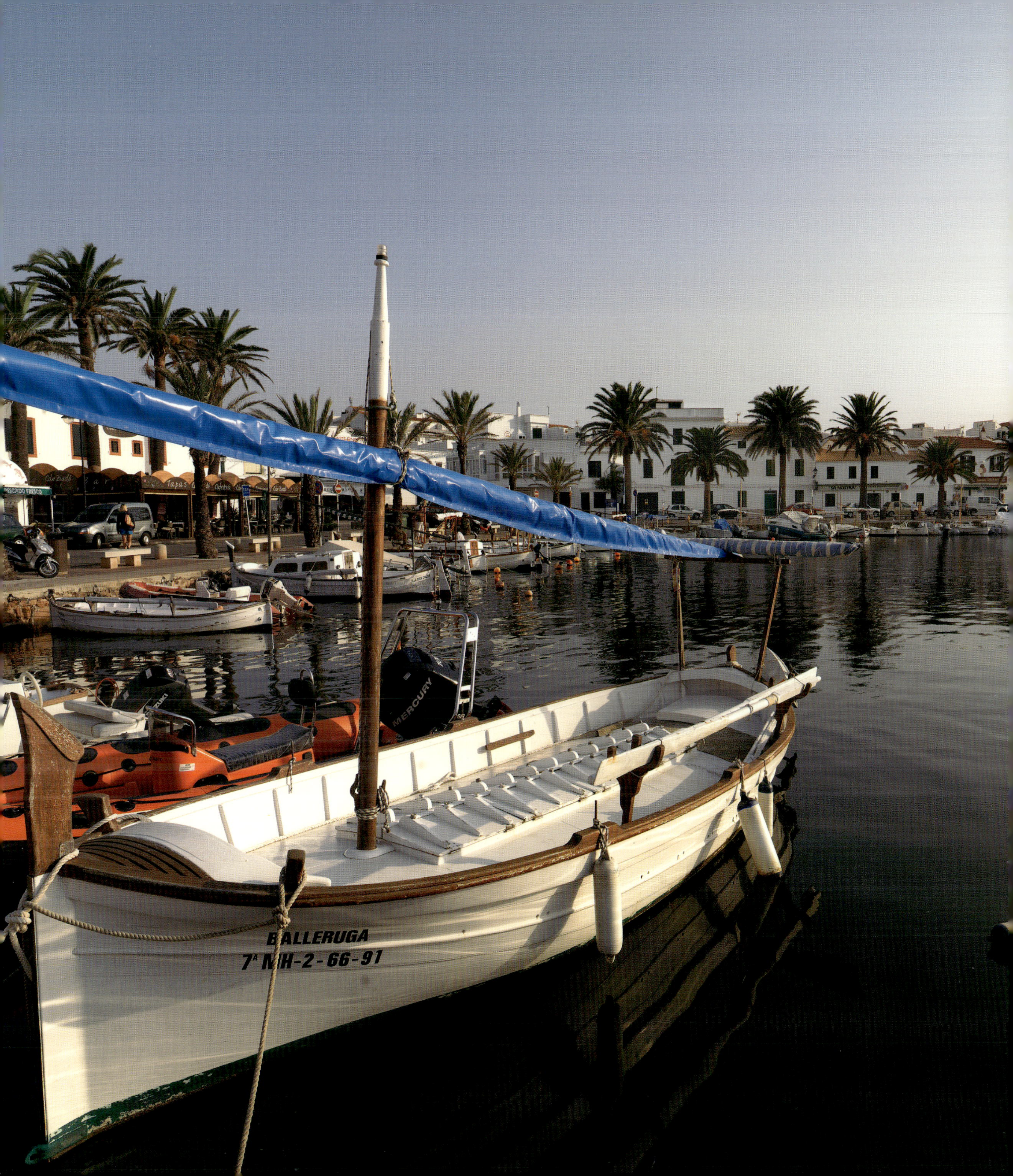
BALLERUGA
7ª MH-2-66-91
MERCURY

Un nen s'ha desviat del camí per resseguir amb guix les formes d'humitat que hi ha a les parets de les cases costaneres. La línia de pols blanca ens porta cap a una de les torres, ja al port de Maó.

Ada Castells, *El dit de l'àngel*

A boy has gone out of his way to trace with chalk the shapes made by dampness in the walls of the seaside houses. The line of white dust takes us towards one of the houses, now in the port of Maó.

El dit de l'àngel,
Ada Castells

Un niño se ha desviado del camino para ir siguiendo con tiza las manchas de humedad que hay en las paredes de las casas costeras. La línea de polvo blanco nos lleva a una de las torres, ya en el puerto de Maó.

El dit de l'àngel,
Ada Castells

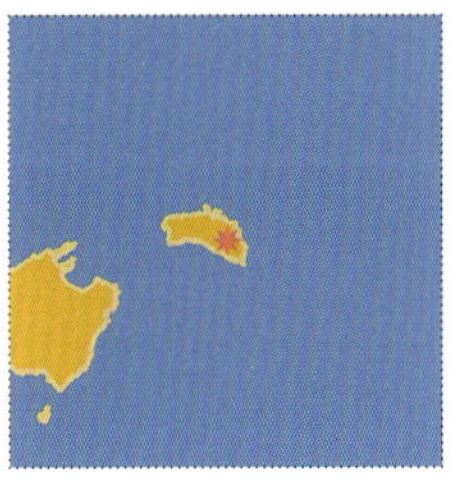

Menorca
Port de Maó

Maó, a l'est de Menorca, és la capital de l'illa i seu del Consell Insular, amb un port decisiu en el desenvolupament de la ciutat. Diversos autors d'època romana l'esmenten amb el nom de Mago o similars. A principis del segle x, Menorca va ser conquerida per tropes musulmanes i la ciutat va desaparèixer, de manera que la Maó actual va ser fundada arran de la conquesta del rei catalanoaragonès Alfons III, a finals del xiii. En aigües de la ciutat va tenir lloc la batalla naval, el 1756, que va fer perdre als britànics el domini de l'illa, que tenien pel Tractat d'Utrecht des de 1713 i que havia portat a la ciutat, que el 1722 es convertia en capital de Menorca, un gran desenvolupament econòmic. Després passà a mans franceses fins al 1763, en què va tornar a possessió anglesa. Durant el segle xviii i principis del xix, encara canviaria la propietat en quatre ocasions: de 1763 a 1782 va ser anglesa, fins al 1798, espanyola; fins al 1802, anglesa un altre cop, i d'aleshores ençà, espanyola.

Menorca
Port de Maó

Maó, in the east of Menorca, is the capital of the island and of the Consell Insular, with a port that has been key in the development of the city. Diverse authors from the Roman era mention it with the name of Mago or similar. At the beginning of the 10th century, Menorca was conquered by Muslim troops and the city disappeared, so that the current Maó was founded as a result of the conquest of the Catalan-Aragonese King Alfons III, at the end of the 13th century. The water around the city was the site for the naval battle, in 1756, resulting in the British losing control of the island, which they had had through the Treaty of Utrecht since 1713 and brought to the city, which in 1722 became the capital of the island, great economic development. After passing into the hands of the French until 1763, it once again came under English control. During the 18th and early 19th century ownership of the island would change hands as many as four times: from 1763 to 1782 it was English, until 1798 Spanish, until 1802 English again and, from that time until now, Spanish.

Menorca
Puerto de Maó

Maó, al este de Menorca, es la capital de la isla y sede del Consell Insular, con un puerto decisivo en el desarrollo de la ciudad. Varios autores de la época romana la mencionan con el nombre de Mago o similares. A principios del siglo x, Menorca fue conquistada por tropas musulmanas y la ciudad desapareció, de forma que la Maó actual fue fundada a raíz de la conquista del rey catalanoaragonés Alfonso III, a finales del xiii. En aguas de la ciudad, en 1756, tuvo lugar la batalla naval que hizo perder a los británicos el dominio de la isla, que poseían por el Tratado de Utrecht desde 1713 y que había llevado a la ciudad, que en 1722 se convertía en capital de Menorca, un gran desarrollo económico. Después pasó a manos francesas hasta 1763, cuando volvió a la dominación inglesa. Durante el siglo xviii y principios del xix, todavía cambiaría la propiedad en cuatro ocasiones: de 1763 a 1782 fue inglesa, hasta 1798, española; hasta 1802, inglesa otra vez, y desde entonces, española.

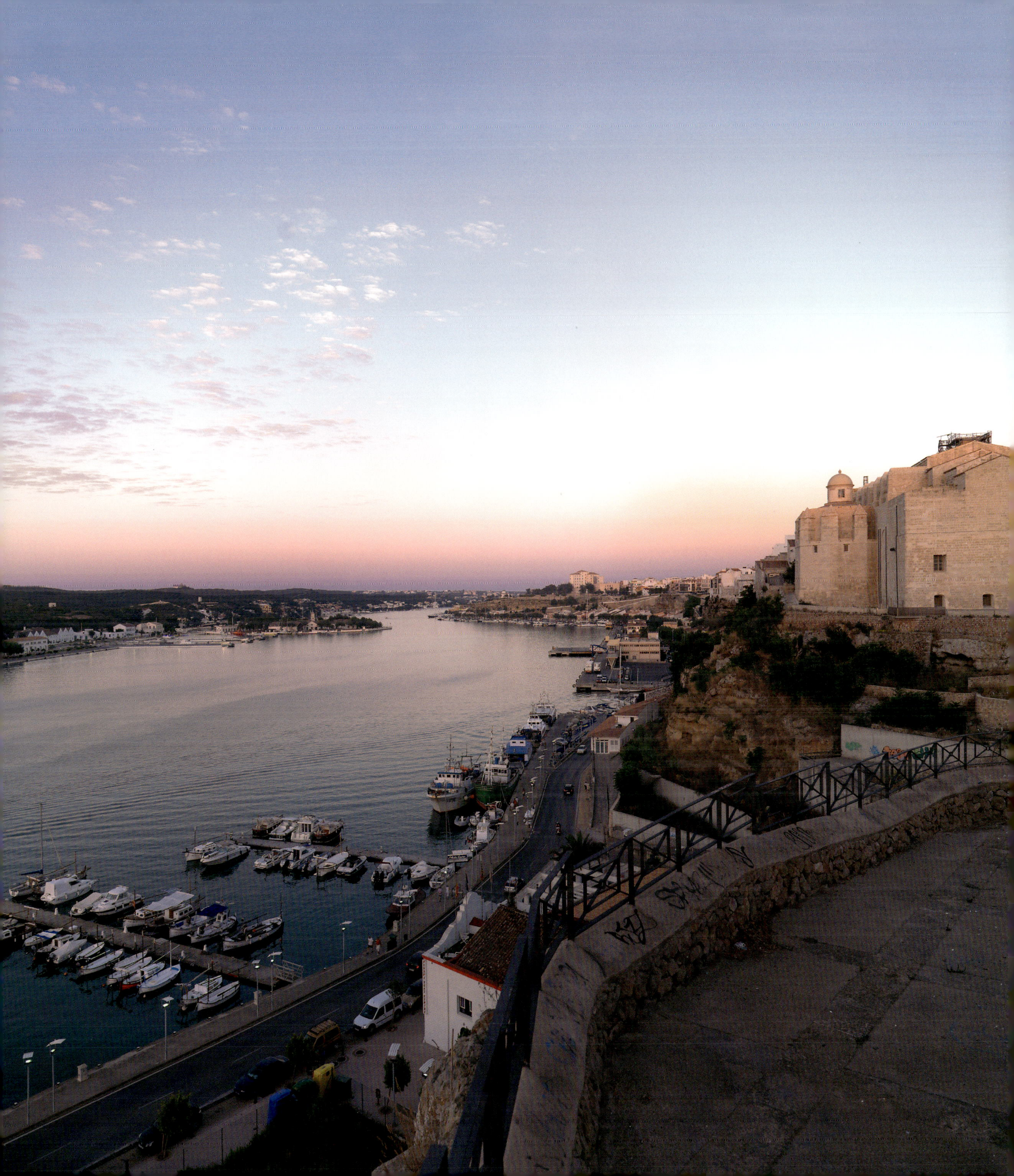

Des de llavors van tenir bon temps, i el paisatge era rialler, ornat amb tots els tons del verd i esquitxat de floretes silvestres a les quals feien la cort abellots remorosos i abelles enfeinades.

Pau Faner, *Mal camí i bon senyor*

From then on they had good weather, and the scenery was pleasant, decorated with all shades of green and scattered with wild flowers in which murmuring worker bees and busy queen bees courted.

Mal camí i bon senyor,
Pau Faner

Desde entonces tuvieron buen tiempo, y el paisaje era risueño, ornado con todos los tonos del verde y salpicado de florecillas silvestres a las que hacían la corte abejorros zumbantes y abejas ajetreadas.

Mal camí i bon senyor,
Pau Faner

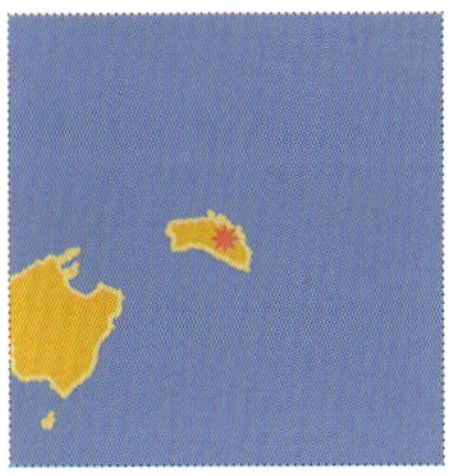

Menorca
Talatí de Dalt

El talaiot és un element propi del patrimoni de Mallorca i de Menorca. Aquests monuments prehistòrics, amb matisos arquitectònics entre totes dues illes, consisteixen en una torre o talaia –vet aquí el nom– alta, d'uns 3 a 6 metres, feta de pedra seca, en general de grans dimensions. No eren talaies aïllades, sinó que formarien part del sistema defensiu de nuclis habitats, tot i que alguns servirien alhora d'habitatge i d'altres estarien relacionats amb el culte. S'assemblen als nurags de Sardenya i a les torres de Còrsega, malgrat que en cada illa les cultures que els van bastir tenen característiques diferencials. Així, les taules, dues enormes lloses en forma de T, són exclusives de Menorca, i la varietat de monuments és més gran en aquesta illa, amb exemples com les navetes o monuments funeraris. A la civilització que va construir els talaiots se l'anomena cultura talaiòtica i a Menorca el període d'aquest nom abasta del 1500 aC fins al 123 aC, amb l'arribada dels romans.

Menorca
Talatí de Dalt

The *talaiot* is an element specific to the heritage of Mallorca and Menorca. These prehistoric monuments, with architectural nuances between the two islands, consists of a watchtower or *talaia* –hence the name–, of between 3 and 6 metres high, made of dry stone, generally very big in size. They were not isolated towers but formed part of a defensive system of inhabited centres, although some were used for homes, others were related to worshiping. They are similar to the nuraghes of Sardinia or towers of Corsica, although on each island the cultures that built them had distinct characteristics. Thus the *taules*, two massive slabs of stone in the form of a "T", are exclusive to Menorca, and the variety of monuments is greater on this island, with examples such as the navetes or funerary monuments. The civilisation that built the talayots is called the Talaiotic culture and in Menorca this period goes from 1500 BC until 123 BC with the arrival of the Romans.

Menorca
Talatí de Dalt

El talayot es un elemento propio del patrimonio de Mallorca y de Menorca. Estos monumentos prehistóricos, con matices arquitectónicos entre las dos islas, consisten en una torre o atalaya –de aquí procede el nombre– alta, de unos 3 a 6 metros, hecha con mampostería de piedra en seco, en general de grandes dimensiones. No eran atalayas aisladas, sino que formarían parte del sistema defensivo de núcleos habitados, aunque algunos servirían a la vez de vivienda y otros estarían relacionados con el culto. Se asemejan a los nuraghes de Cerdeña y a las torres de Córcega, aun cuando en cada isla las culturas que los levantaron tienen características diferenciales. Así, las *taules*, dos enormes losas en forma de T, son exclusivas de Menorca, y la variedad de monumentos es más grande en esta isla, con ejemplos como las navetas o monumentos funerarios. A la civilización que construyó los talayotes se la denomina cultura talayótica y en Menorca duró de 1500 aC hasta 123 aC, cuando llegaron los romanos.

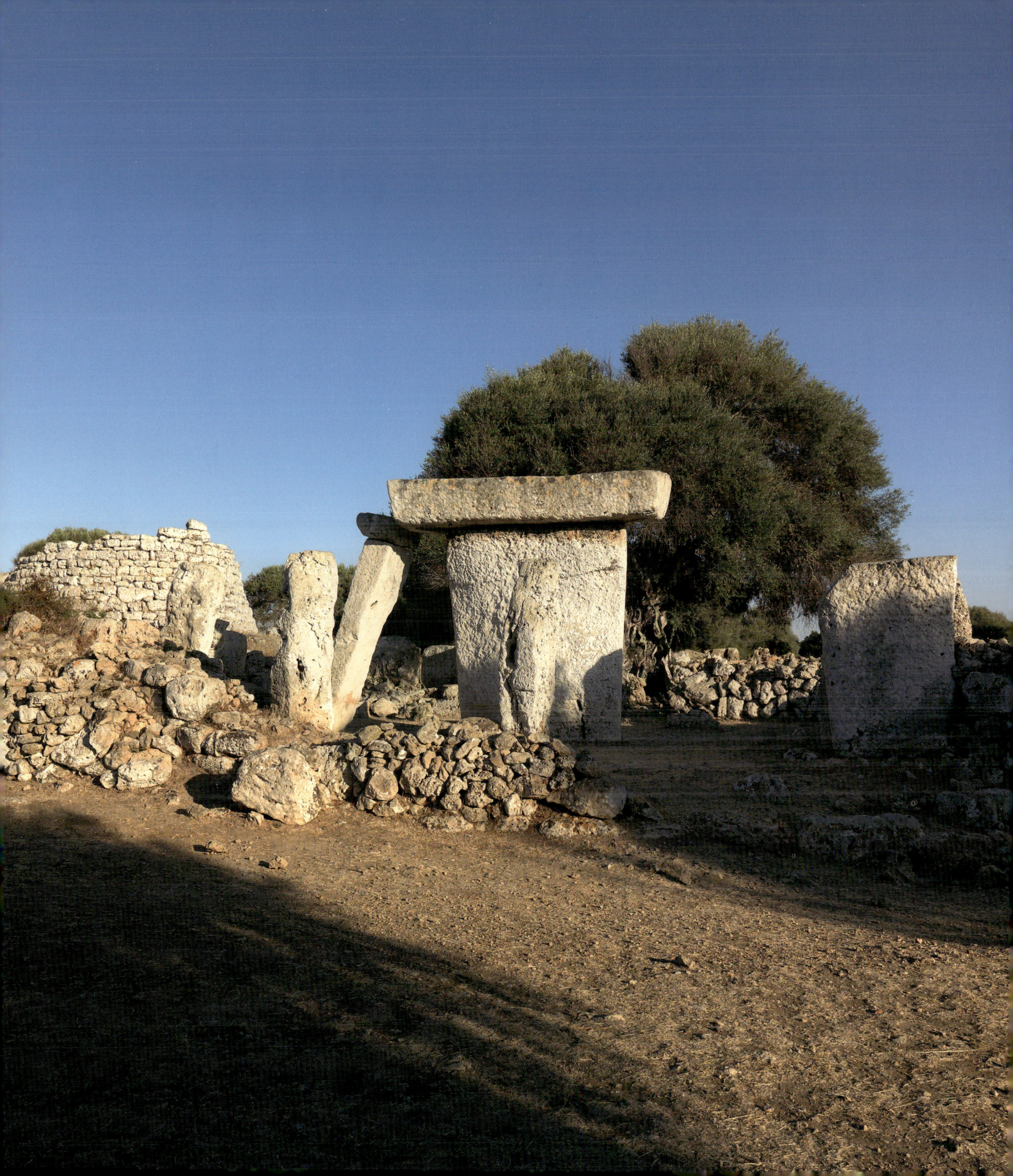

Aquest país, no ho veus?
té encara
terra i mar
i llevat en les entranyes,
mes sobretot és teu.
No perdis el bon temps
darrera les paraules
i no deixis el sender
de l'esperança.

RAFAEL CARIA, *Calma de vent (Als joves del meu país català de l'Alguer)*

*
This country, don't you see?
still has
land and sea
and ferment at its core,
but above all it is yours.
Don't waste good time
behind words
and don't wander off the path
of hope.

Calma de vent
(Als joves del meu país català de l'Alguer)
Rafael Caria

*
Este país, ¿no lo ves?
tiene aún
tierra y mar,
levadura en las entrañas,
pero sobre todo es tuyo.
No pierdas el buen tiempo
tras las palabras
y no dejes el sendero
de la esperanza.

Calma de vent
(Als joves del meu país català de l'Alguer)
Rafael Caria

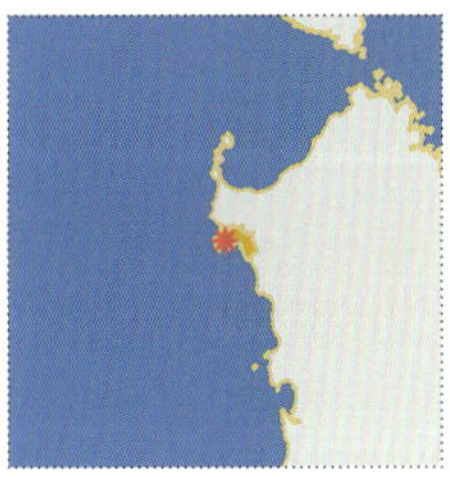

*
L'ALGUER

L'Alguer és una ciutat del nord-oest de l'illa de Sardenya, on des de mitjan segle XIV es parla català, a més de sard i italià. Anomenada també Barceloneta, manté vincles històrics i culturals amb Catalunya, a part de vols directes des del 2004. La part vella, envoltada d'aigua per tres dels seus costats emmurallats, conserva l'estructura, de carrers estrets, de la ciutat catalana.
La catedral, del segle XVI, és d'estil gòtic català tardà. En el segle XIII, la ciutat era sota el domini de Gènova, fins a l'ocupació del rei Pere III, el 1354, que va fer la plaça forta del nord de Sardenya i li va concedir privilegis econòmics.
A partir de 1372, la població, composta per sards i genovesos, va anar sent expulsada i la ciutat va ser repoblada per colons de Catalunya.
La costa alguaresa, coneguda per l'extracció de corall que s'hi fa, té un especial interès natural. A la zona del cap de la Caça, a uns 20 quilòmetres de la ciutat, s'hi ha constituït una àrea natural marina protegida.

*
ALGHERO

Alghero is a city in the northwest of the island of Sardinia where, from the mid-14th century, Catalan has been spoken, as well as Sardinian and Italian. Also called Barceloneta, it maintains historic and cultural links with Catalonia, and has had direct flights since 2004. The old part, surrounded by water on three of its walled sides, preserves the structure, of narrow streets, of the Catalan city. The cathedral, from the 16th century, is in late Gothic style. In the 13th century, the city was under the domain of Genoa, until the occupation by King Pere III, in 1354, who made it the stronghold of the north of Sardinia and who awarded it the economic privileges. As from 1372, the population made up of Sardinians and Genovese were expelled and the city was repopulated by colonies from Catalonia. The Alguer coast, famous for the coral extraction, is of special natural interest. In the area of Cap de la Caça, some 20 kilometres from the city, a protected natural marine area has been formed.

*
L'ALGUER

L'Alguer es una ciudad del noroeste de la isla de Cerdeña, donde desde mediados del siglo XIV se habla catalán, además de sardo e italiano. Denominada también Barceloneta, mantiene vínculos históricos y culturales con Cataluña, además de vuelos directos desde 2004. La parte vieja, rodeada de agua por tres de sus lados amurallados, conserva la estructura, de calles estrechas, de la ciudad catalana. La catedral, del siglo XVI, es de estilo gótico catalán tardío. En el siglo XIII, la ciudad estaba bajo el dominio de Génova, hasta la ocupación del rey Pedro III, en 1354, que la hizo plaza fuerte del norte de Cerdeña y le concedió privilegios económicos. A partir de 1372, la población, compuesta por sardos y genoveses, fue expulsada y la ciudad fue repoblada por colonos de Cataluña. La costa alguaresa, famosa por la extracción que se hace de coral, tiene un especial interés natural. En la zona del cabo de la Caça, a unos 20 kilómetros de la ciudad, se ha constituido una área natural marina protegida.

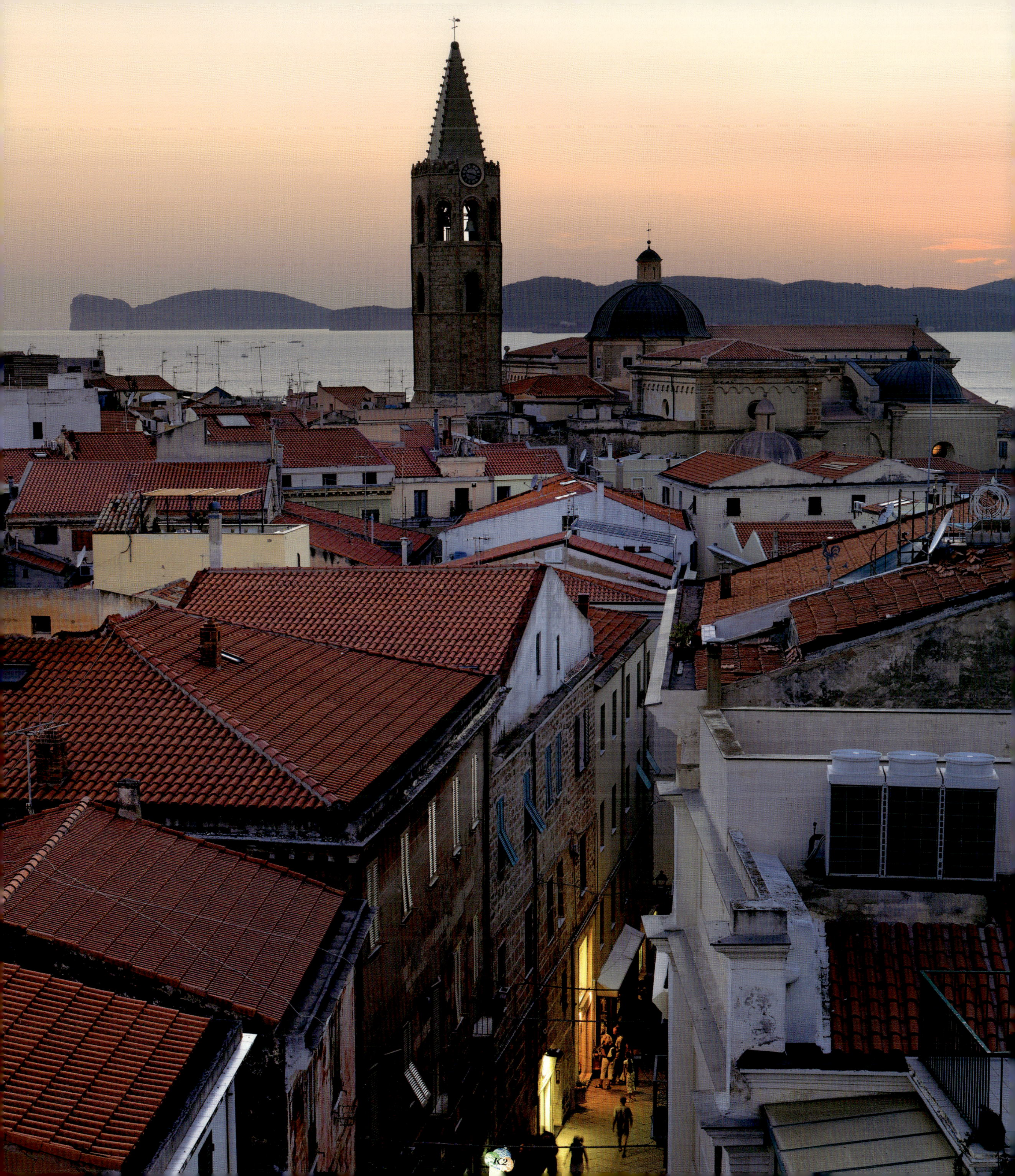

Lo glop d'aiguardent que mos han donat abans de sortir de Morella em crema a la gola. A l'esplanada exterior de la ciutat tothom està callat, mentre la llum ja llepa troneres, garites i l'ampit del mur fortificat.

ANDREU CARRANZA, *L'hivern del tigre*

*

The drop of liquor that they gave me before leaving burns my throat. On the esplanade just outside the city everyone is quiet, while the light now touches the embrasures, sentry boxes and the top of the fortified wall.

L'hivern del tigre,
Andreu Carranza

*

El trago de aguardiente que nos han dado antes de salir de Morella me quema la garganta. En la explanada fuera de la ciudad todos guardan silencio, mientras la luz ya lame troneras, garitas y el pretil de la muralla fortificada.

L'hivern del tigre,
Andreu Carranza

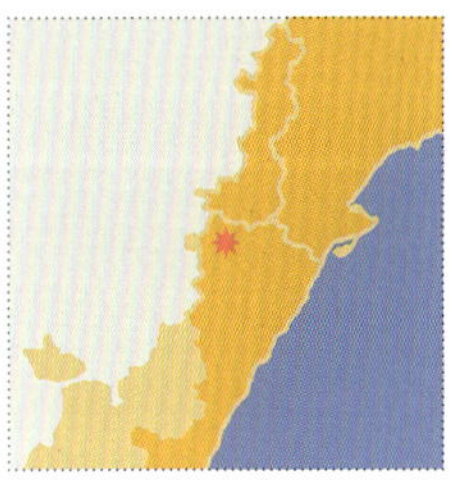

*

MORELLA

Morella, capital de la comarca dels Ports, al límit nord del País Valencià, és una ciutat a la qual la situació estratègica, a l'encreuament entre les terres valencianes, l'Aragó i Catalunya, i l'orografia escarpada han proporcionat un paper històric rellevant. El castell de Morella, que corona un penyal de més de 1.000 metres, és d'origen musulmà, però el lloc ha estat ocupat des de l'època ibèrica, i fins i tot abans, com ho demostren les pintures rupestres trobades a la dena de Morella la Vella. Les denes són les divisions tradicionals (12, actualment) d'aquest municipi, un dels més extensos del País Valencià. La fortalesa morellana ha estat gairebé sempre inexpugnable, en batalles com la de Morella, el 1084, amb la participació del Cid, o les de la guerra del Francès, a principis del segle XIX. Feu del cap militar carlí Ramon Cabrera, «el Tigre del Maestrat», el 1838 va ser la capital d'un petit estat, durant la Primera Guerra Carlina, entre carlins (absolutistes) i liberals.

*

MORELLA

Morella, capital of the county of Els Ports, on the northern boundary of the Valencian Community, is a city in which the strategic situation, at the crossing between the lands of Valencia, Aragon and Catalonia, and the rough lie of the land have given it an important historical role. The castle of Morella, which crowns a crag of more than 1,000 metres, is of Muslim origin, but the spot has been occupied since the Iberian period, and even before, as can be seen from the cave paintings found in the *dena* of Morella la Vella. The *dena* is the traditional division –12, at present– of this municipal district, one of the largest in the Valencian Community. The Morella fortress has always been almost impregnable, in battles such as that of Morella, in 1084, with the participation of El Cid, or those of the war with France, in the early 19th century. Fief of the Carlist military head Ramon Cabrera, *the tiger of the Maestrat*, in 1838 it was the capital of a tiny state, during the First Carlist War, between Carlists (absolutists) and liberals.

*

MORELLA

Morella, capital de la comarca de Els Ports, al límite norte del País Valenciano, es una ciudad cuya situación estratégica, en el cruce entre las tierras valencianas, aragonesas y catalanas, y su orografía escarpada le han proporcionado un papel histórico relevante. El castillo de Morella, que corona un peñasco de más de 1.000 metros, es de origen musulmán, pero el lugar fue ocupado desde época ibérica, e incluso antes, como lo demuestran las pinturas rupestres encontradas en la *dena* (pedanía) de Morella la Vella. Las *denes* son las divisiones tradicionales -12, actualmente- de este municipio, uno de los más extensos de la Comunidad Valenciana.
La fortaleza morellana ha sido casi siempre inexpugnable, en batallas como la de Morella, en 1084, con la participación del Cid, o las de la Guerra de la Independencia, a principios del siglo XIX. Feudo del jefe militar carlista Ramon Cabrera, «el Tigre del Maestrazgo», en 1838 fue la capital de un pequeño estado, durante la Primera Guerra Carlista, entre carlistas (absolutistas) y liberales.

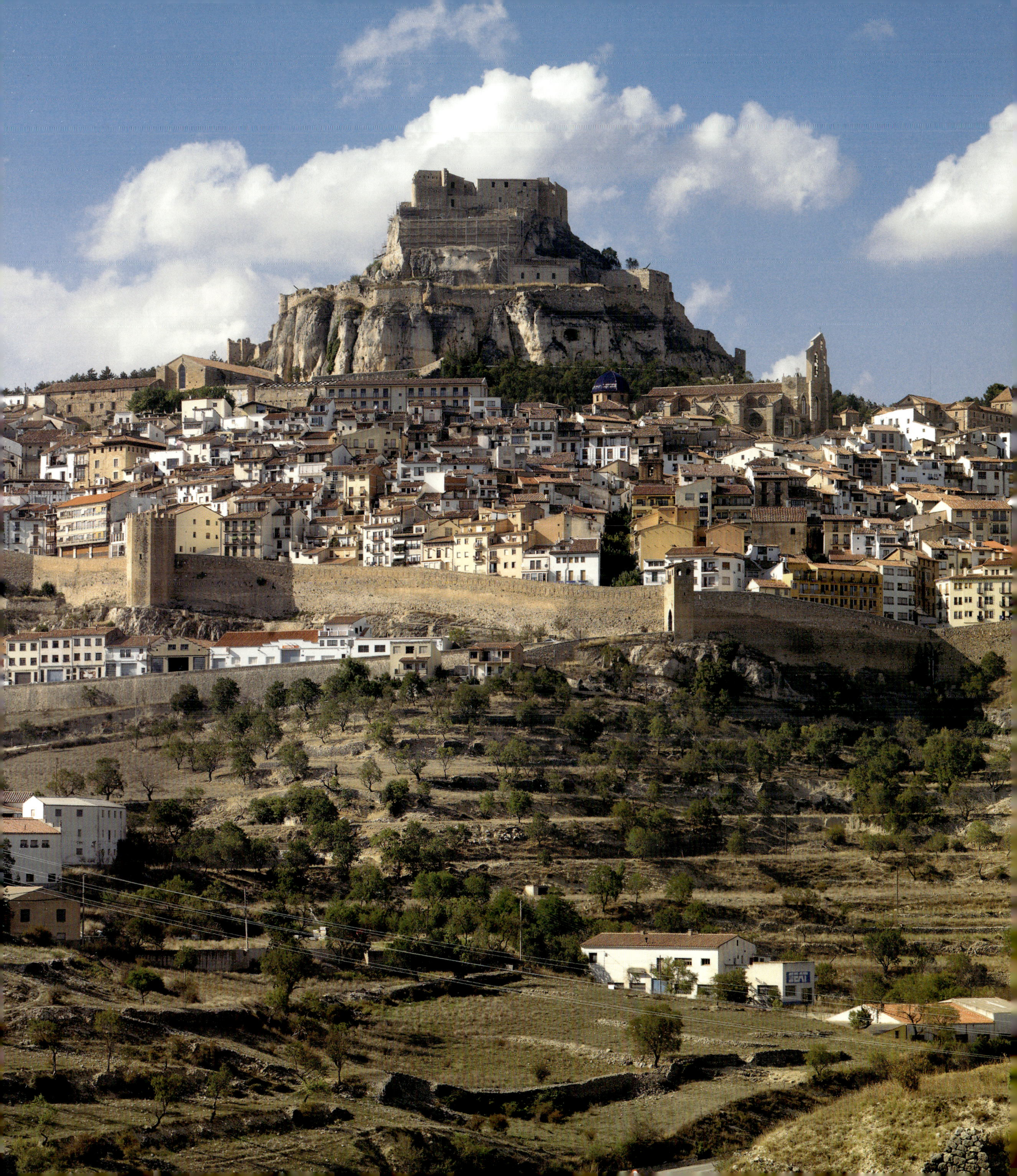

[…] l'edifici públic més famós, bell i característic de la València hanseàtica, és a dir, dels burgesos mercaders […] un dels millors monuments del gòtic civil de tot Europa […]

MANUEL SANCHIS GUARNER, *La ciutat de València*

[…] the most famous public building, beautiful and characteristic of Hanseatic Valencia, in other words, the bourgeois merchants […] one of the best monuments of civil Gothic in all Europe […]

La ciutat de València,
Manuel Sanchis Guarner

[…] el edificio público más famoso, bello y característico de la Valencia hanseática, es decir, de los burgueses mercaderes […] uno de los mejores monumentos del gótico civil en toda Europa […]

La ciutat de València,
Manuel Sanchis Guarner

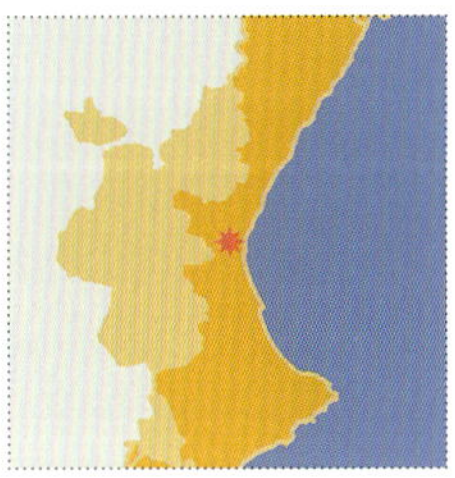

VALÈNCIA
LA LLOTJA

La ciutat de València és la capital de la comunitat a la qual dóna nom i el centre d'una comarca i d'una àrea metropolitana conegudes com l'Horta, que constitueixen un dels nuclis habitats més importants de tot l'Estat espanyol i també de la Mediterrània. El primer assentament, de 138 aC, és de fundació romana: el cònsol Dècim Juni Brut va crear-lo per instal·lar-hi soldats llicenciats de les guerres contra el cabdill lusità Viriat. Després de cinc segles de dominació musulmana, que van deixar una forta empremta en la ciutat i el seu territori, València va continuar desenvolupant-se amb posterioritat a l'entrada a la ciutat del rei Jaume I, el 1238. Al segle XV, especialment, va viure una gran esplendor i va convertir-se en una de les ciutats comercials més pròsperes de la Mediterrània. Precisament aleshores, entre 1482 i 1533, es va construir l'esplèndid edifici civil de la Llotja de la Seda o dels Mercaders, que la UNESCO declarà el 1996 Patrimoni de la Humanitat.

VALENCIA
THE LLOTJA

The city of Valencia is the capital of the autonomous community of the same name, and the heart of a county and a metropolitan area known as Horta, which constitutes one of the most important inhabited centres of the whole Spanish State, as well as the Mediterranean. The first settlement, in 138 BC, was founded by the Romans: the Consul Decimus Junius Brutus created it to base veteran soldiers from the wars against the Lusitanian leader Viriathus. After five centuries of Muslim domination, who left a strong impression on the city and its surrounding territory, Valencia continued developing after the entrance into the city of King Jaume I, in 1238. In the 15th century in particular, it experienced an age of splendour and became one of the most prosperous trading cities in the Mediterranean. It was then, between 1482 and 1533, when the splendid civil building of the *Llotja de la Seda* (Silk Exchange) or *Mercaders* (Traders) was built, which in 1996 was declared a World Heritage Site by UNESCO.

VALENCIA
LA LONJA

La ciudad de Valencia es la capital de la comunidad a la cual da nombre y el centro de una comarca y de una área metropolitana conocidas como L'Horta, que constituyen uno de los núcleos habitados más importantes de todo el Estado español y también del Mediterráneo. El primer asentamiento, de 138 aC, es de fundación romana: el cónsul Décimo Junio Bruto lo creó para instalar soldados licenciados de las guerras contra el caudillo lusitano Viriato. Tras cinco siglos de dominación musulmana, que dejaron una fuerte impronta en la ciudad y su territorio, Valencia continuó desarrollándose tras la entrada en la ciudad del rey Jaime I, en 1238. En el siglo XV, especialmente, vivió un gran esplendor y se convirtió en una de las ciudades comerciales más prósperas del Mediterráneo. Precisamente entonces, entre 1482 y 1533, se construyó el espléndido edificio civil de la Lonja de la Seda o de los Mercaderes, que la UNESCO declaró en 1996 Patrimonio de la Humanidad.

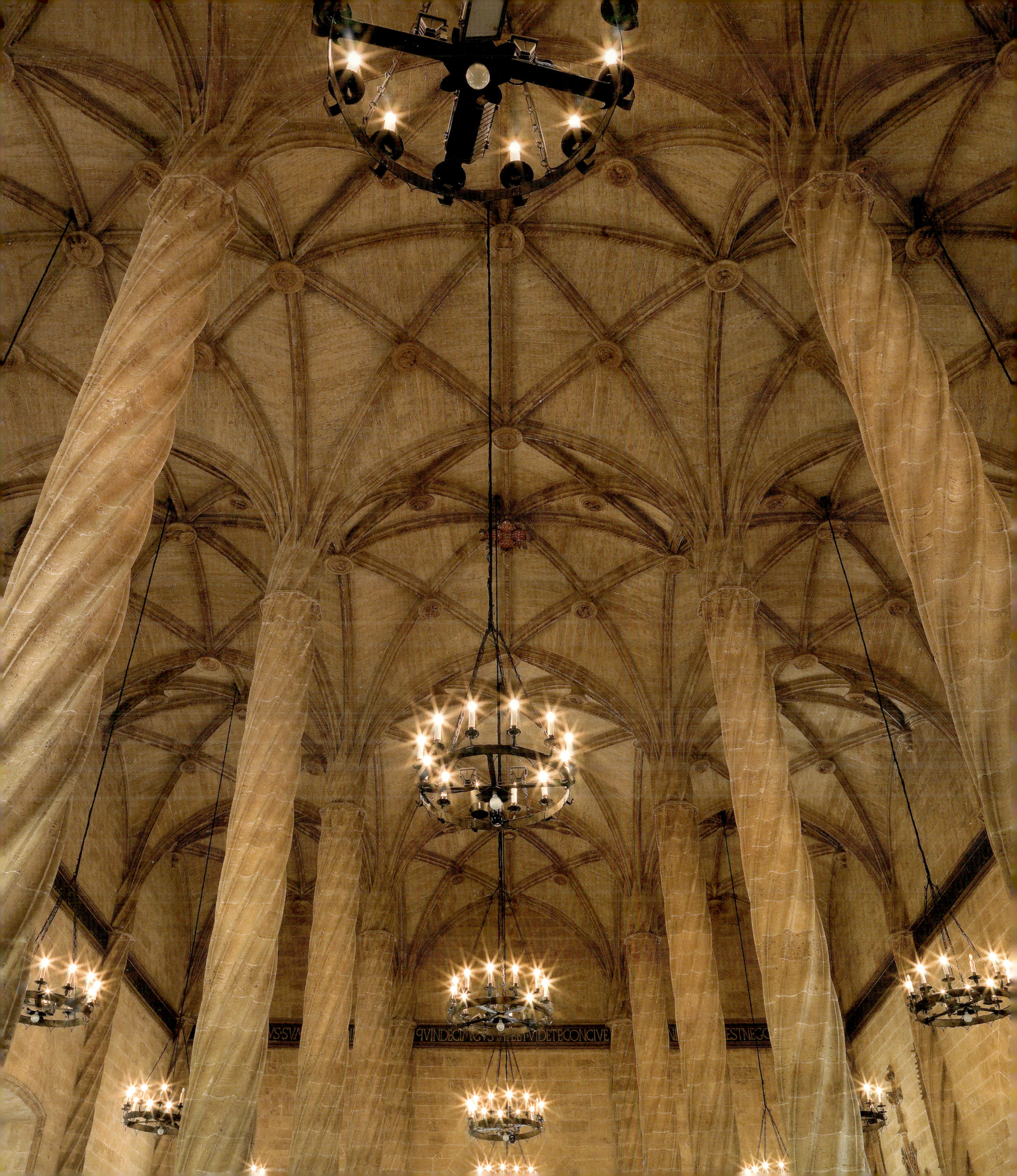

[...] llavors va sentir veus d'un altre cor venint de la basílica de la Mare de Déu dels Desemparats, hauria d'entrar, es va dir, dubtà i va entrar, a dins cantaven joves cartoixans vestits amb l'hàbit blanc de mànigues amplíssimes [...]

Joan Francesc Mira, *Purgatori*

*

[...] then he heard voices of another choir that came from the basilica of the Mare de Déu dels Desemparats, he had to go in, wondered, hesitated and then went in, and inside were singing young Carthusians in their white habits with very wide sleeves [...]

Purgatori,
Joan Francesc Mira

*

[...] entonces oyó voces de otro coro, que salían de la basílica de la Virgen de los Desamparados. Debería entrar, se dijo, dudó y entró. Dentro cantaban jóvenes cartujos vestidos con el hábito blanco de anchísimas mangas [...]

Purgatori,
Joan Francesc Mira

País Valencià

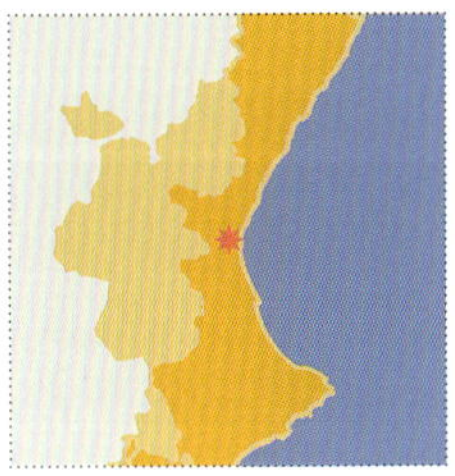

*

València
Basílica de la Mare de Déu dels Desemparats

La Mare de Déu dels Desemparats és la patrona de València des de 1885, i la seva imatge, coneguda amb afecte com «la Geperudeta» pel fet d'estar inclinada cap endavant, la més venerada a la ciutat. Moltes dones valencianes tenen per aquesta raó el nom d'Empar. La basílica que li és dedicada, al costat de la catedral, entre la plaça de la Mare de Déu i la de l'Almoina, es va acabar a finals del segle xvii. La seva advocació prové de principis del xv, quan un religiós va fundar el que seria un dels primers hospitals psiquiàtrics coneguts. La imatge, que abans havia estat en una petita ermita i en una capella de la Seu, va anar fent més popular i, després de la pesta de mitjan segle xvii, en què es va invocar la seva protecció, decidiren de buscar-li un emplaçament adient. De la basílica destaca la gran cúpula oval, de prop de 19 metres de diàmetre. L'edifici es va bastir sobre el lloc que ocupava el fòrum romà de *Valentia*, i per a la construcció es van reutilitzar algunes làpides romanes.

*

Valencia
Church of the Mare de Déu dels Desemparats

The Mare de Déu dels Desemparats (Mother of God of the Abandoned) has been the patron saint of Valencia since 1885 and her image, known affectionately as "the Hunchback" due the fact that she is leaning forward, is the most venerated in the city. For this reason, many women in Valencia are called Empar. The basilica dedicated to her, beside the cathedral, between Plaça de la Mare de Déu and Plaça de l'Almoina, was completed at the end of the 17th century. Her dedication goes back to the 15th century, when a cleric founded what would be one of the first psychiatric hospitals ever. The image, which previously had been in a small hermitage and a chapel of the See, gradually became more popular and after the plague in the mid-17th century, in which her protection was invoked, it was decided to look for a suitable placement for her. The basilica features the large oval cupola, almost 19 metres in diameter. The building was erected on the spot occupied by the Roman forum of *Valentia* and some Roman tombstones were reused for the construction.

*

Valencia
Basílica de la Virgen de los Desamparados

La Virgen de los Desamparados es la patrona de Valencia desde 1885, y su imagen, conocida con el afectuoso nombre de «la Geperudeta» (jorobadita) por el hecho de estar inclinada hacia adelante, es la más venerada de la ciudad. Muchas mujeres valencianas llevan por esta razón el nombre de Empar o Amparo. La basílica que le está dedicada, junto a la catedral, entre la plaza de la Virgen y la de la Almoina, se terminó a finales del siglo xvii. Su advocación proviene de principios del xv, cuando un religioso fundó el que sería uno de los primeros hospitales psiquiátricos conocidos. La imagen, que antes había estado en una pequeña ermita y en una capilla de la Seu, adquirió más popularidad y, tras la peste de mediados del siglo xvii, en la que se invocó su protección, decidieron buscarle un emplazamiento adecuado. De la basílica destaca la gran cúpula oval, de cerca de 19 metros de diámetro. El edificio se construyó sobre el lugar que ocupaba el foro romano de *Valentia*, y para su construcción se reutilizaron algunas lápidas romanas.

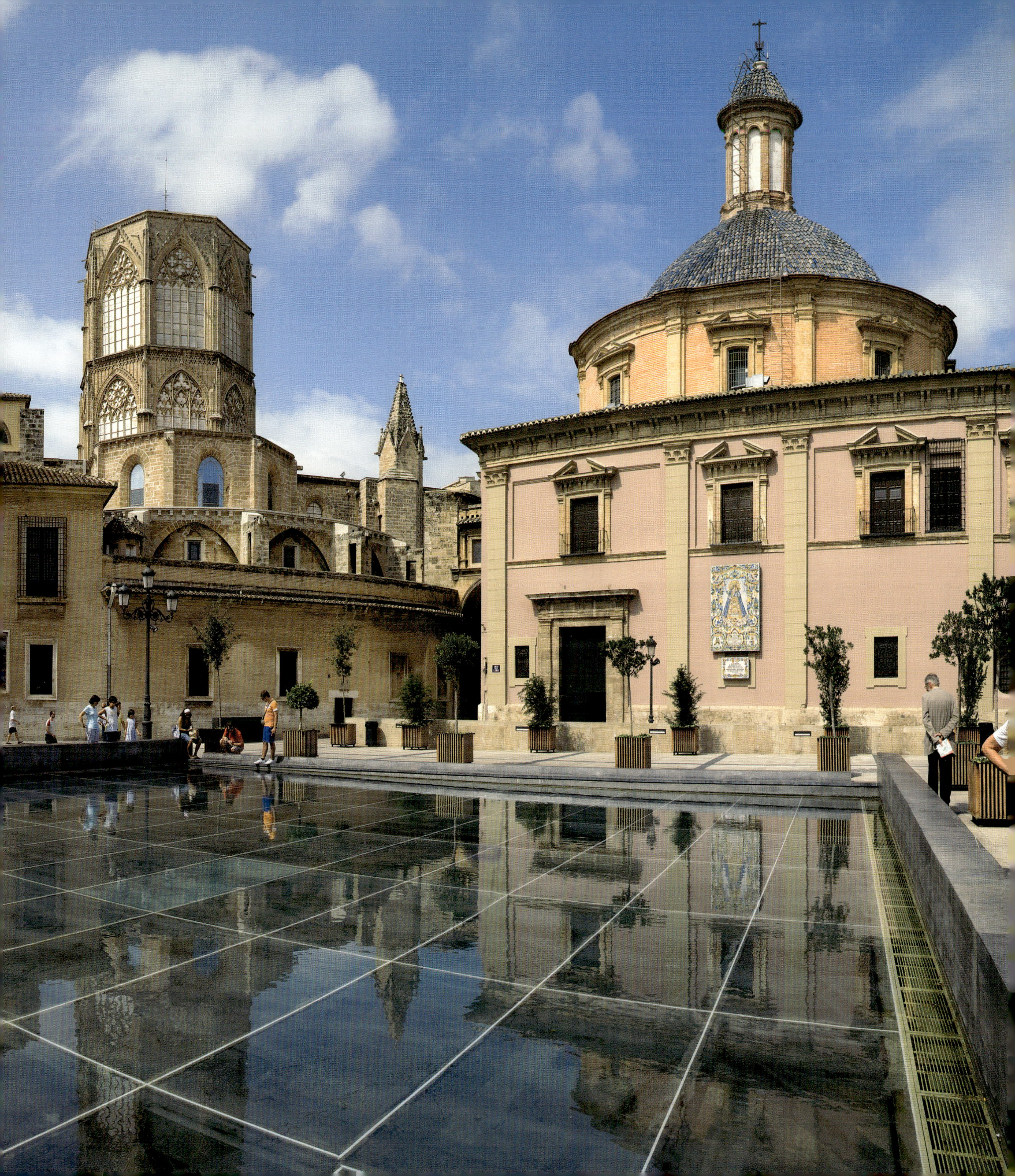

Per un moment s'imagina l'estampa de la plaça a vista d'ocell, aquell conjunt d'arquitectura popular és un cercle de cercles: balconades, font, arena de llambordes, espais banyats que es tanquen hermèticament.

CREMADES I ARLANDIS, *Plaça Rodona*

For a moment one imagines the picture of the square from a bird's eye view, that collection of popular architecture is a circle of circles: balconies, fountain, arena of cobblestones, bathed spaces that are hermetically sealed.

Plaça Rodona,
Cremades i Arlandis

Por un momento se imagina la estampa de la plaza a vista de pájaro, aquel conjunto de arquitectura popular es un círculo de círculos: balcones, fuente, arena de adoquines, espacios húmedos que se cierran herméticamente.

Plaça Rodona,
Cremades i Arlandis

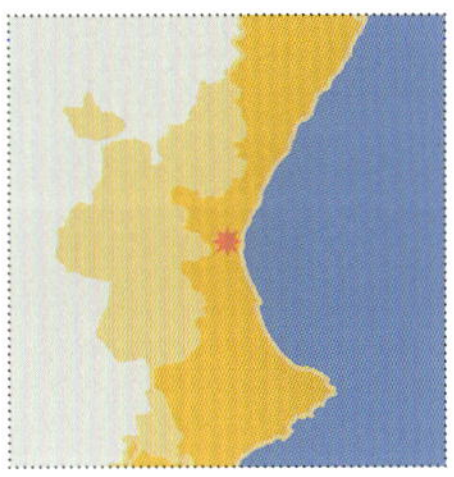

VALÈNCIA
PLAÇA RODONA

La plaça Rodona o Redona de la ciutat de València ha acabat imposant la seva forma i apel·lació popular a les denominacions oficials que ha anat tenint des que Salvador Escrig la va dissenyar el 1837. L'objectiu d'aquesta concorreguda plaça, situada entre la de la Reina i la del Mercat, va ser sanejar el centre de la ciutat i activar la vida comercial en aquesta nova zona. Ubicada en un indret dedicat al comerç, al costat de l'antic escorxador, l'arquitecte va resoldre l'encàrrec municipal amb un espai circular de dimensions abastables, insòlit a la ciutat antiga, de carrerons estrets. Hi va donar una estructura tancada, amb edificis de tres plantes: les dues superiors amb balcons i la baixa destinada a botiga. S'hi ha venut de tot: peix, aviram, torrons i, especialment, ceràmica popular valenciana. El diumenge ha estat lloc de venda de llibres i objectes de segona mà. L'any 2000 es van iniciar els projectes per a rehabilitar-la i al llarg del 2008 es van millorar les façanes i els interiors de les cases.

VALENCIA
PLAÇA RODONA

The Plaça Rodona or Redona of the city of València has ended up imposing its shape and popular name on the official names that it has had since Salvador Escrig designed it in 1837. The aim of this busy public square located between the Plaça de la Reina and Plaça del Mercat was to make the city centre healthier and give a boost to commercial life. Situated in a commercial area, beside the old abattoir, the architect solved the municipal commission with a circular space of reachable dimensions, unusual in the old city of narrow lanes. He gave it a closed-off structure, with buildings of three floors, the upper two floors with balconies and the ground floor for shops. Everything has been sold here: fish, eggs, nougats and in a special way, popular Valencian ceramics. Sundays was the day for selling second-hand books and objects. In 2000 work started on the rehabilitation projects and throughout 2008 the façades and interiors of the houses were improved.

VALENCIA
PLAZA RODONA

La plaza Rodona o Redona de la ciudad de Valencia ha acabado imponiendo su forma y apelación popular a las denominaciones oficiales que ha ido teniendo desde que Salvador Escrig la diseñó en 1837. El objetivo de esta concurrida plaza situada entre la de la Reina y la del Mercat, fue sanear el centro de la ciudad y activar la vida comercial en esta nueva zona. Ubicada en un lugar dedicado al comercio, junto al antiguo matadero, el arquitecto resolvió el encargo municipal con un espacio circular de dimensiones asequibles, insólito en la ciudad antigua de callejones estrechos. Le dio una estructura cerrada, con edificios de tres plantas: las dos superiores con balcones y la baja destinada a comercio. Se ha vendido de todo: pescado, aves, turrones y, especialmente, cerámica popular valenciana. Los domingos ha sido lugar de venta de libros y objetos de segunda mano. En el año 2000 se iniciaron los proyectos para rehabilitarla y a lo largo de 2008 se mejoraron las fachadas e interiores de las casas.

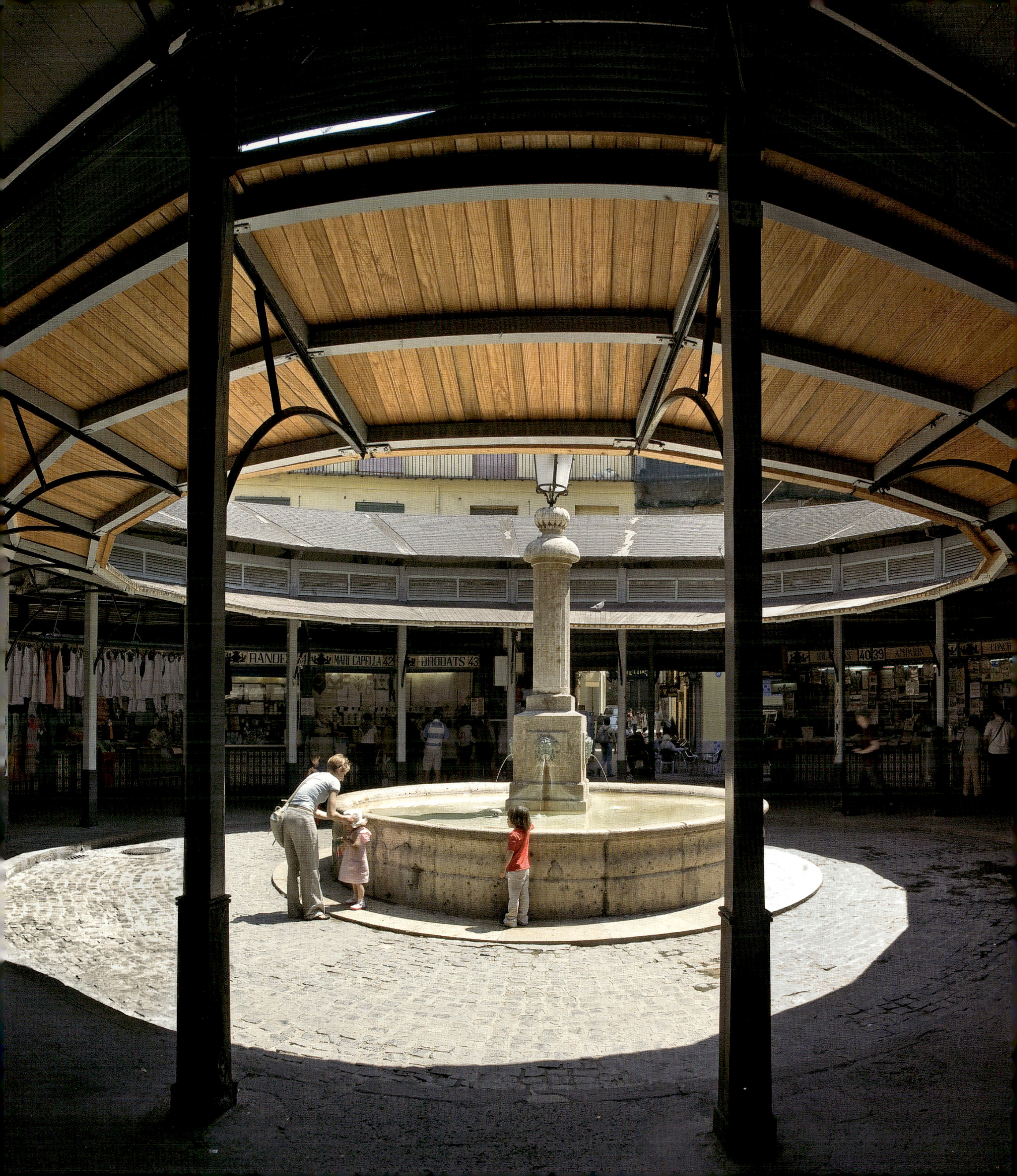
MARI CAPELLA 42
BRODATS 43
AMPARIN

Després, en un estanc, féu temps observant amb curiositat la varietat disponible de targetes postals de València, algunes tòpiques [...] i d'altres que mostraven la façana de l'IVAM i la Ciutat de les Ciències.

FERRAN TORRENT, *Judici final*

Later, in a tobacconist's shop, I spent some time curiously observing the variety of postcards of Valencia available, some trite [...] and others that showed the façade of the IVAM and the City of the Sciences.

Judici final,
Ferran Torrent

Después, en un estanco, hizo tiempo observando con curiosidad la variedad de postales de Valencia, algunas tópicas [...] y otras que mostraban la fachada del IVAM y la Ciudad de las Ciencias.

Judici final,
Ferran Torrent

PAÍS VALENCIÀ

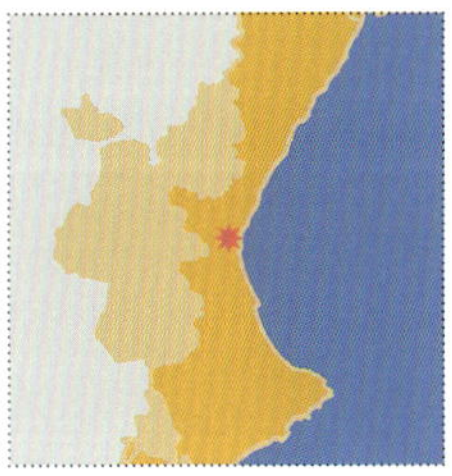

VALÈNCIA
CIUTAT DE LES ARTS I LES CIÈNCIES

A València, l'arquitectura contemporània pren formes, com la Ciutat de les Arts i de les Ciències, un complex cultural situat a l'antic llit del riu Túria. Després de la gran riuada de 1957, que va afectar greument la ciutat i l'entorn, el 1972 es va inaugurar el nou llit del riu, i el vell es va convertir en un jardí en els anys vuitanta del segle XX. Entre els noranta i els primers anys del XXI, l'arquitecte Santiago Calatrava, amb Félix Candela, ha dissenyat i dirigit la construcció de la Ciutat de les Arts i de les Ciències, amb els característics volums blancs i orgànics. El primer edifici obert al públic, el 1988, va ser l'Hemisfèric, en forma d'ull i que conté un cinema IMAX i un planetari, i després s'hi han anat incorporant el Museu de Ciències Príncep Felip, l'Umbracle, l'Oceanogràfic, que és l'aquàrium més gran d'Europa, i el Palau de les Arts Reina Sofía, dedicat a la música i les arts escèniques, el 9 d'octubre del 2005.

VALENCIA
CITY OF ARTS AND SCIENCES

In Valencia, contemporary architecture takes on forms such as the City of Arts and Sciences, a cultural complex on the former bed of the River Túria. After the great flood of 1957, which seriously affected the city and the outskirts, in 1972 the new riverbed was reopened, and the old one turned into a garden in the 1980s. Between the 1990s and the first years of the 21st century, the architect Santiago Calatrava, with Félix Candela, designed and directed the construction of the City of the Arts and Sciences, with its characteristic white organic volumes. The first building open to the public, in 1988, was the Hemisfèric, in the shape of an eye and which had an IMAX cinema and a planetarium, with the later additions of the Museo de las Ciencias Príncipe Felipe, the Umbracle, the Oceanogràfic, which is the largest aquarium in Europe, and the Palau de les Arts Reina Sofía, dedicated to music and the stage arts, on the 9th of October 2005.

VALENCIA
CIUDAD DE LAS ARTES Y LAS CIENCIAS

En Valencia, la arquitectura contemporánea toma formas como la Ciudad de las Artes y las Ciencias, un complejo cultural situado en el antiguo lecho del río Turia. Tras la gran riada de 1957, que afectó gravemente la ciudad y el entorno, en 1972 se inauguró el nuevo lecho del río, y el viejo se convirtió en un jardín en los años ochenta del siglo XX. Entre los noventa y los primeros años del XXI, el arquitecto Santiago Calatrava, con Félix Candela, ha diseñado y dirigido la construcción de la Ciudad de las Artes y las Ciencias, con los característicos volúmenes blancos y orgánicos. El primer edificio abierto al público, en 1988, fue el *Hemisfèric*, con forma de ojo y que contiene un cine IMAX y un planetario, y después se han ido incorporando el Museo de las Ciencias Príncipe Felipe, el Umbracle, el Oceanográfico, que es el acuario más grande de Europa, y el Palau de las Arts Reina Sofía, dedicado a la música y a las artes escénicas, el 9 de octubre del 2005.

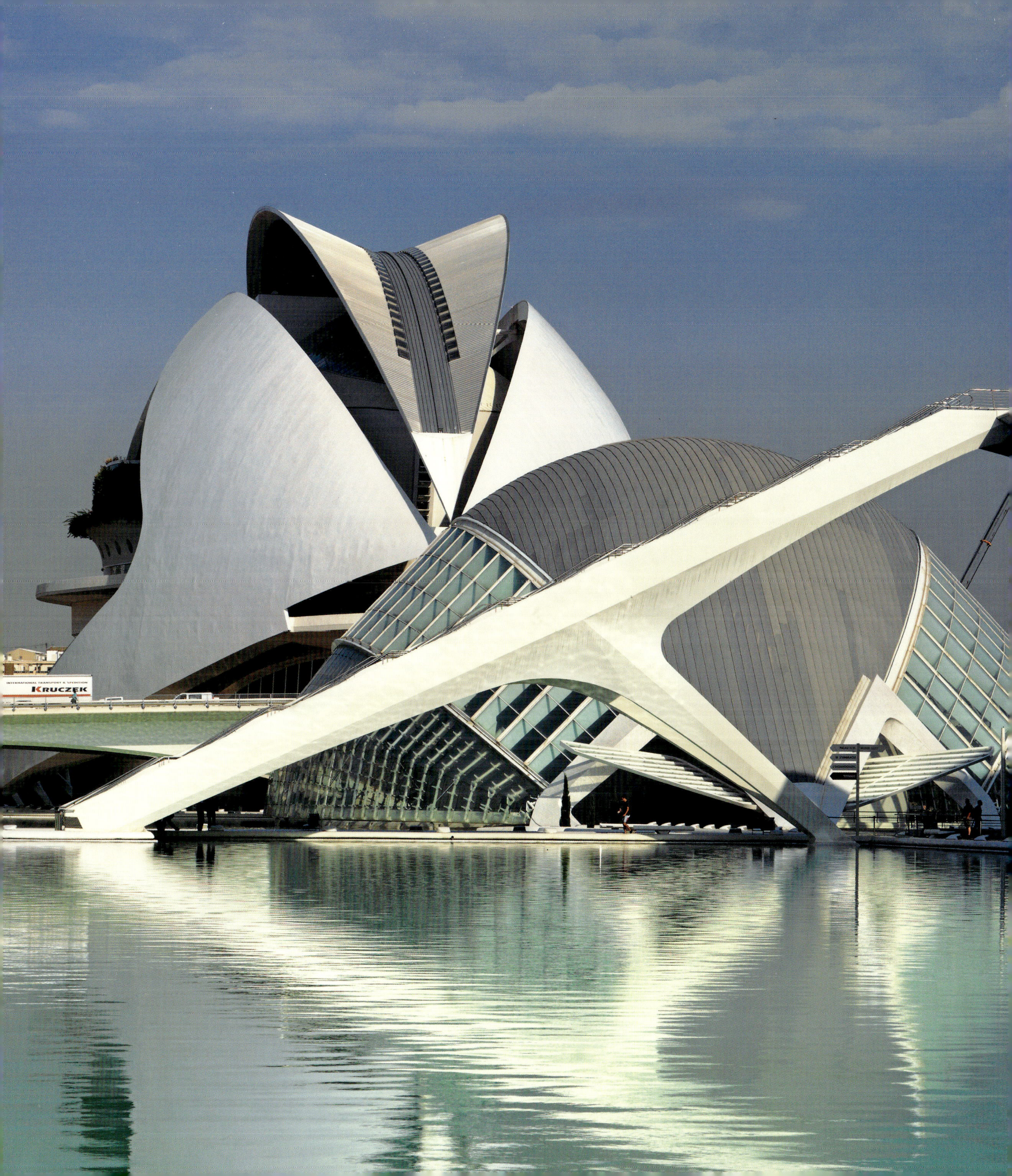
KRUCZEK

Poema d'arrossars. Sueca, Cullera, s'esquitllen pel poema.
No cal que mireu l'enciclopèdia:
penseu només, el tren, el cotxe,
i l'autopista.
I el verd tendre d'aigua que les gavines segueixen.

Josep Lluís Roig, *Sal lenta*

Poem of rice fields. Sueca, Cullera, they slip from the poem. / You don't need to check the encyclopaedia: / just think, train, car, / and motorway. / And the tender green of water that the gulls follow.

Sal lenta,
Josep Lluís Roig

Poema de arrozales. Sueca, Cullera, se deslizan por el poema. / No hace falta mirar la enciclopedia: / pensad tan solo, el tren, el coche, / y la autopista. / Y el tierno verde del agua que siguen las gaviotas.

Sal lenta,
Josep Lluís Roig

País Valencià

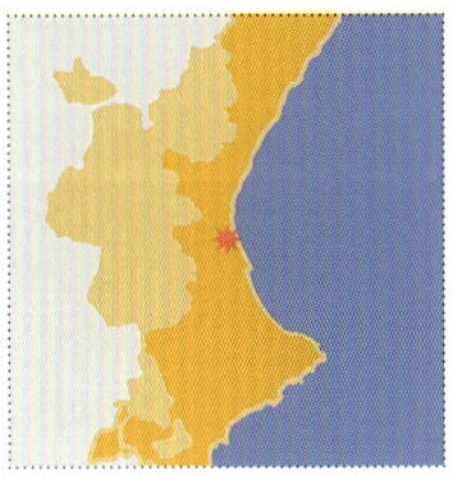

L'Albufera

Albufera és el nom que rep un llac situat a la costa que un cordó de sorra, interromput en alguns llocs, separa de la mar. A les Balears i al País Valencià n'hi ha tres amb aquest nom que són parcs naturals: s'Albufera des Grau, a Menorca; la de Mallorca, al sud de la badia d'Alcúdia –o l'Albufera Gran, perquè tenim una Albufereta al nord d'Alcúdia– i la de València. Aquest paratge de més de 20.000 hectàrees, al sud de València, comprèn part del terme de tretze municipis, entre les comarques de l'Horta i la Ribera Baixa. La superfície del llac és de prop de 3.000 hectàrees, però havia estat deu vegades més gran abans que l'obtenció de terrenys de conreu per a l'arròs l'anés reduint. Això va donar lloc a la marjal, terres dedicades a l'arròs que havien format part del llac. Aquest, d'aigua dolça per l'aportació de diverses sèquies, es va formar quan els sediments dels rius Túria i Xúquer van omplir part d'una badia, generant una franja de terra que conté el bosc de la Devesa del Saler.

L'Albufera

Albufera is the name given to a lake on the coast that a strip of sand, interrupted in some spots, separates from the sea. In the Balearic Islands and the Valencian Community there are three with this name which are natural parks: S'Albufera des Grau in Menorca; that of Mallorca, to the south of the bay of Alcúdia –or Albufera Gran, because we have an Albufereta to the north of Alcúdia– and that of Valencia. This spot of more than 20,000 hectares, to the south of Valencia, forms part of the territory of thirteen municipal districts, between the counties of Horta and Ribera Baixa. The surface of the lake covers around 3,000 hectares, but it had been ten times bigger before the attainment of agricultural land for rice fields, making it smaller. This led to the creation of the marshlands, used for growing rice on what was formerly part of the lake. The freshwater marshes, due to the water coming from irrigation channels, was formed when the sediments of the rivers Túria and Xúquer filled part of a bay, producing a strip of land that has the wood of La Devesa del Saler.

La Albufera

Albufera es el nombre que recibe un lago situado en la costa que un cordón de arena, interrumpido en algunos lugares, separa del mar. En las Baleares y en la Comunidad Valenciana hay tres con este nombre que son parques naturales: S'Albufera des Grau, en Menorca; la de Mallorca, al sur de la bahía de Alcúdia –o la Albufera Gran, porque tenemos una Albufereta al norte de Alcúdia– y la de Valencia. Este paraje de más de 20.000 hectáreas, al sur de Valencia, comprende parte del término de trece municipios, entre las comarcas de L' Horta y la Ribera Baixa. La superficie del lago es de cerca de 3.000 hectáreas, pero había sido diez veces más grande antes de que la obtención de terrenos de cultivo para el arroz la fuera reduciendo. Esto dio lugar al *marjal*, tierras dedicadas al arroz que habían formado parte del lago. Éste, de agua dulce por la aportación de varias acequias, se formó cuando los sedimentos de los ríos Turia y Júcar llenaron parte de una bahía, generando una franja de tierra que contiene el bosque de la Devesa del Saler.

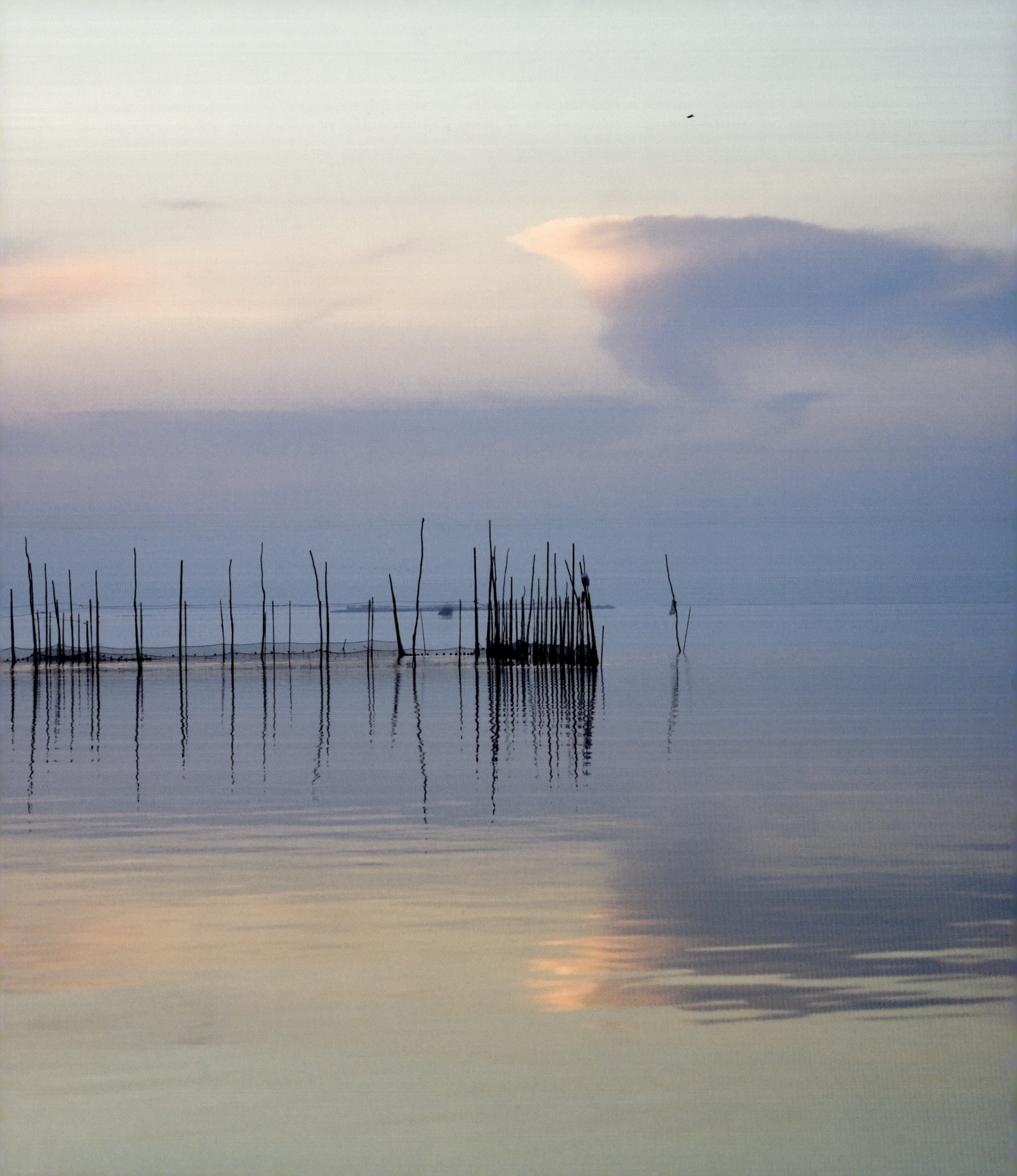

No pas nosaltres, però tot allò que ens ha fet fer com som, és el que ara mereixeria d'ésser analitzat: deixem-ho per a la gent de les pròximes generacions.

Sueca, gener-febrer de 1962

JOAN FUSTER, *Nosaltres els valencians*

Not us, but everything that has made us what we are, is what now would deserve to be analysed: let's leave it for the people of the next generations.

Sueca, January-February 1962

Nosaltres els valencians,
Joan Fuster

No nosotros, sino todo aquello que nos ha hecho ser como somos es lo que ahora merecería analizarse. Dejémoslo para las próximas generaciones.

Sueca, enero-febrero de 1962

Nosaltres els valencians,
Joan Fuster

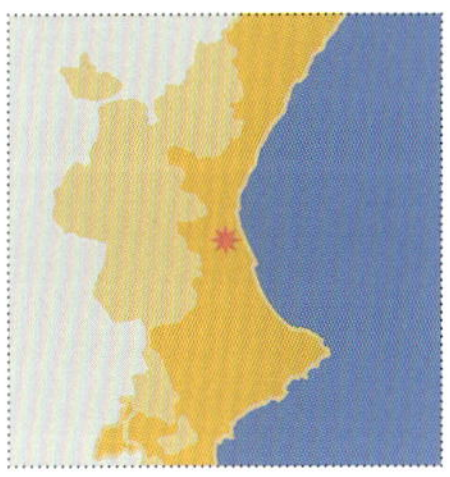

SUECA

La paraula àrab *suayqa*, de la qual prové el nom Sueca, és diminutiu de *suq*, «mercat». Des del topònim, la capital de la comarca de la Ribera Baixa, al País Valencià, fa palès tant el seu origen d'alqueria islàmica com de mercat comercial de productes agrícoles. Avui, bona part del gran terme municipal de Sueca es dedica al conreu de l'arròs, que als segles XVII i XVIII havia estat l'hegemònic. El terme s'inclou en la zona humida més extensa del País Valencià, la coneguda Albufera –també un topònim d'arrels àrabs, *al-buhayra*, que significa «mar petit»– de València, que va ser declarada parc natural l'any 1986 per part del Govern valencià. La immensa plana on s'assenta Sueca és formada per les aportacions del riu Xúquer en el tram final. A la capital de la Ribera Baixa hi va néixer un dels escriptors més importants en llengua catalana, Joan Fuster, autor de títols com l'assaig *Nosaltres els valencians*, una reflexió profunda sobre la identitat del poble valencià.

SUECA

The Arab word *suayqa*, from which the name Sueca comes, is the diminutive form of *suq*, "market". The place name, the capital of the Ribera Baixa county, in the Valencian Community, reveals its origin as both an Islamic farmstead and an agricultural market. Today a large part of the town's land is given over to growing rice, which in the 17th and 18th centuries had been the dominant crop. The town is included in the most extensive humid zone of the País Valencià, the well-known Albufera –also a place name with Arab origins, *al-buhayra*, which means "small sea"– of Valencia, which was declared a Natural Park in 1986 by the Valencia government. The immense plain on which Sueca sits is formed by what the River Xúquer provides in its final stretch. The capital of Ribera Baixa was the birthplace of one of the most important writers in Catalan, Joan Fuster, author of works such as the essay *Nosaltres els valencians*, a deep reflection about the identity of the people of the Valencia region.

SUECA

La palabra árabe *suayqa*, de la que proviene el nombre Sueca, es diminutivo de *suq*, «mercado». Desde el topónimo, la capital de la comarca de la Ribera Baixa, en la Comunidad Autónoma Valenciana, pone de manifiesto tanto su origen de alquería islámica como de mercado comercial de productos agrícolas. Hoy, buena parte del gran término municipal de Sueca se dedica al cultivo del arroz, que en los siglos XVII y XVIII había sido hegemónico. El término se incluye en la zona húmeda más extensa del País Valenciano, la conocida Albufera –también un topónimo de raíces árabes, *al-buhayra*, que significa «mar pequeño»–, que fue declarada parque natural en 1986 por parte del Gobierno valenciano. La inmensa llanura donde se asienta Sueca está formada por las aportaciones del río Júcar en el tramo final. En la capital de la Ribera Baixa nació uno de los escritores más importantes en lengua catalana, Joan Fuster, autor de títulos como el ensayo *Nosaltres els valencians*, una reflexión profunda sobre la identidad del pueblo valenciano.

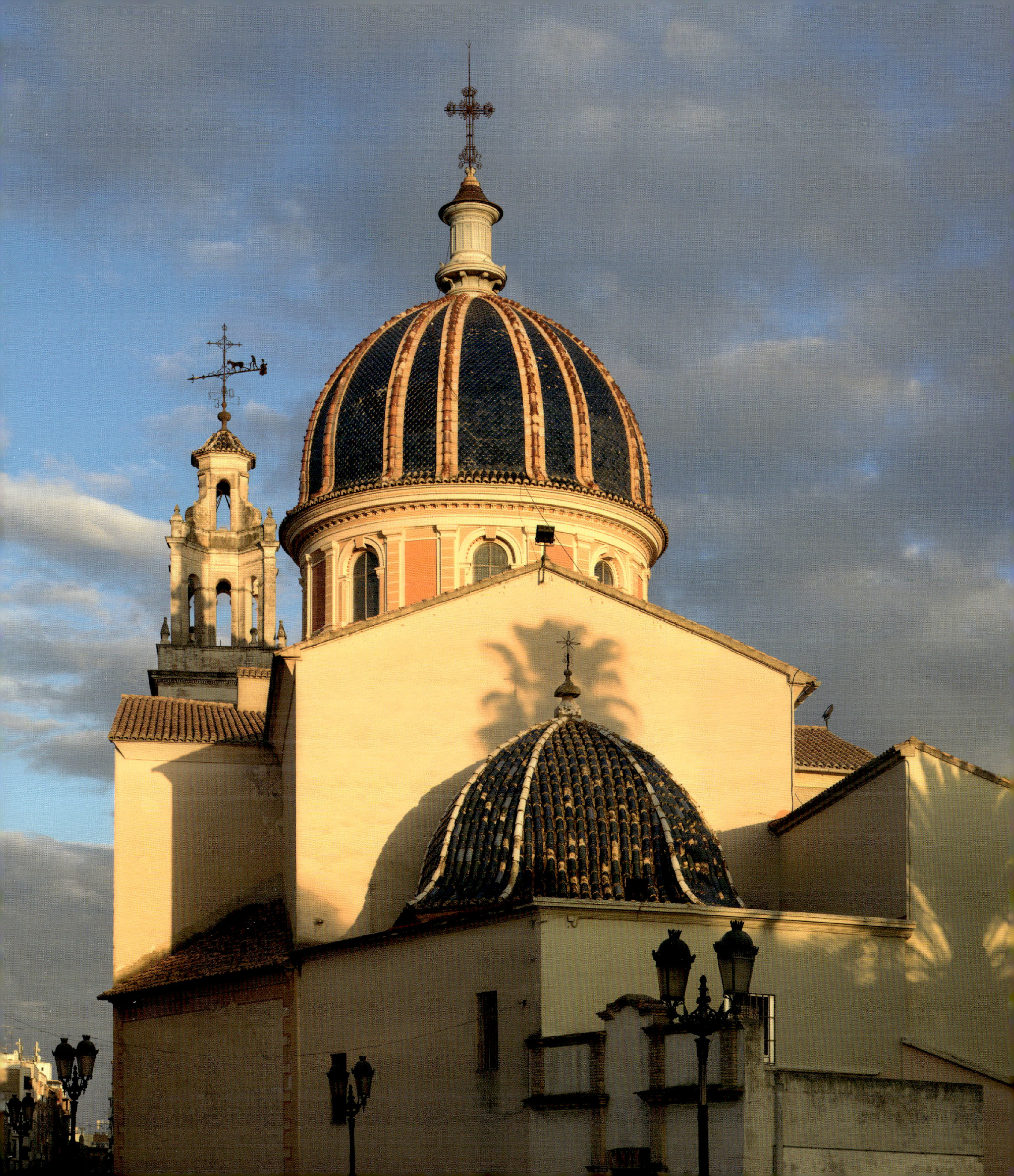

Així dispost, dolç me sembla l'amarg,
tant és en mi enfeccionat lo gust.
A temps he cor d'acer, de carn e fust.
Jo só aquest, que em dic Ausiàs March.

AUSIÀS MARCH, *Poesia*

Thus disposed, the sweet to me seems bitter, / my taste is so infected! / At the same time I have a heart of iron, of flesh and of wood. / I am the one called Ausiàs March.

Poesia,
Ausiàs March

Así dispuesto, dulce parece lo amargo, / tan afectado tengo el gusto. / Tengo a la vez corazón de acero, de carne y madera. / Yo soy aquel que llaman Ausias March.

Poesia,
Ausiàs March

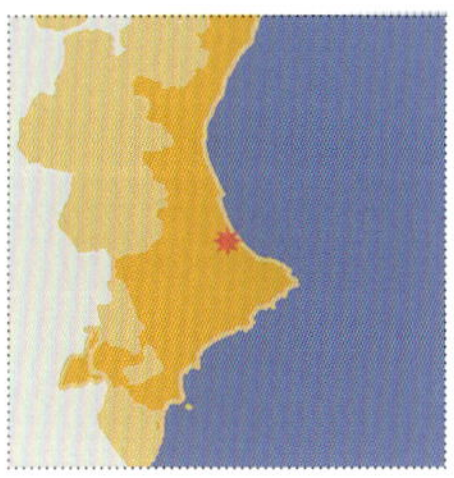

GANDIA
PALAU DUCAL DELS BORJA

La Galeria Daurada, bastida per a celebrar la canonització de Francesc de Borja, és una de les estances més magnífiques del palau Ducal o dels Borja, de Gandia. Aquesta ciutat, capital de la comarca de la Safor, al centre del País Valencià, és, amb Xàtiva, una de les dues més associades a la poderosa família valenciana a la qual van pertànyer el papa Alexandre VI (Roderic de Borja), el militar Cèsar Borja o Borgia, inspirador de l'obra *El Príncep* de Maquiavel, i Lucrècia Borgia. El majestuós palau, començat a construir per als ducs reials de la corona catalanoaragonesa, abasta diversos estils arquitectònics, del gòtic del segle XIV, passant pel renaixentista, el barroc, fins al neogòtic d'inicis del XX. Roderic de Borja va comprar el palau i el ducat al rei d'Aragó, Ferran el Catòlic. Abans el primer duc, Alfons el Vell, havia aplegat una cort il·lustrada, amb poetes com Pere March, pare d'Ausiàs March, un dels millors escriptors de les nostres lletres, nascut probablement a Gandia el 1397.

GANDIA
DUCAL PALACE OF THE BORJA

The Gilded Gallery, built to celebrate the canonisation of Francis Borja, is one of the most magnificent rooms in the Palau Ducal or palace of the Borja, in Gandia. This city, capital of the county of Safor, in the centre of the Valencian Community, is, with Xàtiva, one of the two most associated with the powerful Valencian family whose members included Pope Alexander VI (Rodrigo Borja), the military officer Cesar Borgia, who was the inspiration for Machiavelli's *Prince*, and Lucrezia Borgia. The majestic palace, which was originally built for the royal dukes of the Catalan-Aragonese crown, covers diverse architectural styles, from the Gothic of the 14th century, passing through Renaissance, Baroque, until the neo-Gothic of the early 20th century. Rodrigo Borja bought the palace and the dukedom from the King of Aragon Ferdinand the Catholic. Before, the first duke, Alfons the Elder, had assembled an enlightened court, with poets such as Pere March, father of Ausiàs March, one of the best writers in our language, probably born in Gandia in 1397.

GANDÍA
PALACIO DUCAL DE LOS BORJA

La Galería Dorada, construida para celebrar la canonización de Francisco de Borja, es una de las estancias más magníficas del palacio Ducal o de los Borja, de Gandía. Esta ciudad, capital de la comarca de la Safor, en el centro de la Comunidad Autónoma Valenciana, es, con Játiva, una de las dos más asociadas a la poderosa familia valenciana a la cual pertenecieron el papa Alejandro VI (Rodrigo Borja), el militar César Borja o Borgia, inspirador de *El Príncipe*, de Maquiavelo, y Lucrecia Borgia. El majestuoso palacio, empezado a construir por los duques reales de la corona catalanoaragonesa, abarca varios estilos arquitectónicos, del gótico del siglo XIV, pasando por el renacentista, el barroco, hasta el neogótico de inicios del XX. Rodrigo Borja compró el palacio y el ducado al rey de Aragón, Fernando el Católico. Antes, el primer duque, Alfonso el Viejo, había reunido una corte ilustrada, con poetas como Pere March, padre de Ausiàs March, uno de los mejores escritores de nuestras letras, nacido probablemente en Gandía en 1397.

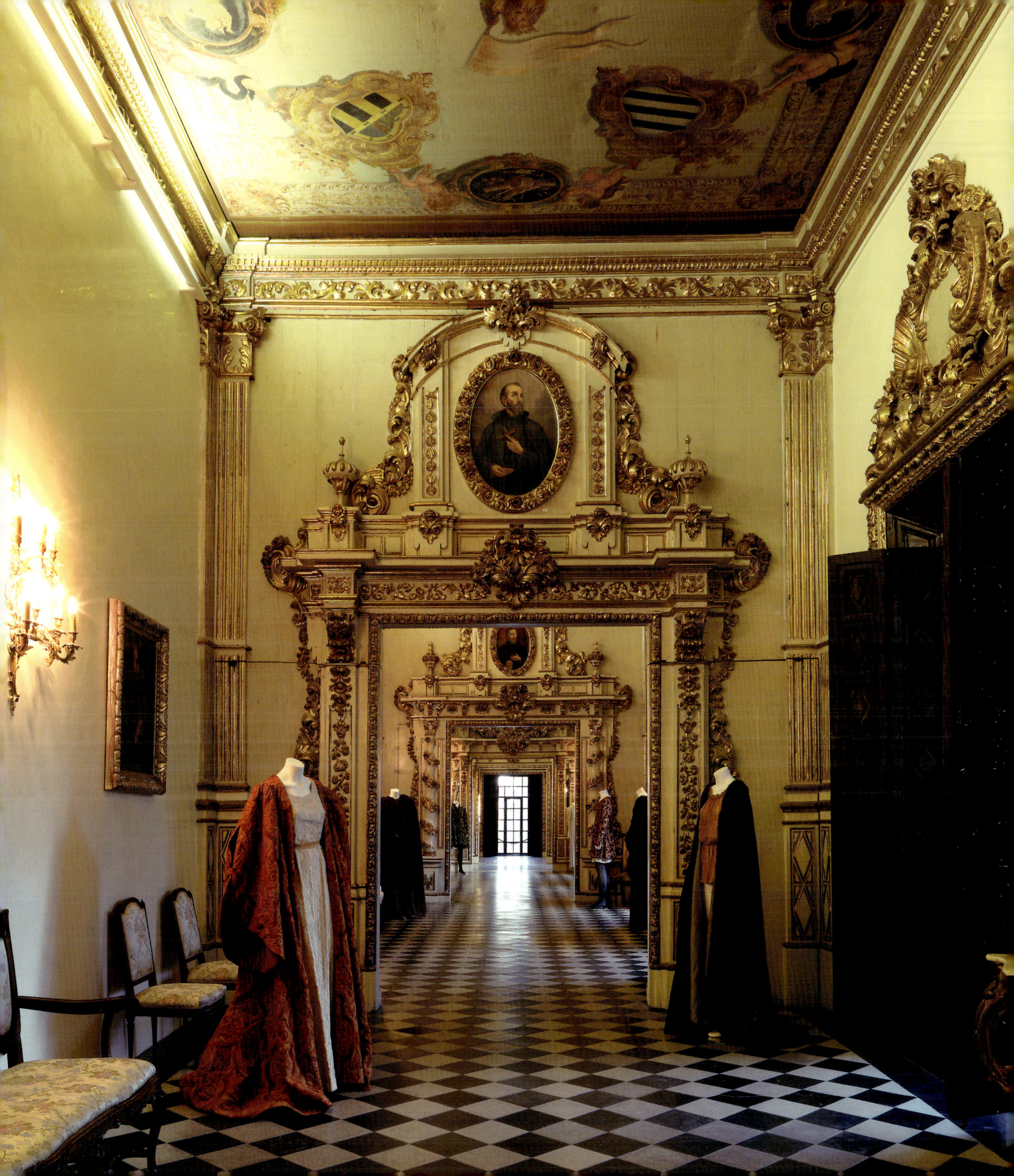

Les cigales d'agost. Les avespes. Figueres.
Armelers. Mangraners. El silenci malalt
d'aquests horts de palmeres calents, llepats per l'aire.
Pou trencat de cigales. L'aigua fresca a gallet.

Gaspar Jaén i Urban, *Agost*

*
The cicadas of August. The wasps. Fig trees. / Almond trees. Pomegranate trees. The diseased silence / of these orchards of hot palm trees, licked by the air. / Broken well of cicadas. The cool water slides down.

Agost,
Gaspar Jaén i Urban

*
Las cigarras de agosto. Las avispas. Higueras. / Almendros. Granados. Este silencio enfermo / de huertos de palmeras lamidas por el aire. / Pozo roto de cigarras. El agua fresca a chorro.

Agost,
Gaspar Jaén i Urban

País Valencià

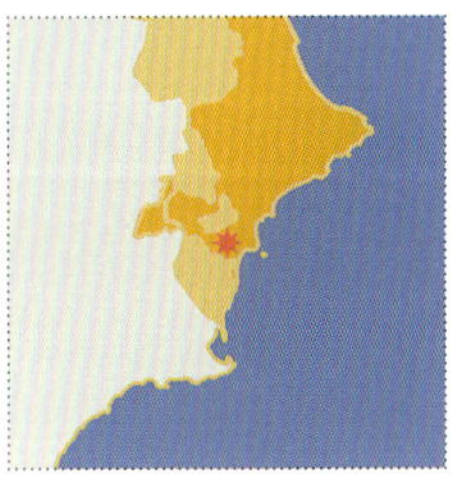

*
Elx
Palmerar

Elx és la capital de la comarca del Baix Vinalopó, a l'extrem sud del País Valencià, i doblement patrimoni de la humanitat: natural d'una banda, i oral o immaterial de l'altra. En dos anys la UNESCO declarava Patrimoni Mundial, el 2000, el palmerar més gran d'Europa, i el 2001, el *Misteri d'Elx*, representació religiosa d'orígens medievals. L'enorme extensió de palmeres –s'acosta al quart de milió– es troba a la ciutat mateix, i només la superen altres horts de palmeres de països àrabs. La majoria són de les datileres, i van ser portades a aquestes terres durant l'ocupació islàmica. Pel que fa al *Misteri*, també conegut com a *Festa d'Elx*, és l'únic del seu gènere que s'ha representat, probablement des del segle xv fins avui sense interrupcions. L'obra té lloc cada any, el 14 i 15 d'agost, en dos actes –un cada dia–, a la basílica de Santa Maria i representa la mort, assumpció i coronació de la Mare de Déu. Llevat d'alguns fragments en llatí, la major part del text és en valencià.

*
Elx
Palm orchards

Elx (Elche) is the capital of the county of Baix Vinalopó, in the extreme south of the Valencian Community, and is a World Heritage Site twice over, natural on the one hand, and oral or intangible on the other hand. In just two years, UNESCO declared as World Heritage, in 2000, the oldest palm trees in Europe, and in 2001, the *Misteri d'Elx*, the religious representation of medieval origins. The massive extension of palms –there are around a quarter of a million– is in the city itself and is only surpassed by other palm orchards in Arab countries. The majority are date palms, and were brought to these lands during the Islamic occupation. As regards the Mystery, also known as the *Festa*, it is the only one of its kind that has been performed, probably since the 15th century, until today uninterrupted. The performance takes place each day, on the 14th and 15th of August, in two acts –one each day–, in the basilica of Santa Maria and represents the death, Assumption and coronation of the Blessed Mary. Some fragments are given in Latin, while the main part of the text is in Valencian language.

*
Elche
Palmeral

Elche es la capital de la comarca del Baix Vinalopó, en el extremo sur de la Comunidad Valenciana, y es doblemente patrimonio de la humanidad: natural por un lado, y oral o inmaterial por otro. En dos años la UNESCO lo declaraba Patrimonio Mundial, en el 2000, el palmeral más grande de Europa, y en 2001, el *Misteri d' Elx*, representación religiosa de orígenes medievales. La enorme extensión de palmeras –se acerca al cuarto de millón– se encuentra en la propia ciudad y sólo la superan otros huertos de palmeras de países árabes. La mayoría son datileras, y fueron traídas a estas tierras durante la ocupación islámica. Con respecto al Misterio, también conocido como *la Festa*, es el único de su género que se ha representado ininterrumpidamente desde sus orígenes, probablemente del siglo xv. La obra tiene lugar cada año, el 14 y 15 de agosto, en dos actos –uno cada día–, en la basílica de Santa María y representa la muerte, asunción y coronación de la *Mare de Déu* (la Virgen). A excepción de algunos fragmentos en latin, la mayor parte del texto está en valenciano.

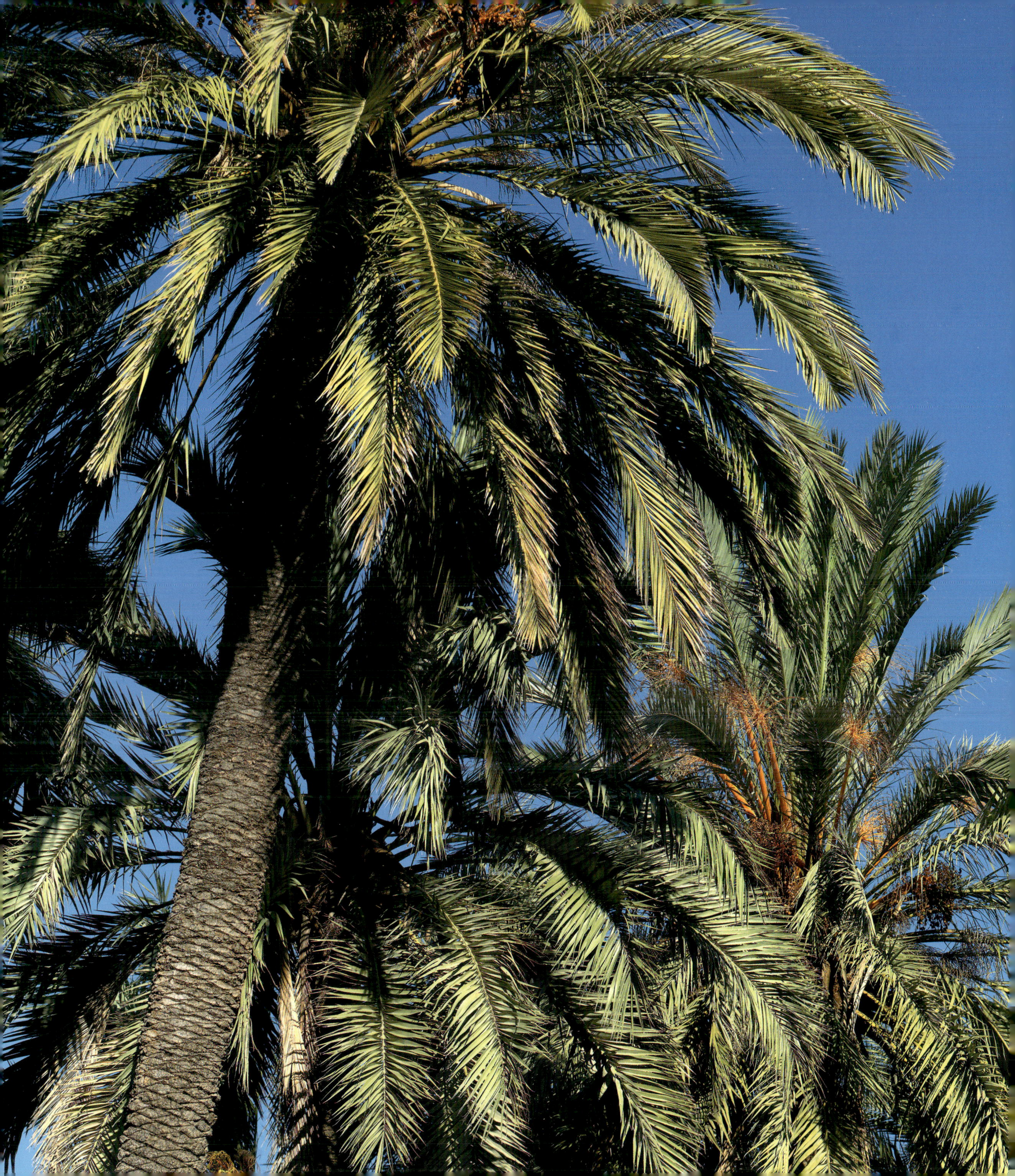

Referències
References
Referencias

p. 8
Canigó, Jacint Verdaguer. Raval Edicions, Proa, Barcelona, 2004.

p. 10
Joan-Lluís Lluís, Cita expressament escrita per a aquest llibre. 2008.

p. 12
Poemes escollits. Confidències a Antonio Machado, Pere Quart, Edicions 62, Barcelona, 1993.

p. 14
Antologia poètica, Josep Sebastià Pons, Raval Edicions, Proa, Barcelona, 1986.

p. 16
Les amnèsies de Déu, Joan Daniel Beszonnof, Grup Editorial 62, Empúries, Barcelona, 2006.

p. 18
Borís I, el rei d'Andorra, Antoni Morell, Raval Edicions, Proa, Barcelona, 2004.

p. 20
Andorra: postals i altres poemes, Miquel Martí i Pol, Edicions 62, Barcelona, 1997.

p. 22
Entre el torb i la Gestapo, Francesc Viadiu, La Llar del Llibre, Barcelona, 1991.

p. 24
Per les valls on els pon el sol, Pep Coll, Edicions 62, Barcelona, 2002.

p. 26
Les veus del Pamano, Jaume Cabré, Raval Edicions, Proa, Barcelona, 2007.

p. 28
Pedra de tartera, Maria Barbal, Edicions 62, Barcelona, 1994.

p. 30
Guia de Catalunya, Josep Pla, Destino, Barcelona, 1978.

p. 32
La vida normal, Màrius Serra, Raval Edicions, slu, Proa, Barcelona, 1998.

p. 34
Patum! Patum!, Ramon Vinyes, dins: Jaume Huch Guixer, *La Patum, què és?* Domènech Huch. Casa Huch. Impremta, Fotografia i Llibreria, Berga, 1981.

p. 36
Dietari 1979-1980, Pere Gimferrer, Edicions 62, Barcelona, 1994.

p. 38
Santiago Rusiñol, el caminant de la terra, Vinyet Panyella, Edicions 62, sa, Barcelona, 2003.

p. 40
Obra completa, Josep Maria de Sagarra, Tres i Quatre, València, 1994.

p. 42
Anant pel món, Santiago Rusiñol, l'Avenç, Barcelona 1896.

p. 44
Memòries (1876-1936), Francesc Cambó, Alpha, Barcelona, 1981.

p. 46
CAT. Un anglès viatja per Catalunya per veure si existeix, Matthew Tree, Columna Edicions, Llibres i Comunicació, Barcelona, 2001.

p. 48
Un diari: 1919-1920. Les meves impressions i records íntims, Salvador Dalí, Edicions 62, Barcelona, 1994.

p. 50
Les irreals omegues, J.V. Foix. Quaderns Crema, Barcelona, 1987.

p. 52
L'esperança, encara: obra poètica, Clementina Arderiu, Edicions 62, Barcelona, 1996.

p. 54
Els anys i els llocs, Joan Teixidor, Destino, Barcelona, 1985.

p. 56
Formes de l'ombra: poesia 1966-2002, Narcís Comadira, Edicions 62, Barcelona, 2002.

p. 58
Mar d'hivern, Joan Margarit, Raval Edicions, Proa, Barcelona,1986.

p. 60
Poesia, Màrius Torres, J. Salvat-Papasseit, Baltasar Rosselló-Pòrcel, Edicions 62, Barcelona, 1995.

p. 62
Llibre dels homes, Dolors Miquel, Grup Editorial 62, Empúries, Barcelona, 1998.

p. 64
"*La babau*» (conte contat per Teresa Pinent, de Bellpuig) a *El pescador de Barcelona i altres contes*, Valeri Serra i Boldú, col·lecció Biblioteca Serra d'Or, núm. 56, Barcelona: Publicacions de l'Abadia de Montserrat, 1986.

p. 66
Diari 1987, Manuel de Pedrolo, Edicions 62, Barcelona, 1999.

p. 68
Antologia poètica, Salvador Espriu, Edicions 62, Barcelona, 1991.

p. 70
La ciutat del fum, Vicenç Villatoro, Edicions 62, Barcelona, 2001.

p. 72
Llegendes de Sant Cugat. Mites, faules i narracions populars, ROGELI PEDRÓ I FONTANET, Valls: Cossetània, 2005.

p. 74
El carrer de les Camèlies, MERCÈ RODOREDA, Barcelona: Club Editor, 2008.

p. 76
Olivetti, Moulinex, Chaffoteaux et Maury, QUIM MONZÓ, Barcelona: Quaderns Crema, 1998.

p. 78
La gran novel·la sobre Barcelona, SERGI PÀMIES, Barcelona: Quaderns Crema, 1998.

p. 80
Antologia poètica, JOAN MARAGALL, Edicions 62, Barcelona, 1994.

p. 82
El Canvi, MIQUEL BAUÇÀ, Des de l'Eixample, Grup Editorial 62, Empúries, Barcelona, 1998.

p. 84
Tots els camins duen a Roma. Memòries I, GAZIEL, Edicions 62, Barcelona, 1993.

p. 86
Teoria de Catalunya, JOAN PERUCHO, Edicions 62, Barcelona, 1985.

p. 88
Antologia general de la poesia catalana, J.M. CASTELLET i J. MOLAS (eds.), Edicions 62, Barcelona, 1994.

p. 90
Poesies escollides, JOSEP CARNER, Edicions 62, Barcelona, 1994.

p. 92
Un home de paraula, IMMA MONSÓ, RBA, Barcelona, 2006.

p. 94
El poble del costat, ENRIC CASASSES, Grup Editorial 62, Empúries, Barcelona, 1998.

p. 96
La muralla, OLGA XIRINACS, Columna Edicions, Llibres i Comunicació, Barcelona, 1993.

p. 98
Crònica o Llibre dels feits, JAUME I, Edicions 62, Barcelona, 1994.

p. 100
Al cor de les paraules: obra poètica 1963-2002, MONTSERRAT ABELLÓ, Raval Edicions, Proa, Barcelona, 2002.

p. 102
Camins de França, JOAN PUIG I FERRETER, Edicions 62, Barcelona, 1982.

p. 104
Històries de la mà esquerra, JESÚS MONCADA, Edicions 62, Barcelona, 2004.

p. 106
Tret de la memòria, LLUÍS RAJADELL, Calaceit: Associació Cultural del Matarranya / Institut d'Estudis del Baix Cinca, 1992

p. 108
A l'ombra de les roques del Masmut, DESIDERI LOMBARTE, Calaceit: Associació Cultural del Matarranya/Institut d'Estudis del Baix Cinca, 1991.

p. 110
Contes 1947-1969, JORDI SARSANEDAS, Edicions 62, Barcelona, 1994.

p. 112
Cicle de la terra natal II, ARTUR BLADÉ I DESUMVILA, Cossetània, Valls, 2007.

p. 114
Terres d'aigua. Poemari de les Terres de l'Ebre, ZORAIDA BURGOS, Cossetània, Valls, 2004.

p. 116
El cop a la terra, MARIÀ VILLANGÓMEZ I LLOVET, Columna Edicions, Llibres i Comunicació, Barcelona, 1988.

p. 118
El noble joc, MIQUEL BAUÇÀ, Edicions Moll, Palma de Mallorca, 1972

p. 120
El vas de plata i altres obres de misericordia, ANTONI MARÍ, Edicions 62, Barcelona, 1996.

p. 122
Lletrarada, PAU RIBA, Raval Edicions, Proa, Barcelona, 1997.

p. 124
Declarat amb el vent , MARIÀ VILLANGÓMEZ I LLOVET, Barcino, Barcelona, 1963.

p. 126
Antologia Poètica, VICENT ANDRÉS ESTELLÉS, Raval Edicions, Proa, Barcelona, 2007.

p. 128
Antologia general de la poesia catalana J.M. CASTELLET i J. MOLAS (eds.), Edicions 62, Barcelona, 1994.

p. 130
Grans Catalans. Obres Completes, T.6, BALTASAR PORCEL, Enciclopèdia Catalana, Barcelona, 1994.

p. 132
Poesia, J. SALVAT-PAPASSEIT, B. ROSSELLÓ-PÒRCEL i M.TORRES, Edicions 62, Barcelona, 1995.

p. 134
Puta postguerra, JOSEP PIERA, Edicions 62, Barcelona, 2007.

p. 136
Antologia general de la poesia catalana J.M. CASTELLET I J. MOLAS (eds.), Edicions 62, Barcelona, 1994.

p. 138
La noia del ball, JORDI COCA, Raval Edicions, Proa, Barcelona, 2007.

p. 140
Nura, PONÇ PONS, Quaderns Crema, Barcelona, 2006.

p. 142
El dit de l'àngel, ADA CASTELLS, Grup Editorial 62, SLU, Empúries, Barcelona, 2001.

p. 144
Mal camí i bon senyor, PAU FANER, Edicions 62, Barcelona, 1993.

p. 146
Só tornat a Sant Julià, RAFAEL CARIA, La Celere, L'Alguer 1986.

p. 148
L'hivern del tigre, ANDREU CARRANZA, Planeta, Barcelona, 2004.

p. 150
La ciutat de València, MANUEL SANCHIS GUARNER, síntesi d'història i geografia urbana, Ajuntament de València, 1997.

p. 152
Purgatori, JOAN FRANCESC MIRA, Raval Edicions, Proa, Barcelona, 2003.

p. 154
Plaça Rodona: la sort del matador damunt l'arena ibèrica (concert en 6 mascletades sense interrupcions), F. CREMADES I ARLANDIS, Edicions 62, Barcelona, 1995.

p. 156
Judici final, FERRAN TORRENT, Columna Edicions, Llibres i Comunicació, Columna, Barcelona, 2006.

p. 158
Sal lenta, JOSEP LLUÍS ROIG, Edicions 62, Barcelona, 1992.

p. 160
Nosaltres els valencians, JOAN FUSTER, Edicions 62, Barcelona, 2006.

p. 162
Poesia, AUSIÀS MARCH, Edicions 62, Barcelona, 1994.

p. 164
La festa, GASPAR JAÉN I URBAN, Moll, 1982. Col·lecció Balenguera, núm. 30. Palma de Mallorca